JN046400

性問題行動のある子どもへの対応

藤岡淳子
野坂祐子 〉編著
毛利真弓

ある子どもへの対応 治療教育の現場から

誠信書房

はじめに

　児童相談所は，子どもたちの性被害・性加害を防ぐに際しての最前線である。社会の変化につれて家庭も変化し，2023年4月には子ども家庭庁が創設された。複雑多様化する業務の中で，児童相談所および児童自立支援施設といった児童福祉機関では，その多忙さと限られた資源にもかかわらず，性被害・性加害に対応する体制をこの10年間で急速に整えてきた。

　本書の編著者である私たちは，それぞれ大学教員などの本務を持ちながらも，一般社団法人「もふもふネット」の一員として，ほかの仲間たちとともに，性暴力の被害と加害を低減するために力を注いでいる。特に，もふもふネットの研修や依頼されての研修講師活動を通じて，全国各地の児童相談所・児童自立支援施設の職員とつながり，その後のスーパービジョンなどを通じて，児童福祉分野における性問題行動変化のための治療教育プログラムの開発，実践，展開に関わる機会を与えられてきたことは望外の喜びである。

　性暴力行動を手放し，自他にとってよりよい人生を獲得していくことは可能であるし，特に子どもの場合，保護者と協働して，的確に働きかけ，治療的教育を実施することができれば，ほとんどの子どもたちが性問題行動を手放し，社会を支える責任ある大人となることができる。それにより被害者も減らすことができる。私たちは，広がりつつある性問題行動に対する治療教育プログラムを，より適切に効果的に実施できるようお手伝いをしたいと考え，本書の執筆，出版を企画した。

　効果が実証されているプログラムの概要やワークブックは，これまでにいくつか出版されているが，本を読んだだけではピンとこないことも多く，プログラムを開始し，実践・継続するために役に立つ，より実践的なものを目指した。すなわち，これまでにプログラムを開始，実践してきた各地の児童相談所，児童自立支援施設のスタッフの協力を仰ぎ，彼らが実践の中で体験したことをふり返りながら，理論的な基礎や実践のコツについて論じることとした。

　協力いただいたのは，児童相談所では，北から，東京都多摩児童相談所，大阪府・市児童相談所，大分県・長崎県・熊本県・広島県の児童相談所。児童自

立支援施設としては，大阪市立阿武山学園，広島県立広島学園，そして学校現場から大阪府立刀根山支援学校の先生方である。先生方の熱心な取り組みに敬意をいだかざるをえない。同志がいるのはとても心強い。

第Ⅰ部では，効果的な治療教育の前提として，アセスメントについて，基本をおさえる。アセスメントは，介入の最初の一歩であり，治療中継続して実施されるものである。その重要性はいくら強調しても足りない。ここでは，治療教育の基盤となる理論的背景や研究知見についても述べられている。加えて，実際の初回面接の流れや聞くべき要点，さらには家族との面接，フィードバックについても具体的におさえられている。スーパービジョンを行っていると，アセスメントが不十分であると感じる機関が想像以上に多く，強化が必要と感じている。

第Ⅱ部では，治療教育を実践する際のポイントとコツを，現場の実践例を数多く入れながら，詳細に解説している。治療教育を開始する際にまず課題となりやすい，「動機づけ」「性問題行動の理解」と「治療教育の基本」に始まり，多くの機関で活用されている『回復への道のり──パスウェイズ』『回復への道のり──ロードマップ』（誠信書房）の流れに沿いつつ，「境界線」「真の同意」「感情への気づき」「思考の誤り」「サイクル作り」「被害体験の理解」「再発防止プラン作成」といった，肝となる概念やスキルの伝え方を，臨場感を持って学ぶことができる。実践例を提供してくれた現場の先生方のおかげである。こんな工夫ができるんだなあ，自分はどうやってやっていくかなあと考える契機となれば幸いである。

第Ⅲ部では，少し視野を広げて，組織の中でどのように治療教育をプログラムとして，あるいは制度として開始し，実践し，継続するかを論じる。これまでの治療教育は，個々のスタッフの個人的努力に負うところが大きかったように思う。社会の変化に応じて子どもたちが変化してきた現在，公的機関全体として，あるいは社会全体として，どのように子どもたちをより健康な発達の道筋にいざない，暴力による発達のつまずきをなくしていけるのか，考え，手を打っていくべき時期に来ているように思う。性暴力による被害と加害をなくすという夢に向かって，人的・金銭的リソースを配分するに相応しい課題であると考えている。

最後に，著者3名による座談会として，性問題行動への対応をめぐり，日ご

ろ考え，感じていることを分かち合う機会を持った。読者の皆さんからのご感想，ご意見，ご質問などをいただき，考えや気持ちを分かち合うことができれば喜びである。

　なお，本書には映像資料はついていないが，もふもふネットのホームページに，「性問題行動の基本的理解と介入の基礎」（JSPS 科研費 JP20K14234 研究代表毛利真弓）の動画がアップされており，無料で視聴できるので併用されるとよりコツを理解しやすいかもしれない。

　最後になったが誠信書房の小寺美都子さんには，企画段階からお世話になり，かつ脱稿まで長く待っていただいた。小寺さんなくして本書は完成しなかった。ここに深謝する。

　2023 年 6 月

藤岡淳子・野坂祐子・毛利真弓

目　次

第 I 部

性問題行動の
アセスメント

アセスメントとは何か

I　どのような姿勢で何を見ていくのか

1．児童相談所における性問題行動のアセスメント

　本章における「アセスメント」とは，検査や面談をはじめ，さまざまな方法を用いて子どもの状況を測定・評価しながら，そこから得られた情報を総合的に解釈し，そのうえで有効な方策を仮説として立てていく過程を指す。つまり，本章の「アセスメント」には，問題状況の「査定」に加えて，問題解決に向けた「仮説の構築」という意味合いまでもが含まれる。性問題行動という暴力を前に専門家としてどのような姿勢で何を見ていくのか，まずは現場の報告を見ていただきたい。

実践例

児童相談所の果たす役割——アセスメント

　児童相談所において，子どもの性問題行動の相談は，警察からの通告・送致，保護者や学校教諭，施設職員からの電話や直接の来所などにより始まる。相談の受け付け後は，所長をはじめ児童福祉司・児童心理司らによる受理会議が開催され，当面の支援の方向性が検討されることとなる。家庭や地域と一時的に分離することが適当と判断された場合や，緊急性があり警察から身柄付きで通告がなされた場合は，一時保護が実施され，子どもは原則2カ月を超えない範囲で一時保護所にて生活することになる。

　筆者は，児童心理司として勤務しているが，子どもとの最初の出会いの多く

は，面接室において始まる。子どもは戸惑っていたり，キョトンとしていたり，饒舌だったりとさまざまである。インテーク面接においては，自己紹介や来所のねぎらい，守秘義務とその限界を説明すると共に，面接の目的はお説教や警告を与えることではなく，まずは事実を明らかにすることであると伝える。また，自身の性行動を話すことは，恥ずかしかったり恐かったりとさまざまな気持ちになるが，できる限り正直に語ることが回復につながることを強調して伝えるようにしている。面接は，穏やかに温かく，時に毅然とした態度で臨み，子どもや保護者の抱える不安や恐れを和らげつつ，信頼関係を構築することに努める。

　なお，性問題行動の事実確認を目的とした面接では，司法面接の方法が応用できる。面接は，暗示や誘導が生じることを避けて，問題行動があった日のできごとを詳細に聴取することから始める。「その日にあったできごとを，最初から最後まで詳しくお話して？」などとオープン・クエスチョンで報告を求め，子どもが語る言葉の細かい表現にまで気をつけて聴き，例えば，「触れた」のか「触った」のか，「入れた」のか「突っ込んだ」のか，用いた言葉のままを記録する。

　アセスメントにおいては，子どもの性行動が成長・発達の過程でみられうる年齢相応の“健全な性行動”なのか，治療教育の対象となりうる“問題行動”なのかを，明確な線引きができずとも大まかに判別することが求められる。また，子どもが備えている「内的な強み」や利用可能な「外的な資源」などのポジティブな側面を見出して，子ども自身が説明できるようになることも大切にしている。

　そのため児童福祉司は，保護者や学校教諭らから，子どもの交友関係，余暇の過ごし方，通院状況などの一般的な情報から，生育歴の中での逆境体験や被害体験の有無や内容まで多面的に情報収集する。一方，児童心理司である筆者は，子どもへの面接に併せて，リスクアセスメントや各種検査を実施している。リスクアセスメントのツールは，J-SOAP Ⅱ（藤岡，2006）を用いており，また，知能・発達検査（WISC，新版K式）や投影法（SCT，ロールシャッハ），質問紙法（TSCC，ASEBA等），描画法（バウム，家族画等）を実施することもある。

　子どもによっては，小児科・精神科の嘱託医師による診察を受け，また一時保護所で生活している場合は，児童指導員による行動観察が行われ，諸々の情報をもとに援助方針会議において児童相談所としての方針が決定されることとなる。

　アセスメントの過程で，子どもに知的発達症や自閉スペクトラム症，注意欠如・多動症など，精神医学上の問題が指摘される場合も少なくない。また，家庭

内の虐待やネグレクト，保護者のドメスティック・バイオレンス（DV），精神疾患や薬物依存，経済的困窮やヤングケアラーなど，家族の機能不全の問題が明らかになることもある。そのような特別なニーズを抱える場合は，治療教育の前に，もしくは平行して，医療機関への通院や服薬，特別支援教育や障害児福祉サービス（デイサービス，ショートステイ，療育手帳等）を紹介することもある。また，自宅で生活を続けることが不適当であると判断された場合は，施設（児童自立支援施設，児童養護施設等）や里親宅での生活を提案することもある。さらに，問題行動の内容や程度が重篤な場合は，少年法に照らし合わせ家庭裁判所への送致を検討することになる。

林田一馬

（長崎県長崎こども・女性・障害者支援センター）

2．基本的前提

　性問題行動のある子どもの治療教育における多くの失敗は，不十分なアセスメントから生じるといっても過言ではない。もちろん，どれだけ努力しても最終的に見えていなかった／聞けていなかった／話してくれていなかったことがあって再犯してしまうこともあり，何事にも完璧はないが，スーパービジョンなどでよく見聞きする場面から，大切と思われる基本の留意点を挙げる。

　1）性問題行動は何らかの支援が足りていないサインというだけであり，固
　　　定化した目で見ない

　性問題行動は，彼らの健全な成長に何かが足りていないサインであり，ほかの支援を要する子どもと何も変わらない。その子どもに対し，「性」や「犯罪」のメガネだけで判断して，「反省しているか，していないか」ということばかり気にしたり，加害する子どもの大半は男子だからといって男性職員が専任になったりするなど視野を狭くしていくと，本来の「その子の成長を促し，自他を傷つけない生き方をさせる」ことから，「再犯させない」ことが目標になったりしてしまうので注意が必要である。

　特に，面接者の性についてはどうすればよいかとよく尋ねられる。冒頭の実践報告では男性が担当していることということであったが，もちろん施設の人員の事情とか，たまたま性問題行動をよく勉強しているのが男性職員だということもあるので，決して「男性がやってはいけない」とは言わない。ただ，例え

ばそれが「男の子の性のことは男性職員で」というような，性について語るのを回避するような雰囲気からなのであれば，組織全体で性について学び，言葉にする風土を作る必要がある。また，面接者の性を固定化することでその（男性）職員が性問題ばかりを扱うようになり，孤立感を強めたり視野狭窄に陥ったりするデメリットも考えなければならない。また，対応する職員の性を固定化することで，子どもが「やはり性は秘密にする行為なのだ」と無意識のメッセージを受け取り，「オープンに語らない」大人側の問題が介入やモニタリングに影響する（治療者に隠し事をする，モニタリングする保護者に性について語れない等）という問題も起こりうる。また，女性と性について話し，意見を交換する経験は，その後に必要になる健全な性関係の発達の局面で，パートナーと性について話せるスキルを伸ばすことにもつながるだろう。重要なのは彼らの成長を促すのに何が必要かということであり，「性」に引っ張られないことである。

　2）性加害行動そのものについてきちんと聴取し，その子どもを全人的に理解する情報を収集する。そして安易に結論づけない

　十数ページにもわたる膨大な聴取資料が用意されているが，加害行為の内容は「妹への性加害」など一言から二，三文で触れられているのみで，ほとんど性加害の内容を聞けていない，また複数の事案がある場合に以前の問題行動の内容を聞いていないことがある。本当に聞いていない場合もあれば，尋ねてはいる（話してはいる）が子どものペースに巻き込まれているだけで，実際には聞けていないこともある。非行行動そのものは本人を饒舌に物語る情報であり，すべての問題行動について詳細に聴取することと，それらから本人を全人的に理解し，安易に問題性だけを列挙したアセスメントにならないようにする姿勢が重要である。

　3）心理テストをアセスメント「全体」の中に位置づけ，活用する

　長い時間をかけてテストを実施し（その間，処遇方針を立てられず宙ぶらりんの時期が続く），出てきた結果は「暴力肯定的な家族からの被害の影響と愛着の障がい」という，生育歴だけで容易に推察できる所見を見ることがある。もしくは「知能検査に能力の凸凹があり発達の偏りがある」と書いてはいるが，それが問題行動にどう関わっているのか／関わっていないのかが見立てに盛り込まれていないこともある。ルーティンで一式をこなすのではなく，情報

を集め，どこをもう少し深く査定しないといけないかを考えてから必要最少限の心理テストを行い，非行の機序の解明と具体的な介入策の策定に貢献できるようにするとよい。

　４）テキストの内容を十分に理解し，使いこなすこと

　性問題行動そのものへの見立てをしないままテキストを一通り行い，「一通りやりましたが，変わったのかどうなのか，大人の求めることだけ言えるようになったのか，よくわかりません」と聞きに来られることがある。そういう場合たいていは，とりあえずテキストを１章ずつやっているだけだったり，介入の時間が少ないことを理由に，どこに手を入れるべきか考えず，とりあえず境界線の話，プライベートパーツのこと，マスターベーションのルールだけ教えて終わっていたりする。テキストはあくまで，教えるべきことの「カード」でしかない。現実的に時間の制約がある場合もあるが，この子どものニーズは何か，そしてテキストの中でそこを教えられるのはどこか，このテキストはどういう理論に基づき書かれていて何が核となっているのか，どの順番で教えることが本人に入りやすいのかなどを考えながら処方をすると効果は上がるだろう。

　５）スーパービジョンなどで視点を増やしつつ，自身の判断力，臨床力を磨
　　　き続ける

　「家族再統合はいつしたらいいか」「こういう特性を持った子にいい手はないか」など悩みは尽きないと思われるが，本書を含む専門書やスーパービジョンは答えではなく，考えるためのヒントを得る場である。知識をもとに自身で考え，工夫して臨床に落とし込んでいくことこそが子どもへのよい介入につながる。正解や指示を求めるのではなく，ひとつの視点を通して捉え，それをもとに自身でも考え周囲とも議論し，子どもへの介入をよいものにしていただきたい。なんといっても，その子のことを一番よくわかっているのは，ケースを担当するあなたである。

Ⅱ　性問題行動のアセスメント

1．非行・犯罪行動のアセスメントとは

　しっかりしたアセスメントは，子どものケアと処遇についての一連の決定に

役立つ情報を提供し，かつ，効果的な介入を導くものであり（ATSA, 2017），その後の介入すべての基盤を提供する。アセスメントが勘と経験に頼った主観的で職種限定的なものに留まるか，情報に基づく（可能な限り）客観的かつ関係者全員で共有できるものになるかは，結果／予後の大きな分かれ目となる。それは，心理テストからわかる内容をつぎはぎしてバラバラに心理機能を測った結果でもなければ，アセスメントツールの数値を指すものでもない。クライエントの多様な側面と彼（女）を取り巻く環境に関わる情報を入手し，なぜこの人がこの非行・犯罪行動を選択した（せざるを得なかった）のかについて仮説を構築したうえで，持てる力を伸ばし，弱点を補い，自他を傷つけない生活を手に入れるための介入計画をまとめていくことを意味する。

　アセスメントにおいては，当事者を含む関係者すべてが，情報を提供し，共有する。この段階では，発達特性も，被害体験も，心理テストの結果も，親が主張することも，専門家の勘も，すべて断片に過ぎない。最後にアセスメントの責任を担う専門家がその断片を集め，「どうしてこのできごとが起きたか，どのような手立てがあるか」を全員がわかるように示すことによって，親は自分が責められているわけではないことがわかり，本人も自分に何が起きていたか知り，関係する専門家も自分たちが全体の中で何を担っているかを知って連携できる。この理解を基盤に，本人とその家族が思う象との付き合い方，つまり「自他を傷つけず，自分も幸せであるよりよい人生」を一緒に考える地図を作るのである。アセスメントは全員で行うものではあるが，最終的にアセスメントを担当する責任者が，最後の全体像を示さねばならない。そして地図を作ることができれば，ゴールはわかっているので一丸となることができる。再犯などが起きたり，当初は知らなかった異なる情報が出てきたりしたら地図を全員で見直し，再度修正していけばよいのである。

2．非行・犯罪行動のアセスメントの目的と目標

1）処分（処遇の大きな方向性）の決定のため

　児童相談所は法的な処分をする機関ではないが，加害行為があった以上，加害者本人の利益だけではなく被害者の保護と安全，そして社会の安全とのバランスを考え，再発防止に向けた何らかの決断を下す必要がある。実際に何があったのかを調べ，再犯の危険性を査定し，暴力の程度や非行の進度から社会

の安全を維持するために施設への隔離が必要か，社会内での処遇が可能かを判断しなければならない。同時に，本人の支援において，変化の可能性があるのか，環境の資源がどの程度あるのかも見極め，加害者本人を中心としてだれに，どこで，だれが，どの程度の強度で介入を行うのかを見極める必要がある。この判断のために，問題となった性問題行動（事件）に関する詳細な情報が必須であり，後述するリスクアセスメントツールが判断のひとつのよりどころとなる。

2）介入プラン作成のため

なぜ彼（女）が，ほかの非行・犯罪行動でもなく，自傷でもなく，今回の非行・犯罪行動を選択したのか（犯行の機制）を理解することで本人のニーズを知り，介入プランを作ることもアセスメントの重要な目標である。アセスメントの中で，犯行のパターンを整理し，場合によっては非行・犯罪行動以外でも繰り返されている心理的なパターンを同定する。例えば，友達欲しさに万引きしたものを周囲にばらまき歓心を引く行為があって，それが収まったと思ったらおとなしい同級生への性加害が起きたとすると，そこに共通するのは「寂しさや疎外感，拒否される不安，受け入れてほしい気持ちが生じた時に，欲求を満たすことに集中して視野が狭くなり，自分に都合のよい考え（思考の誤り）を使ってよくない行動を合理化し，実行に移すというパターン」である。こうした全体のパターンを見ないまま性に関する介入だけしていると，今度は違うパターンで問題が出てくるだけになり，モグラ叩きになる。本人のニーズと犯行パターンが見えていれば，介入によりそれがどのように変化したかモニタリングができる。自ずと，介入の頻度を減らしフォローアップに入ってもよいか，施設から家庭に帰してもよいレベルにまで来たか，注意深くではあるが家族との再統合ができる状態にまで本人と家族の準備性が整ったかどうか見えてくる。つまり，見通しが立つ。

これらの仮説を構築し，修正し，変化をモニタリングするには，犯行に至る日常生活，成育歴，環境について多くの情報が必要になる。これらを網羅的に聞き，どこに介入ニーズがあるのか知るための基準として後述するアセスメントツールの利用も有効である。また，障がいや疾病など特別なニーズがあるかどうかを把握しておくことや，環境面でのリソースとして家族構造や家族機能も精査し，「家族システムの中で彼の問題行動が何を示しているか」という視

点で見ることも重要である。また，一見問題が多いようにみえる親の強みを見つけ，資源としてどのように活躍してもらうかを考えることも重要だろう。もちろん，学校（や職場）で彼／彼女がどのようにふるまっているか，交友関係はどうかなど客観的な情報を得てアセスメントに組み込み，より現実的な介入プランを立てることも目標となる。

3．非行・犯罪行動のアセスメントの特徴とその役割

　非行・犯罪行動の臨床において支援者は，当然加害者やその家族の利益を考慮し支援する役割と責任，被害者の保護と安全，そして場合によっては，法を執行し，社会の安全を確保する行政官の役割と責任という，複数の役割を担う。本人にとっては不本意な施設入所を決定する代わりに，加害者である彼（女）やその家族が長期的に見たら「施設に入ってよかった」と思える処遇を提供する必要があるし，家庭内に残して通所処遇をするとなった場合，被害者やその関係者の不服や再犯への不安を受け止めたうえで，過剰な権利制限をしないという加害者の利益も重視した判断をしなければならない。また，ひとりのクライエントに対する治療者としての役割と責任もある。再犯したと聞いた時の支援者のショックや自責感，なんでだという怒り，もっとこうしていればよかったという後悔たるや相当のものである。

　役割と責任は，「失敗した（再犯された）時の不安」と結びつきやすく，再犯を不安がる親に巻き込まれて 24 時間行動を観察することを認めてしまったり，自身の面接でも本人と再犯をしないための方法だけを延々と話し合ったりしてしまう。組織的には，「家庭内性加害は一律分離，一生同居させない」，「とりあえず再犯するとまずいから施設入所」という判断をして，リスクを回避することだけに執着しているような反応になってしまうこともある。リスクを詳細に査定し，負えると判断したリスクは負ったうえで，最大限のベネフィット（利益）を出せる道を探ることが重要であり，アセスメントをしっかり行うことが，起きたできごと（性問題行動）に冷静かつ適切に対応するのを助けてくれる。

4．アセスメントの目を曇らせる罠

　性問題行動が性欲で起きるわけではないと頭でわかっていても，どうも性問

題行動は支援者ですら拒否感を引き起こしやすい行動のようである。人は、混乱するできごとに遭遇すると自分なりに折り合いをつけようとする。そして罠にはまる。

　ひとつは、嫌悪感や懲罰感情に振り回されることである。ふだんは冷静で温かい目で子どもたちを見ている人が、きちんと面接で聞き取りができていないだけなのに「否認しているから問題は大きい」「被害者のことをまったく考えておらず共感性が乏しい」などと、突然色眼鏡をかけて子どもを見るようなことが起きる。研修などで「きょうだい間性暴力や施設内性加害の被害は重大なのに、家庭裁判所での処分は他人に加害した事件より軽く、納得がいかない」「性的満足ではないと頭でわかるけど、やっぱり性的満足を得るために弱い立場の人を利用している身勝手な行動にしかみえない」「親が子どもに行った性暴力では、加害親が悪いという姿勢を貫き告発も辞さないという姿勢を貫くのがよいと思うがどうか」などの質問をもらうこともある。一つひとつへの回答は割愛するが、すべて、性問題行動に感情的に反応し、振り回されている兆候である。そしてその目の曇りが、問題を全体的に見ることを妨げ、客観的で効果的な処遇につながるアセスメントを妨害している。児童相談所職員は被害に遭った子どもにも直接会うことも多いので、加害者に対してはより感情的にゆさぶられ大変な立場だと推察する。しかし、支援者のトラウマ反応を加害者にぶつけても、問題は解決しない。

　もうひとつの罠は、自分が理解しやすいひとつのキーワードに固執して全体を見ないことである。自閉スペクトラム症の診断を受けていると聞けば、加害行動を「障がいがあるから被害者の気持ちがわからないのでしょう」「（介入時も）抽象的な概念は理解が難しいかもしれません」「通常の介入方法では頭に入らないと思いますが、どうしたらよいでしょうか」と思考停止に陥る。家庭内でのひどい被害体験があると知ると、突然加害者が「犠牲者化」されてしまい、「まずは被害のケアから」とか「被害と加害、どちらからケアしましょう」とか、二者択一になることもある。これらは理解しがたいできごとをシンプルにしてしまおうというこころの動きであり、罠である。原因を単純化すれば、何をすればいいのかわかった気にはなれるかもしれない。しかしそこでは、障がいがあっても非行犯罪行動をしない人がいることを忘れているし、特性があっても提示の仕方次第できちんと理解できる当事者の力も低く見積もってい

る。自分にとって複雑で理解しがたい性問題行動と，性問題行動が起きる環境について，単純化と思考停止によって全人的な理解に努めることを放棄してはいけない。

Ⅲ　効果的な支援のためのアセスメント

1．4つのアセスメントポリシー

1）リスクとストレングスの両方を見る

アセスメントにおいてまず重要なのは，個人と環境の双方におけるリスク（再犯の危険因子）とストレングス（再犯から遠ざかるための保護的な因子や強み）の両方をおさえることである。このリスク（裏返せば介入のニーズ）とストレングスをどう見るかについては，まずは性問題行動について基本的な知識を得ていくことに加え，後述のアセスメントツールや，リソースとストレングスをまとめる図（p.56）が役に立つ。

2）全人的な視点で見る

次に重要なのは，本人を全人的（whole person）な視点で見ることである。心理的な問題が解決すれば，友達ができれば，女の子とうまく話せるようになれば，勉強して高校に受かれば，すべては解決するということではない。性問題行動を変化させることは，世界と自分の捉え方や自分という存在，世界への対処全般を見つめなおし，生き方を変えていくことである。本人を身体的・私的・情緒的・霊的なすべての側面から見て，その世界を理解し，本人が求めている生き方を一緒に見つけていくつもりで臨む。そこには存在へのリスペクトが必要である。「問題や欠陥がある人，正しくない人」という見方がどこかにあると「正してやろう」という支援者のおごりが生じ，人を支配する加害行為をした人の行動変容のために今度は支援者が支配するという，支配の連鎖になる。

3）本人やほかの協力者と一緒に支援・治療プランを繰り返し立てる

アセスメントを行う際の最大の共同作業者は，クライエント本人，次いで家族などクライエントの周辺の個人的ネットワークである。アセスメントの結果やプランは頻繁に本人や家族と話し合い，うまくいっている点とよりよくする点をフィードバックし，一緒にプランを練っていく必要がある。決して，「治

療者が OK と言うまで延々ゴールのわからない面接に来なければいけない修行」になってはいけない。アセスメントの内容をわかりやすく伝え共有するには、理論に基づく性問題行動の理解の枠組みや、何がリスクになるのか、何がニーズなのかについて知っていることが、強い武器となる。

　4）アセスメントツールを活用する

　ほかの犯罪と同様、性問題行動に関するリスクはよく知られるようになっており、リスクやニーズをアセスメントするツールが開発されている。ツールについて知り、その限界を知ったうえで有効にアセスメントに取り入れられるようにしておくことが必要である。

2．知っておくと役に立つ知識・研究成果（実践ガイドライン）

　以下は、ATSA（Association for the Treatment of Sexual Abusers; 2017）でまとめられている内容の重要な点を筆者が抜粋したものである。思春期（13～19歳）に関する海外の研究による知見ではあるが、ひとつのよりどころにはなるだろう。ATSA（2017）で言及されている以外の個別の研究結果はそれぞれ引用を示す。

　1）再犯率

　さまざまな研究の結果、性犯罪をした青少年（13～17歳）の大多数は、性犯罪を続けることはなく、生涯にわたって犯行を繰り返すわけではないことがわかっている。青少年の性犯罪の再犯率は3～10％であり、決して高くなく、2017年からさかのぼって過去15年間の平均再犯率は2.75％である（参考値：日本の保護観察少年の再処分率は16～18％［法務総合研究所、2022］）。また再犯をしたとしても、性犯罪以外での再犯であることがほとんどである（ATSA, 2017; Caldwel, 2016）。Reitzel と Carbonell（2006）による9つの研究のメタアナリシス（n＝2986、女性121名含む、平均59カ月間のフォローアップ）では、性犯罪をした若者について、その後性犯罪での再犯が12.5％だったのに対し、非性暴力再犯は24.7％、非性的・非暴力的再犯29％、特定不能の非性犯罪再犯20.4％であったとし、一度性犯罪をした人が再び性犯罪をするよりも、ほかの犯罪に及ぶ確率が高いことを示した。これらは、リスクの種類とニーズをよく見ることの重要性を示唆している。

2）介入の範囲と強度

　性問題行動を持つ少年の多くは，再犯リスクを低減させるための広範囲の，または強力な介入を受ける必要はない。ルールに従順で向社会的な子どもには，起きたことを家族と話し合ったり，児童福祉機関や司法機関が関わる（健康的な関係性や，性暴力や同意の定義を教える，保護者にも教育をしてモニタリングしてもらう）プロセスの中で介入が行える。こういった子どもたちにとっては，強力な介入（施設に収容して反社会的な同世代と関わりを持つこと，家族や家族のサポートから切り離すことなど）は，有害になったり，心理社会的機能を損ねたり，将来の性問題行動やほかの問題行動のリスクを高めたりするおそれがある。介入の範囲と強度は，適切なアセスメントに基づき行うべきである。

3）介入の効果

　適切な処遇を行えば，再犯率を低下させることができる可能性が高まることが示されている。前掲の Reitzel と Carbonell（2006）は，研究方法の違いがあり結果は慎重に解釈すべきだとの注釈を加えたうえではあるが，処遇をした群と対照群では再犯率の違い（処遇群 7.4%，対照群 18.9%）があるとした。

　ATSA（2017）はさまざまな研究のまとめとして，「性問題行動を持つ思春期少年へのもっとも効果的な介入は，性問題行動と一般的な問題行動の両方に関係するリスクファクターを低減する介入である」と述べている。性問題行動をした子どもの再犯が性犯罪よりほかの犯罪が多いことを鑑みても，この方針は妥当といえるだろう。

　無作為比較対照試験が難しいこともあり，現段階で明確に再犯率低下効果を示せている介入は，PSB-CBT（親子ともにグループで行う認知行動療法）やMST-PSB（マルチシステミックセラピー性問題行動版）など，ごく限られているが，多くのプログラムが各地で作られており，基本的には認知行動療法（CBT）や CBT を中心として心理教育や表現療法などを組み合わせた介入がなされることが多い。その他，グッドライフ・モデルに基づき，本人が何を手に入れたいかというニーズを中心に介入していく方法もある。エビデンスが示された手法をそのまま取り入れられればよいが，国が違い，資源も違えば，そのままできないこともある。乱立するプログラム（テキスト）名に振り回されすぎず，介入の核は何かを知っておき，アセスメントに合わせていろいろな

カードを切れるようになることが望ましい。

4）発達に留意したアセスメントを行う

神経発達的な観点から見て，思春期は非常にダイナミックで流動的な発達段階にあり，20代半ばまで成長過程にある。思春期半ばから後半までの典型的な脳は，多くの点（特に刺激の探求，判断力，意思決定能力に直結する脳の部位）では成人の脳よりも10代前半の脳に近い。衝動コントロールの低さや仲間からの影響の受けやすさ，情動的であること，無謀な行動，無責任であること，起こりうる結果を予測したり考えたりする力が弱いといったことは，思春期に共通する脳の特徴でもある。これと関連して，治療教育においては，その子どもが自分の行動に対して発達レベルに即した責任をとれるようにすべきである。自分の行動を説明できるまでに成長し，学習するのを支えるのが身近な大人の役割である。

5）アセスメントは再犯の明確な予測ではない

アセスメントではリスクの査定も行うが，決して再犯予測のためにするわけではないことを心得ておくべきである。後述するリスクアセスメントを用いたとしても，実際にはそうではないのに再犯するおそれがあると間違えたり，実際に再犯しているかもしれないのに，そのリスクを見落としてしまうおそれがあることを理解しておくことは重要である。Schramら（1991）は，197人の若者に対し5～10年の追跡調査を行った結果，「危険」・「リスクあり」と判断された少年はそれぞれ10%・57%であったが，そのうち実際に再犯したのは18%であり，性犯罪の再犯リスクは過大評価されがちであることを示した。

ATSA（2017）では，「低／中／高リスク」などとラベルをつけることを避け，もしその言葉を使うのであれば慎重に行うことを推奨している。

6）定期的に再アセスメントをする

思春期の発達の変化は激しいことを考慮して，できれば3カ月に1回，少なくとも年に1回程度定期的に再アセスメントを実施し，成長を見守り，処遇プランを変えていく必要がある。

7）障がいがある場合のリスクの考え方

知的障がい（海外の研究の場合は，知能の低さだけではなく学習障がいを含むこともある）がある青少年の性的犯罪に関する研究では，性的行動が言語性IQの低さと関連している（McCurry et al., 1998）ことや，知的障がいを持つ

性問題行動少年のかなり多くが，身体的・性的・情緒的虐待を経験していることなどが指摘されている（Blasingame, 2005）が，ATSA（2017）は，さまざまな研究をふまえて，「障がいがあると，他者から否定的な扱いを受けやすいため非行行動のリスクは高まるが，それが性問題行動にどう影響するかはわかっていない」と結論づけている。障がいはその人のひとつの情報として見つつ，全体をアセスメントする必要がある。

8）女子による性問題行動

警察や児童福祉の領域では，性的な行動をした子どもすべてを「性非行」とくくっており，寂しさを性という形でしか表せない未熟な女子も，被害に遭ったことによる反応として不特定多数やリスクの高い男性に近づく女子も，ほかの女子への性加害行為をした女子も，すべて一緒にされていることもある。公的な分類上致し方ないところはあるかもしれないが，介入上はまったく異なるプランが求められるため，注意が必要である。また，同じように被害に遭ったことによる影響としての問題行動だったとしても，リスクの高い男性に近づいていくような自己破壊的な行為に出ている子どもと，他人に性行為を強要したりほかの女子の性器に物を突っ込んだりした場合は，影響の出方が異なっているので，もちろん介入プランも変わってくる。本書で扱っているような性加害への介入が必要なのは，他者への侵害行為をしているものだけである。

ATSA（2017）によれば，思春期女子の性加害率は1％であり，男子（4～5％）よりは少ないが，90年代から増加傾向にある（女性の性犯罪は過少報告されているとの見方もある）。男子の加害者同様，多様性があり決めつけることはできないが，以下の点で男子とは異なる部分がみられるとしている。

- 性被害の経験を持つ人が多い
- 性被害歴がある場合，男子に比べ，被害の発生がより早期で，複数の加害者がいる可能性が高い
- 家族機能不全の程度が高く，身体的，心理的虐待や親（特に母親）の深刻な精神上の問題を含む
- 精神病理的合併症があることが多く，PTSDやうつ病など内在化障がいが特に多い
- 女子の自殺行為，希死念慮，自傷行為は特に多い

- 女子の非行は，共同犯行や集団で行われることが多い
- 家族や知り合いの年下の子どもに対する性非行の発生率が高い
- 女子の方が，男女両方に加害する確率が高い，さらに，年少児の子守場面での加害が多い

　女子の治療教育で扱うべき内容は，健康的で向社会的な関係，健康的なセクシュアリティ，有効なコーピングスキル，感情コントロールなど，男子と似たところはたくさんある。その一方で，発達における安全，アタッチメント，仲間関係の持ち方，責任の受容，自己効力感，文化的役割や女性性に対する態度などは男子と異なる病理やニーズを持っている部分があるだろう。女子のためにデザインされた確立されたプログラムはまだないが，早期の被害経験とトラウマは女子の中で非常に一般化しているため，被害によって生じている問題を扱うこと，トラウマに焦点を当てた治療アプローチおよび以下の点に着目することが推奨されている。

- PTSD，うつ，不安などの内在化障がいが合併症となる確率が高いため，特別な注意と治療が必要となる
- 自殺・自傷のモニタリングと対処
- ジェンダー特有の発達
- 治療の核はスキルや社会的，認知的な仮説を扱うことによる自己効力感の上昇
- 安全，愛着，安定した関係性を得るため，家族も積極的に治療に取り組む

9）きょうだい間性暴力

　Diclemente と Ricks（2015）はきょうだい間性暴力に関するさまざまな研究から，きょうだい間の性暴力はほかの近親姦よりも頻繁に起きており，親子間の性暴力よりも 5 倍起きていると推定されるほど多いと述べている。またきょうだい間性暴力の加害者の 92％は男性であり（Krienert & Walsh, 2011），個人的特性として，サイコパシー，社会的スキルの乏しさ，安定しない友人関係（Diclemente & Ricks, 2015），性被害体験の多さ，ADHD や PTSD の多さ（Grant et al., 2009）などさまざまな研究がなされているが，これといったひ

とつの特性は絞られていない。家族的要因も、単一の要因は指摘されておらず、明確にコンセンサスのとれた理論はないが、家族のダイナミクスがきょうだい間性暴力の発生背景にあるということは多くの研究で指摘されている。すなわち、拒否、虐待、情緒的変動性の高い家庭、夫婦の葛藤や不和、身体的懲罰を伴う権威的な養育スタイル、否定的な家族の雰囲気、両親の（きょうだいに対する）えこひいき、親の依存症、性的境界線の緩さ、過度に性的な環境などである（Diclemente & Ricks, 2015）。そうした非機能的な家族にいることの痛みや絶望、無力感が加害者本人にも、被害者となるきょうだいにも両方にあり、親に満たしてもらえるはずの基本的・情緒的ニーズを親の代わりにきょうだいで満たし合っているという構造があるとされている。きょうだい間性暴力は虐待の中でネグレクトに分類されることもあるが、加害児も被害児も、大きな目で見れば家族の機能不全の被害者ともいえるだろう。

　介入に関しても、エビデンスに基づくアプローチは確立していないが、基本はほかの性問題行動を持つ子どもと同じアプローチに加え、①根底にある家族のダイナミクスの修正と、②感情的サポートを提供する親の能力（保護因子）を伸ばすことがかなり役に立つ、といわれている（Diclemente & Ricks, 2015）。きょうだい間性暴力の場合は同居の可否の検討が難しいところだが、最終的には、性的行動を明らかにし、それが被害者の言っていることと一致するようになる必要があり、それが再統合の条件であるとしている（ただしそれが達成されても、親がきょうだい間性暴力に加担している場合や、隠蔽・否認・許可・奨励している場合は再統合は不可）（Diclemente & Ricks, 2015）。

第**2**章

アセスメントと介入の原則

I　犯罪行動のアセスメントにおける基礎知識

1．再犯リスク

　再犯のリスクには，犯罪履歴など変化することのない「静的リスク要因」と，治療教育的介入などを通じて変容可能な「動的リスク要因」がある（藤岡編，2020）。動的リスクには，衝動的傾向など比較的安定している〈安定的・動的リスク〉と再犯の引き金となる怒りなど比較的短時間で変化する〈急性的・動的リスク〉に分かれ，前者は教育的介入の，後者はケースマネジメントのターゲットとなる（藤岡編，2020）。

　表1は研究に基づいた，性犯罪の再犯と関係する要素／しない要素の一覧である。これに類似した資料は，どのリスクアセスメントの研修でも最初に見せられる。臨床的（人情的）には，きちんと責任を認めているか（否認），被害者に申し訳ないと思っているかを基準としてしまいがちであるが，データ上は

表1　個人の要因と再犯率との関連

関連するとされている要素	関連するかもしれないとされている要素	関連が支持されていない／無関係の要素
性的没頭 ルールへの抵抗 関係性の問題 一般的自己統制力 犯罪支持的態度 問題解決能力の乏しさ	女性への敵意 マキャベリズム 他者への関心の欠如 性をコーピングに使う	否認 精神障害 被害者への共感の乏しさ 孤独感 抑うつ 初回面接時の動機づけの低さ

Brankley.A.E. 2023 年 MASOC/MATSA（学会）でのワークショップ資料より作成

無関係であり，本当に見るべきものはもっと別のところにあることを知っておくことは重要である。

2．RNR 原則

Andrews ら（1990）は，なぜある種の治療はほかの治療よりも効果的なのかということに着目し，犯罪者治療の文献をレビューしてより効果的なプログラムに関連するパターンを見つけ出した。それが以下の 3 つの原則である。以下は Bonta と Andrews（2017）を筆者が抜粋，若干の加筆修正をして引用したものである。

①リスク原則：治療サービスのレベルをリスクレベルにマッチさせる（だれを治療すべきか）
　　高リスク犯罪者に適切な治療を施すと効果があり，低リスク犯罪者にはほとんど何の効果もないことがわかっている。中〜高リスク者にサービスを提供し，低リスク者と高リスク者の接触を回避する。
②ニーズ原則：犯因性ニーズ（動的リスク）を標的にする（何を治療すべきか）
　　動的リスクをターゲットとし，強みになる方向に動かす。
③反応性原則：本人の学習スタイルに着目して，認知行動的介入を行う（どのように治療すべきか）
　　変化のためには，犯罪者の行動変容に効果的であることが示されている行動的・社会学習的・認知行動的働きかけを行う。個別的には，サービスを提供する設定や，対象者の認知的特徴や性別，年齢，強み，好み，モチベーション，民族性などに応じてサービスのスタイルとモードを個々人に合わせて変える。

　この 3 つの原則の頭文字を合わせたのが RNR（Risk-Needs-Responsivity）原則である。この原則を守っているかいないかで再犯率にはかなりの差が出ること，そして守っている原則が増えるほど再犯率が下がることも示されており（Bonta & Andrews, 2017），非行・犯罪行動に介入するにあたり無視できない原則であることは間違いない。

なお，障がいがある子どもや女性の加害などについても，上記の③「反応性原則」の中で扱うべき問題となる。その特性に応じた「特殊なアプローチ」があるのではなく，反応性原則に応じていかに支援者側が「工夫できるか」であることは再度述べておきたい。

Ⅱ　思春期の性問題行動における RNR 原則の適用

翻訳されたテキストを画一的に使用するよう個別のリスク・ニーズに対応していない介入や，「この子の問題は性じゃない気がするので」という理由でカウンセリングのみで介入を終えるなどの感覚だけに基づく介入は，再犯を防ぐことには有効ではない。そのためには，子どもの性問題行動のリスク（裏返せば支援のニーズともいえる）になっているものは何かを把握しておく必要がある。

1．静的リスク

人は変わりうる存在ではあるが，確率という意味でいえば過去の行動は未来を予測する重要な要素である。思春期の性問題行動の静的リスクには，以下のようなものが含まれる。

● 複数の被害者がいる
● 男児の被害者がいる
● 性問題行動において攻撃性の高い行動をとっている
● 養育者の変更の有無
● より幼い時期からの問題行動の有無
● ほかの非行の有無

2．動的リスク（介入ターゲット）

ATSA（2017）は，思春期の性犯罪の再犯リスク要因は明確に特定されておらず最新の研究を追うべきとしているが，治療プロセスで着目すべき（介入すべき）点を以下のように説明している。当初のアセスメントで，包括的な情報とともに，これらのどこに支援へのニーズがあるか把握する必要がある。

- 社会的孤立／低い社会的能力
- 虐待行動を支える態度（例：女性はレイプされるのを楽しんでいる，子どもは性行動に同意できる等）
- 親との関係（養育者が少年の行動を効果的に監督・監視し，責任ある行動をサポートしたり介入したりできるか）
- 一般的な自己統制
- 性的な自己統制を含む性的関心（子どもへの性的関心や興奮，性行動過剰，暴力に対する性的覚醒等）
- 社会的・地域的支援（コミュニティの資源やその人たちとの関係）
- 非性的な非行（犯罪そのものを支持する価値観や態度，非行傾向のある友人との関係等）

3．保護因子，もしくは犯罪からの離脱を促進する要因

ATSA（2017）では，犯罪からの離脱（犯罪を手放していくこと）の促進に関連するだろうと認められる範囲の要因を以下のように示している。

- 健全な自己責任感と自己効力感
- 効果的な感情制御とコーピング戦略
- 自己コントロールと衝動制御
- 問題解決能力と効果的な計画力
- 少なくともひとりの，有能で思いやりのある向社会的な大人との親密な関係
- 養育者との肯定的関係
- 養育者の肯定的なモニタリングと規律
- 向社会的な同年代との交友関係や恋愛関係
- 向社会的な投資（学校に通うなど）
- 肯定的な活動への参加
- コミュニティからの肯定的な支援
- 明るい将来への志向
- 人生における意味を見つけること

アセスメントにおいては，これらのリスク（介入のニーズ）を適切に把握し，RNR原則を適用し，介入の強度（密度と称することもある。どのような枠組みの強さで，何時間性問題行動への支援に時間をかけるか）と，どのニーズに対応していくのか，保護因子を伸ばす環境調整をどう行うかを検討する。

　例えば成人の場合は，リスクが非常に低い場合は介入不要，平均以下の場合はケースマネジメントのみ，平均の場合は100時間以上の介入とコミュニティでの監督，平均以上の場合は，200時間から300時間の介入を行うことを指針としている（Hanson & Yates, 2013）。少年の場合は成長の要素が大きいこともあり成人ほど明確な基準が示されているわけではないが，Safer Society Foundationが行った1996年から2009年にかけてのアメリカ・カナダで行われた12歳から17歳の若者への介入の実態調査では，どの年度においても施設収容よりも在宅のケースが多く，2009年の調査（男子）では，グループでの介入は在宅で平均週1.17回，施設収容で平均週4.45回，個別介入の場合は在宅で平均週3.11回，施設収容で週4.64回の介入が行われていた（坂東, 2021）。他国の状況であり，介入を行っている組織や資源の豊富さが異なるとはいえ，日本の介入が「薄く広く」なされている感は否めない。ちなみに，ここで述べる「介入」とは，性問題行動やその他のリスク（ニーズ）因子の行動変化に焦点を当てた意図的な介入のことである。施設で生活していることだけをもって「介入している」とは言えないことに留意されたい。

　適切なアセスメントに基づき，リスクが高い場合にはより強力な枠組みで長期間の介入を，リスクが低い場合には心理教育と環境調整を行うなど，処遇の密度とターゲットを個々人に応じて組み立てていく。性問題行動をしたというだけで，性問題行動を持つ子ども用のテキストを盲目的に使用したり，逆に独自の判断で「この子は性の問題が中心ではないので」と受容的カウンセリングだけ行ったりするのは，再犯を防ぐには適切ではない。また，処遇の効果が出ているかの判断も，「施設職員の言うことが聞けるようになった」といった大人の価値判断ではなく，再犯リスクが下がったか，保護因子が伸びたかどうかを見極めていく必要がある。この作業を効率的かつ網羅的に行うために使えるのが，アセスメントツールである。

Ⅲ　アセスメントツール

アセスメントツールと一言で述べても，時代とともに発展してきており，その特性を知ったうえで使用する必要がある。

1．リスクアセスメントの歴史と発展

リスクアセスメントは，専門家が非構造的な判断，すなわち勘と経験によって再犯リスクを判断していた第 1 世代のリスク査定への問題意識から，1960年代には保険数理的手法を用いて実際の再犯データと事前収集項目を比較して再犯の確率を予測する第 2 世代に移行し，「リスクアセスメントツール」が確立した。第 2 世代のツールは，リスク原則に基づいた処遇強度の選択はできるものの，項目の多くが静的リスク（過去の変えられない事実）から成り立っているために，どこに介入するかという具体的な処遇目標や計画が立てにくいという難点があった。この問題を解決すべく，1990 年代からは，動的リスク要因を組み込み，再犯をさせないためにどこに介入するのかということも見ることができる第 3 世代と呼ばれるリスクアセスメントツールが作成されるようになった。2000 年代に入ってからは，ケースマネジメントとより強く結びつけ，処遇プランの策定や処遇目標の達成度の評価などにも使える第 4 世代のツールが開発されてきている。第 4 世代のツールでは，リスク要因・ニーズ要因だけではなく，長所や回復力，対人関係の問題などを広く網羅したものとなっている（リスクアセスメントツールではなく，単にアセスメントツールと呼ぶようになっている）。

2．性問題行動のある少年の（リスク）アセスメントツール

表 2 は，性犯罪者／性問題のある少年に対して開発された（リスク）アセスメントツールの代表的なものを筆者なりにまとめ一覧にしたものである。

本書のターゲットである少年の性問題行動の領域でいえば，『性暴力の理解と治療教育』（藤岡，2006）に日本語訳が出ている J-SOAP Ⅱ（Juvenile Sex Offender Assessment Protocol-II: Prentky & Righthand, 2003）がもっとも知られているであろう。その他，ERASOR（Estimate of Risk of Adolescent

表2　性犯罪者／性問題行動のある少年に使用する代表的なアセスメントツール

場所	年代	第2世代	第3世代	第4世代
国外	成人	STATIC-99R (Phenixet al., 2016) など	STABLE-2007 (Hanson et al., 2007) ACUTE-2007 (Hanson et al., 2007) など	SOTIPS (McGrath et al., 2013) など
国外	青少年 (12-25歳)			DASH-13 (Worling, 2013) PROFESSOR (Worling, 2017) YNPS (Righthand et al., 2020)
国外	少年 (12-18歳)		J-SOAP II (Prentky & Righthand, 2003) ERASOR (Worling & Curwen, 2001) J-SORRAT II (Epperson, et al., 2015)	DASH-13 (Worling, 2013) PROFESSOR (Worling, 2017) YNPS (Righthand et al., 2020)
国内	成人		法務省が開発した非公開ツールのみ	なし
国内	少年		J-SOAP II 日本語訳	YNPS 日本語版 (筆者らが研究中)

Sexual Offence Recidivism: Worling & Curwen, 2001), J-SORRAT II (Juvenile Sexual Offense Recidivism Risk Assessment Tool-II: Epperson & Ralstou, 2015) なども欧米ではよく使われているツールである。第4世代としては，性的・非性的再犯に関する保護因子をチェックする DASH-13 (Desistance for Adolescents who Sexually Harm; Worling, 2013) や，再犯予測ではなくリスク因子と保護因子を継続的に観察することで再犯を防止するために作った PROFESOR (Protective + Risk Observations For Eliminating Sexual Offense Recidivism: Worling, 2017)，J-SOAP II と ERASOR を作った研究者たちが協力して開発した YNPS (Youth Needs and Progress Scale: Righthand et al., 2020) がある。

　注意すべきは，少年の領域においては，第4世代云々ということ以上に，再犯予測のためにアセスメントツールを使うことへの問題意識があることである。すでに述べたように，子どもたちは大きく変わりうる存在であり，高リスク・低リスクと安易にラベリングしてそれが独り歩きすることの弊害があるか

らである。実際，第3世代の3つのリスクアセスメントの予測妥当性を検証した研究では，リスクアセスメントツールは中程度の予測妥当性しかなく（Viljion, et al., 2012），保護因子や犯罪からの離脱に関係がある因子や強みに焦点を当てたツールの方が予測妥当性が高いことを示した研究もあるほどである（van der Put & Asscher, 2015; Worling & Langton, 2015）。リスク原則に基づく処遇のためにはリスク因子は無視してはならない要素であるが，再犯の防止という点においては，もっと視野を広げた広い範囲のアセスメント（ツール）が必要であり，第4世代のアセスメントツールの研究の拡大が期待されるところである。

　なお，Blasingame（2018）は，発達上の障がいがある青少年のリスクアセスメントについてさまざまな研究をまとめており，ウェクスラー式知能検査や適応行動尺度を実施することや，面接において少年が理解できる言語や文字を使うことなどを推奨しているが，筆者が見る限り「知的障がいがある人への配慮」の域（反応性原則に基づく対応）を超えてはいない。見る項目が増えることや，障がいにより健常の子どもより慎重に判断しなければならないことは増えるとはいえ，リスクとニーズのアセスメント自体は，基本的には障がいのない子どもと同様のものを実施し，それに加える形で本人の個別性に合わせたニーズを挙げて対応するのがよいと考える。

　日本人のデータを集めて標準化されたツールではないが，筆者らがよく使っている J-SOAP II の使用方法と，第4世代の YNPS について簡単に解説する。

　なお，上記で触れた各ツールは無償でマニュアルを公開しているため，それぞれを確認してみたい場合はインターネット上から入手されたい。

1）J-SOAP II（Juvenile Sex Offender Assessment Protocol-II: Prentkey & Righthand, 2003）

　性問題行動を持つ12歳から18歳の男性のためのツールである。静的リスクを測るものが多く処遇選択時の初期評価に適しており，また性非行だけはなく非行性の進度や社会資源，治療に対する態度などが比較的広く網羅されている（大江ら，2008）。保険数理統計的なリスクアセスメントではない（データが十分ではない）こと，重みづけはないこと，リスク状況は時に劇的に変化するため少なくとも6カ月ごとに再評価すること，信頼性のあるスコアにするためにトレーニングを行うことなどが推奨されている（Prentky & Righthand,

表3　J-SOAP Ⅱのセクション・尺度

セクション1（静的・固定的リスク）
尺度1	性欲動・関心・行動の偏向程度（性問題行動に関連するリスク）
尺度2	衝動的・反社会的行動尺度（一般非行性に関するリスク）
セクション2（動的・可変的リスク）
尺度3	治療的介入尺度
尺度4	社会内の安定性・適応尺度

2003）。

　全28項目を重度によって0〜2点でスコアする（0点はその項目の明確な不在，2点は明確な存在，1点はいくつかの情報はあるが情報が不十分な場合，もしくは2とするには不完全な情報の場合につける。なお，入手可能な情報が限られているか不明確な場合はリスクは低い方に付ける）。尺度は表3のように分かれている。詳細な質問項目自体は『性暴力の理解と治療教育』（藤岡，2006）を参照されたい。

（1）処遇選択

　ひとつの使い方としては，リスク原則に基づきどの程度の強度で介入するかを決めるための参考にする方法である。カットオフポイントはないので，何をもって高い低いとするかは難しいところであるが，尺度上総合的にリスクが高めであると判断される場合は，施設内処遇や介入の密度を高くするなどの方針を決めることができる。もちろん尺度だけを基準とするのではなく，性暴力行動は認めているが非常に攻撃的な場合，複数の被害者がいて性暴力がエスカレートしている場合，被害者の苦痛を軽視する態度が顕著な場合，治療教育を受けていたが再犯をした場合，家庭や地域社会のネットワークがない場合などには，介入強度を高めることも必要であろう。

　なお，きょうだい間性暴力の加害者のJ-SOAP Ⅱのスコアは比較的低く出やすい。彼らはたいてい学校などでは問題児ではなく，むしろよい子であることもあり一般的な非行性は低いばかりか，見知らぬ被害者を選んでいない，性暴力による被害者数が少ないなど，性に関するリスクが低くスコアされることが多いからである。J-SOAP Ⅱですべてのリスクを網羅できるわけではないと

はいえ，数値が低くなるということは，リスクやニーズが低いという厳然とした事実は無視しないで処遇選択をすべきである。まれに「見知らぬ人にやるより親族に加害をする方がひどい人だと思うんですけど，なんでリスクは低くなるんですか」と尋ねられることがあるが，ひどい人かどうかを見ているのではなく，再犯リスクを客観的に見ているだけなのである。きょうだい間性暴力の場合，加害者と被害者の分離のためにどうしても施設内処遇を選ばざるを得ない場合もあるが，リスクが高いから強力な介入を行うために施設入所にしたのか，場所の問題だけなのかをきちんとふまえて，同じ施設内入所でも介入の強度をアレンジしていくことが必要だろう。

（2）アプローチの選択

PrentkyとRighthand（2003）は，具体的には全体像を見てからであるという注釈付きではあるが，尺度1と2（表3参照）の高低によって治療アプローチの決定に役立てることができると述べている。

①尺度1が高くて尺度2が低い場合

一般的な非行のリスクが低く性問題行動に関するリスクが高いということを意味するため，性問題行動に特化した治療介入をより多く必要とする。こうした子どもを非行性の高い少年と一緒にすると，益よりも害が大きくなるおそれがあるかもしれない。

②尺度2が高くて尺度1が低い場合

一般的な反社会性の一環として性問題行動を起こした可能性があり，性に特化してしまうよりも，非行に焦点を当てた介入が必要であり，適切な境界線，暴力的ではない性行動，衝動コントロール，健全な男らしさなどを扱う心理教育的な介入が必要である。

③尺度1も尺度2も高い場合

より集中的な監督を必要とし，施設収容のうえ，非行に焦点を当てた介入と性犯罪に特化した治療教育の両方を行うことが必要である。

④尺度1も尺度2も低い場合

犯罪行為はより状況的なものである可能性があるため，適切な性行動や社会的スキル訓練，デートスキルを扱う心理教育など，限られた介入しか必要ないことを示唆しているかもしれない。

2）YNPS（Youth Needs and Progress Scale: Righthand et al., 2020）

性問題行動を持つ 12 歳から 25 歳の男女のためのツールである。リスクの予測ではなく，「効果的に対処すればリスクを除去・軽減・変更し保護要因を促進する可能性がある介入ニーズ」（Righthand et al., 2020）をアセスメントする。

22 項目の質問について 0 ～ 3 点で評価を行うが，その評価基準は，0 点と 1 点がその介入ニーズについて大きな懸念がないことや保護因子の存在を示し，2 点と 3 点はその介入ニーズにおいて懸念があることを示す。0 と 1 の差はまったく治療ニーズがなく「常に良好（介入不要）」か「だいたいにおいて良好（さらなる介入は不要）」の差，2 点と 3 点の差は，懸念がある中でも「時として懸念が生じる（中程度の介入が必要）」か「しばしば懸念が生じる（強力な介入が必要）」かという差としてスコアする。YNPS においては，情報が不足している場合には「スコア不明」とし，加算しない仕組みとなっている。また，3 カ月ごとの再アセスメントが推奨されている。

22 項目は 3 領域とその他の領域に分かれており，詳細は表 4 の通りである。

これらは本人の供述だけではなく，親やその周辺からのすべての情報を総合してスコアリングする。つまり，例えば本人が「同年代の異性にしか関心がない」と述べたとしても，親からインターネットで幼い子どもの性的画像を検索した履歴があるとの情報があれば，項目 4 は慎重にスコアをつけなければならないなどである。その他，項目の題を見るだけではわかりづらい部分もあるため，実際に使用する際には原典にあたることや研修を受講することをお勧めする（筆者らは開発者と連絡を取り日本語版の作成許可と研修受講をしたうえで，複数府県の児童福祉機関の協力を得て J-SOAP Ⅱ と YNPS のデータを収集中である。日本語での研修も予定）。それでもここで紹介したかったのは，リスクを点数化するのではなく，ニーズを継続的に把握していく手法を紹介したかったためである。

（1）全体的なニーズの把握

まずは，介入不要（0・1 点）と介入要（2 点・3 点）の比率を見て，どの程度介入ニーズを持っているかを全体的に把握し，どのような形で介入することが必要か（ニーズが多ければそれだけ時間も労力も必要）を判断したうえで，介入ニーズの高い部分をどう変えていくか治療計画を立てていく方法で利

表4　YNPS の項目

性的セルフマネジメントに関わる項目		
1	適切な性的行動を理解する	社会が期待する性的行動と法律をきちんと理解できているか
2	性加害の結果を理解する	関係者全員がどんな影響を受ける可能性があるかという性加害行動の結果の理解
3	性的思考 – 頻度	その状況にふさわしい性的思考の頻度
4	性的関心 – 年齢および同意	適切な年齢の相手との同意のある性的行動への関心の程度
5	性的態度および信念	
6	性的行動のマネジメント	どの程度安全，適法かつ社会的に適切にふるまうか
一般的なセルフマネジメントに関わる項目		
7	他者へのコンパッション	他者を気にかけたり親切にしたりする
8	ピアとの関係	年齢差 3 歳以内の親族以外の友達が良好な友人かどうかおよびその関係性
9	感情マネジメント	自分の感情を認識し，適切に表現するように調整できるか
10	ソーシャルスキル	人の話を聞く，非言語的社会的手がかりの理解，適切な対人距離など
11	自信	自分の力で人生をよい方向に変化させ，維持できる力があると信じている
12	学業および仕事へのコミットメント	学校や職場でできるだけベストを尽くそうとする行動で示される関与度合い
13	空いた時間の使い方	空いた時間，自由時間を上手に使えるか
14	非性的行動に対する態度および信念	性的行動以外の面での向社会的態度と信念
15	非性的行動のマネジメント	性的行動以外での行動マネジメント
環境要因および支援に関わる項目		
16	主たる養育者との関係をクライエントがどう見ているか	主たる養育者が自分を気にかけてくれる，助けてくれる，支えてくれると感じているかどうか

17	支えてくれる大人との関係をクライエントがどう見ているか	支えてくれる大人が自分にこころから関心を示し，助言や前向きな励ましを与えてくれる相手と感じているかどうか
18	家族機能	家族がクライエントの精神的な支えになる，励ます，助言する，提案した介入に参加する，などをしてくれているか
19	生活状況 - 安全および安定	申告かつ慢性的なストレス要因がなく，一貫して安定した環境を提供しているか
20	コミュニティ資源の活用	クライエントの健康と安全を促進する可能性のあるコミュニティの利用可能なサービス資源の活用
その他		
21	精神保健マネジメント	精神保健上の問題が介入への関与や参加を妨げていないか
22	治療への参加	犯罪に関係する介入に良好な態度で参加しているかどうか

用できるだろう。また，「性的セルフマネジメントに関わる項目」「一般的なセルフマネジメントに関わる項目」「環境要因および支援に関わる項目」のどこに多くのニーズを抱えているか得点分布を見ることで，介入のアプローチを決めていくこともできる。例えば性的セルフマネジメントに関わるニーズは多いが一般的セルフマネジメントには問題がない場合は，性的セルフマネジメントに対する介入を多く行うとか，家族や環境にニーズが多い場合は，個人への介入だけでなく環境への介入を強力に行うなどである。治療教育をしていると，どうしても「まずはプログラムをやって，その子どもの考え方を修正して再犯をさせないようにして，家族には協力を仰ぐ」というデフォルトパターンを選択しがちであるが，YNPSにおいてニーズの分布を見ることで，広い視野で捉えながら介入できる。

（2）処遇経過や介入の効果確認

YNPSの特徴は，3カ月に1度，再アセスメントをして，各尺度をグラフ化してみることができるようにしていることである。これは，支援者側が処遇の効果が出ているか確認するために使えるだけでなく，どうしても主観的・感覚的な話になりがちな「成長」について，保護者と共有してどこが成長してどこがこれからの課題か確認したり，本人とも成長を確認しつつ動機づけをあげて介入に参加してもらうことができるという利用の仕方も可能である。保護者や

本人から「どうなればもう児相に通わなくていいのか教えてください」と詰め
寄られ，「いやあ，まだまだなんです」という曖昧な会話をするループから抜
け出す手助けになるだろう。

　なお，YNPS のスコアリング研修にあたり，開発者のライトハンド博士との
議論の中で日本との文化差からいろいろと考えることも多かった。例えば感情
マネジメントなどは，日本人ではむしろ控えてがまんしてしまう人が多く，
「問題を起こしていないならよいだろう」「感情をコントロールできている方が
よいではないか」と思われてしまいがちだが，YNPS では感情を過度に抑圧す
ることも介入ニーズが高いとみなす。また，「コミュニティ資源の活用」など
では「日本はアメリカほどコミュニティ資源がないんです」と言ってしまった
のだが，「資源がないなら開拓しなければいけないということを含めて『ニー
ズが高い』とみなすのだ」と博士に言われ，既存の仕組みの中で何とかしよう
として限られた介入しかできなくなりがちな視野の狭さにも気づかされた。ア
セスメントツールは，全体的なアセスメントの一環として行う一部ではある
が，こうした項目を確認していくことで「再犯させない」「子どもや家族に何
をさせるか」ではなく，「支援者は何ができるか」を考えさせてくれる重要な
役割を果たしてくれると感じている。

第3章

アセスメントの実際

アセスメントの基本的な知識を頭に入れたら，いよいよ面接の実施である。

I　面接の流れを作る

- 来談のねぎらい
- 自己紹介・氏名の確認
- 枠組みの説明
  （どのように進めるか，今日はどれくらい時間がかかるのか，結果はどう活用するか）
- 秘密保持の原則とその限界について
- 嘘をつかないことについて
- 期待すること（自分が努力する）
  （家族同伴の場合はここまで同席で説明し，その後子どもと親で別の部屋で面接）
- 最後に（家族同伴の場合は家族も集合し）今後の方向性を決める

　親の同席の仕方や進め方はそれぞれの施設や支援者の方法があると思われるが，子どもが自由に話すことを妨げるという意味で，親が同席したまま子どもの面接を続けて性加害の質問をしたり，大勢の大人で取り囲んで子どもの面接をしたりしない方がよいだろう。ここでは冒頭に親子が同席して説明を聞き，その後に別々の部屋で初回面接を実施し，最後にそれぞれが部屋に戻ってくる方式について説明する。

　全体的な留意点としては，基本的に本人と目を合わせ，話しかける時間を

もっとも多くすることである。たいてい目をそらしたり，下を向いたりしているが，「あなたが決める」「あなたがやること」という意味を持たせるためにもこのことは重要である。

　以下は，筆者らが行った研修でのロールプレイの一場面である。子どもの名前は 17 歳 A 君とする。メインで話を進めるセラピスト（子担当）を「Th1」，サブ（親担当）を「Th2」で示す。

ロールプレイの様子	備　考
〈来談のねぎらい・自己紹介〉 **Th1**：こんにちは。今日はよくいらっしゃいました。私はここの代表をしている○○といいます。臨床心理士・公認心理師です。もともと鑑別所や少年院で心理や教育の仕事をしていて今は仲間と一緒にこのもふもふネットをやっています。よろしくお願いします。△△さんどうぞ。 **Th2**：今日はよくいらしてくださいました。スタッフの△△といいます。よろしくお願いします。	役職を名乗るだけでなく，何年くらいこの仕事をしているかなどを伝え，この問題の素人ではないこと，あなたの助けになれるであろうことを暗に伝える。
Th1：ええと，今日はお母さんの方から A 君が盗撮しちゃったということでメールをいただいたんですけれども，A 君としては今日どう？　来るのは……嫌じゃなかった？ **A君**：ん……来なくていいかなって。 **Th1**：うん，そうだよね，来なくてもいいかなって感じなんだね。それでも来てくれたのはなんでかなあ。 **A君**：親が行った方がいいって。 **Th1**：とりあえず親を安心させるためでも，まあ行ってみようかなみたいな感じですかね。 **A君**：はい。	何をどこまで聞いているのかを伝えるとともに本人の動機づけを探る（この時の態度に応じて，説明の詳細さや追加説明事項を決めていく）。 　受動的な表現から主体的な表現に変換している。 　受動的な表現から主体的な表現に変換している。
〈枠組みの説明〉 **Th1**：うん。とにかく来てくれてありがとうございます。そしてね，これからいろいろ A 君自身から，どんなことがあったのかとか，これからどうしようかっていうことを伺っていきたいなと思っています。で，今はご両親と一緒にお話を伺っているんですけど，この後私が A 君から，お父さ	公的機関の場合は来るか来ないか本人が決めることはできないが，話を聞いたうえで一緒に考えていくという「気持ち」であることは伝えられるだろう。また，その子の動

んお母さんからは△△が隣の部屋で別にお話を伺うことになります。60分ぐらい話をして，最後10分くらい残してもう一度ここに集まって，その時にそれぞれが聞いた話をもとに，A君がここに続けて来るのか，あるいは，この人じゃちょっと話しにくいのかとか，私の方もA君をここで受け入れることができるのかどうか，よくちゃんとお話をして，最後にお父さんお母さんと一緒に皆で決めたいなって思っています。

〈秘密保持の原則とその限界について〉

（本人の目を見て話す）

Th1：で，その前にあらかじめお伝えしておきたいことがあって。ひとつはここで話したことはもちろんここだけということです。私や△△が「Aさんっていう人がね……」なんて言うことは絶対ありません。そして，Aさんと私が話したことは，お父さんとお母さんにもお伝えしません。えっと，ここだけの話（Th1とA君をつなげるジェスチャー）です。ただ，△△とは相談します。お父さんお母さんから聞いたことを△△から私も聞くし，もしかしたら私も△△にA君から聞いたことをお話して，2人で相談することがあるかもしれません。でも，まあ2人だけの話になります。

　　ただ，2つだけ例外があって，A君が「もうなんか嫌になっちゃった死んでやる」みたいに自分を傷つける可能性が出てきた時には，止めないわけにはいかないので，内緒にはできません。もうひとつは，だれかを傷つける。「外へ行ってあいつぶっ殺してやる」なんて話を聞いちゃったらそれも止めないわけにいかないので，お父さんお母さんに伝えることもする可能性がある。そういう，人や自分を傷つけること以外は，ここだけの秘密になります。（本人の納得度合いを見てから）お父さんお母さん，どうですかね。

母：ちゃんと話せるのかちょっと心配です。

Th1：あー。別にちゃんと話さなくても，話せるように話してもらえばいいかなっていうふうに思っています。

機づけによって，子どもの時には親に言えないことやひとりでは解決できないことがあって，だれかに相談した方がよい場合があることや，自分は大丈夫だと思っていても放っておくと危ない場合があるので，話を聞いたうえで何をしたらいいか提案することもある旨を伝えてもよい。

　　家族力動が表れてくる場面である。介入が目的ではないが，家族のペースに巻き込まれると本人もその流れで話さ

母：この子すごく口下手なので……。

Th1：そうなんですね。

母：私がいないと話せないんです。

Th1：おー！（大げさにのけぞって）そうなんですか。そー…んなことはないんじゃないんですかねー。はーい。お父さんどうですか。

父：いえ，もうお願いするしかないんで。

Th1：あぁ，そうですか（かしこまったジェスチャー）。はい。あの，思春期になると，親は一番話しにくいところもありますので，どうしてもこれは，お父さんお母さんに知ってもらった方がいいんじゃないかということが出てきたら，またA君と，どういうふうにお伝えするのかとか，いつお伝えするのがいいかとか，相談したらどうかっていう風な話し合いをします。A君，今までのところで質問とか疑問とかってありますか。

A君：ん……別に無理して話す必要はないんですよね。

〈嘘をつかないことについて・期待すること〉

Th1：うん（大きく頷きながら）。そう，ひとつお願いなんですけど，無理して話す必要はまったくないんですが，話す時には，できるだけ正直に，嘘をつかないで話してもらえたら嬉しいな，と。そこがもうひとつのお願いです。無理してとか，上手に話す必要はありませんが，できるだけ正直に嘘をつかずに話してほしい。というのは，ここ（もふもふネット）って，ここに来て私の言うことを聞いていればピタッとよくなるとか，薬飲めばパッとよくなるとか，そんな話はまったくないんです。むしろ，野球の練習とか，勉強とか，山登りみたいに，実際に練習したり歩くのはA君で，私は野球だったら「どうやったら打てるか」って言うコーチとか，勉強を手伝う家庭教師とか，山登りのガイドとか，そういうやつなんです。

だからA君が本当は頭が痛いのに「痛くない」って言われたり，「おなか痛い」って言われたりすると，どうすればいいのかを間違えちゃう

ない，わがままを言う，否認し続けるなどの否定的行動を続けてしまう可能性がある。

このロールプレイでは母親の過保護（A君が話さない，受動的態度でい続けることを促進する態度）を「そーんなことはないんじゃないですかね」とやんわり切っている。不安の高い親はここでさまざまな質問をしてくることがあるが，本人と一緒に話した方がよいこと以外は「後ほど別の部屋になった時に話しましょう」といったん止める。

すでに治療教育に乗り気の場合や，施設内などで治療教育を受けざるを得ない状況の場合は，「自分で努力するもの」という点を強調して話すこともある。

んですよ。どんな時に何を考えて，何を感じて，どういうことしたのかっていうのは，実はA君にしかわからない。それを正直に言ってくれれば，「じゃあ，こうしたらもうちょっとうまくいくんじゃない？」とか「こっち行ったらやばいんじゃないか」とか，そういう話ができるじゃないですか。そこで違うことを言われたり嘘をつかれたりすると，すごい間違えちゃうので，ぜひできるだけ正直に隠し事せずに話してくれたら，一緒に探っていけるかなと思っています。いいですかね。

　で，「どうしても話せないな，このことは今は」ってことがあれば，そういうふうに言ってくれればいいです。「今ちょっと」と言ってくれれば，まあ，おいおい，ゆっくり話していきましょう。今までのところで何かお父さん，お母さん，A君，質問とかありますか？

母：ありません。ぜひよろしくお願いいたします。

Th1：そうですか。そしたらさっきお伝えしたように，これからお父さん，お母さん，△△と一緒に隣の部屋に行っていただいて，60分経ったらまた戻っていただいて，みんなでこれからどうすればいいかっていうことを相談させてもらいます。はい，じゃあそれでお願いします。

「話さなくてもよい」ではなく，「今は」をつけ，かつ「ゆっくり話していきましょう」と話す方向に持っていっている。

　このロールプレイの後，A君役に感想を聞いたところ「なんか……つらいです。ちゃんと話さなきゃっていう気持ちにどんどんさせられて……」と述べて参加者全員で笑って終了した。あくまでロールプレイで，かつキャラも押しも強いもふもふネットの代表の雰囲気を生かしたものであり，年齢や発達特性に合わせて表現を変えること，支援者自身の性格や持ち味を生かしていくことをお勧めするが，本人が抵抗を示した時にそれを受け止めつつどのように流していくか，結局話した方が自分の役に立ちそうだと思ってもらえるように，話を持っていくことがコツであろう。一見正直に話す方向に恣意的に向けているようにみえるかもしれないが，話すことと話さないことのメリットとデメリットを示しながら，本人が主体的に話すことを選択してもらう，それこそが治療教育の始まりでもある。

Ⅱ　本人との面接

1．本人との面談の基本軸

本人との面接においては，
①信頼関係・協働関係を作ること
②情報を集めること
③仮説を立て，さらに情報を集めて検証していくこと
④治療教育への動機づけや方向づけを行うこと
という軸を持ちながら進めていく。相手に話してもらおうとして迎合的な姿勢になり情報を集めることがおろそかになったり，すべての情報を聞けていないのに特定の特性や発言で仮説を決定してしまったり，さらにはただでさえ「早く終わらせたい」と思っている子どもに，「問題だから治療教育を受けないと大人になったら刑務所行きだよ」と脅したりしないよう，バランスを保つ必要がある。

2．性問題行動について聞く

性問題行動については，本人は話したがらない態度を示し，かつ支援者も初心者の場合，どこまで踏みこんでよいのか迷うこともあるだろう。しかし，最初からよい意味で遠慮せず尋ねるのがコツである。医者が触診する時に恥じらっていては診断できないのと同様，はっきり問わなければ見えるものも見えない。慣れるまでは，多少冗長かと感じても『性暴力の理解と治療教育』（藤岡，2006）第2章にある質問リスト（pp.56-61）に従って聞いていくことをおすすめしたい。

性に限らず，問題行動には，その子どもの対人関係パターン，認知パターン，ストレス対処パターン（介入ニーズ）が如実に表れている。そして，年少時から始まり，長く続き，頻繁であるほど回復困難であり，暴力の手段や程度，計画性などによってもリスクは著しく異なる。まず本件（来談することになった直接の性問題行動）については，朝から何をしていたか，何を考えていたかを面接者もイメージできるほどにつぶさに聞いてほしい。また，本人がさらっと説明することにもきちんと引っかかり，イメージできないことはきちん

と質問していく。例えば子どもに問題行動をした日のことを聞くと，「その日は学校が早く終わって，自転車で帰っていたら被害者が前を走っていて，暇だし遊んでくれるかなと思って声をかけた」と答えたとする。しかし実際には，何日も前から「あの子触れないかな」とか「あの子なら嫌と言わなさそう」と目をつけていて，当日早く帰れるとわかった時にその子に声をかけようと決め，ずっと出入り口で待ち伏せして，偶然を装って声をかけたが断られ，あきらめきれずに後をつけていく間に，人けのない道に入ったらもう一回チャンスが来るのではと計画し，最終的に路地に追い込んで加害に及んでいる，なんていうことはよくある。「その子をどこでどう見つけたの？　最初に声をかけたのはいつなの？」「早く終わったって何時？　でも事件は〇時ってなってるからけっこう時間経っているけどその間，何していたの？」など質問していくと，「嘘まではついていないが，最小限にしか話していないこと」が浮き彫りになってくる。

　本件を聞き終わったら，いつごろからそれが始まっているのか，もともとは覗きをしていたが痴漢に変わった，など問題の経過も把握する。また，性的関心の内容と，性的情報の入手の方法，そしてマスターベーションの頻度はきっちり聞いておく。リスクアセスメントの内容を見ておわかりのように，ここはかなりリスク（ニーズ）と関連のある項目だからである。なお，被害体験は，性問題行動の流れで聞くこともあるが，すぐに「されたことがあります」とは言わないことも多いので，成育歴を尋ねるところで「これはそういう目にも遭っていそうだな」という感覚がしたら，その際に尋ねるのでもよい。

3．成育歴・家族歴

　どの事例でも成育歴や家族歴を聞くことは重要であるが，性問題行動を持つ子どものアセスメントにおいては，暴力行動をどこで学習しているかということや，発達のどの時点でそれがどのように発言し，なぜ維持され，今どのような状態にあるのかを知るために必要である。学校での適応，交友関係，成績やクラブ活動，性的関係，被害体験，問題行動歴などを幅広くおさえていくとよいだろう。

　Silovsky（2009）は，子どもの性問題行動の起源を図1のように概念化している。成育歴・家族歴を聞きながら，その子どもの問題行動に寄与しているも

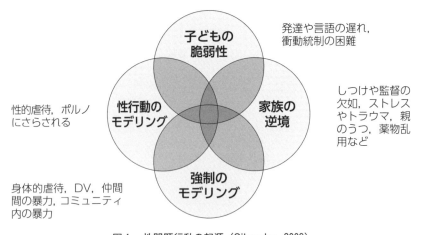

発達や言語の遅れ,
衝動統制の困難

子どもの
脆弱性

性行動の
モデリング

家族の
逆境

しつけや監督の
欠如, ストレス
やトラウマ, 親
のうつ, 薬物乱
用など

性的虐待, ポルノ
にさらされる

強制の
モデリング

身体的虐待, DV, 仲間
間の暴力, コミュニティ
内の暴力

図1　性問題行動の起源（Silovsky, 2009）

のを整理していくこともお勧めする。

　成育歴や家族歴は保護者からも聞くが，本人からも聞くことを勧める。子どもから見た世界は親が話すこととまったく違うことがあるし，その子どもがどれくらい自他の感情を読み取って動いているかという能力を見るとともに，「子ども自身が，保護者や周囲の大人に対し，自分を支えてくれる相手として見ているかどうか（子どもの知覚）」という保護因子がどれほどあるかを査定することにもつながる。

4．話す子ども，話さない子ども

　話す気持ちと言語化の能力があれば，信頼関係ができさえすれば積極的に素直に話してくれることが多い。そういう場合は，できるだけ本人の話したいことを話したいように話してもらう方がよい。ただ，何を話し，何を話していないのかということや，本人にとっては何が気がかりで重要なのか（本当の問題から目をそらすためにペラペラしゃべっているのではないか等）は見極めていき，別の問題を隠しているということがあれば，そちらもきちんと扱うことが必要であろう。「話すか話さないか」がゴールではなく，自分自身の気持ちや考えにどの程度気づけているか，問題行動をどう捉えているのかなどを聞いていき，その素直さをうまく活用して話を聞き治療教育に結びつけるとよい。

逆に，話さない子ども，否認する子どもにどうしたらよいかというのは多くの支援者の悩みのようである。強調したいのは，先ほども述べた「話すか話さないか」をゴールにしてそこだけに関心を集中しないことである。話せない理由は，その子どもの数ほどある。

1）心理的に安全な雰囲気，人としての選択を尊重する雰囲気

　「性問題行動をやめたい気持ちとやめたくない気持ち」の両価性の中にいたり，話したことが何につながるのかわからなかったりすれば，素直に話す人は少ないだろう。また，性問題行動が発覚した時に父親に顔がはれるほど殴られてきている子どもであれば，「ここだけの話だよ」「正直に話してね」と言われても話すはずがない。つまり，その子どもが，「何が起きるのかがわかる，心理的に安全な雰囲気」を作ることをおろそかにしてはいけない。ここでいう「心理的に安全」という意味は，暴力をふるわれないとか，優しく接してもらうことだけではない。前述の通り「今，自分がどの立場に置かれていて，先に何が起きる可能性があり，自分の行動次第で結果がどう変わるのか，自分にできることは何で，自分の力の及ばないことは何か」を，子どもの年齢と能力に合わせてきちんと伝えることである。これは，子どもを主体的な存在として尊重するという意味でもある。

　筆者が少年鑑別所で勤務していた際は，自己紹介をしたうえで，彼らがまず一番気になることである「今後受けうる処分」についてすべて話すというやり方を教わった。自分は何をする立場で何を裁判官に伝えるのか，ほかの人はどういう役割なのか，あなたの生活態度が裁判所にどのように報告されるのか。都合が悪いことは隠したい気持ちはあると思うが，正直に話すとデメリット（処分が重くなるおそれもある）がある反面，正直に話したことを裁判官は認めてくれるし，何よりすべてを終わりにして新しい生活ができること（メリット）。嘘をついたりごまかしたりすれば今回の処分は軽くなるかもしれないが（メリット），ほかの共犯者や被害者と言っていることが異なっていれば正直に話していないと判断されたり，あとからばれたら再逮捕されてもっと重い処分になること（デメリット）。そして，何を話して何を話さないかはあなたの選択であること。これらを順を追って話をしていくと，不思議なことに少年たちはたいてい正直に話した（少なくとも事件の内容を確認できないほど抵抗することはなかった）。もちろん警察での取り調べや触法調査を経てきた少年鑑別

所の少年と，児童相談所に来る少年では条件が異なる部分もあるだろうが，能力がどうであろうと，障がいがどうであろうと，ひとりの人間として尊重され，選択肢を示され（そこに，話した方が長期的メリットがあるという情報があれば），人は考えて行動できるし，メリットもデメリットもきちんと示してくれた人を最終的には信用する。

　時に「施設に行くかもしれないと言うと本人がすねるので」という理由で，起こりうる結果を隠して，なだめすかしながら面接をしているのを見かけることがある。いろいろな考え方はあると思うが，そのやり方をすると実際に施設に送られた時に「話して損した」「だまされた」という感覚をもたらし，施設職員が非常に困ること，そして「大人は信頼できない」となることがさらなるリスクになることを覚えておいてほしい。

　2）正直に話すことの意味を伝えていない

　正直に何かを話して，いい思いなどしたことがない子どももいる。その場合は傷ついた体験をきちんと受け止め，「この人ならきちんと耳を傾けてくれる」と子どもが感じられる関係を作る必要がある。また，単に都合が悪いことを隠したいというレベルで話していない子どもについては，正直に話すメリットとデメリット，黙っていたり嘘をついたりすることのメリットとデメリットをきちんと伝えることも必要である。「（性加害をした子どもが）『話したくない』と言ってなかなか話してくれないんです」と相談に来た支援者に「メリットとデメリットを話して，最終的にはあなたの選択だが私は正直に話してもらってあなたをサポートしたいと言ってみてはどうか」と伝えたところ，次にお会いした際に「話してくれました!!」と言いに来てくれたこともある。これも上記1）で触れたのと同様，本人を子どもではなく，選択ができるひとりの人間として尊重している態度ともいえるだろう。なかなか開かないドアだと思っていたら，引き戸を押していた，ということは，意外とある。

　3）認められない，認めたくない

　我々がみなそうであるように，責めを負うようなことをしてしまった場合，人は多かれ少なかれ，否認する。否認した／話していないことがあること「それ自体」にとらわれる必要はない。本人が単に「ばれていない」と思って話していないなら，ほかの情報源から事実関係をおさえ，矛盾する部分について質問していく（事実はおさえているよということを暗に伝える）のも手である

し，いろいろ情報を把握しているよということを伝えても否認するようであれば，一部／全部を否認する理由を探す方が有益かもしれない。また，親が問題を否認しているうちは正直に話さないことも多い。その場合は，親の傷つきや戸惑い，性問題がなぜ起こったのかということの理由を理解して手当てし，親に問題を認めてもらって子どもにも正直に話すことがよいことだと伝えてもらう，という方法もあるだろう。

4）話さない子どもに話してもらうための技術

あくまで筆者が教えてもらって使っている方法ではあるが，以下のようにボケてみる反則技（？）を使うこともある。

（1）忘れたという子ども

「ええ！　そうなの！　記憶の問題があるのかな？　ほかにも忘れちゃうことってある？　そうだったら何か脳とかの問題かも〜。検査しなくちゃかな〜？　ほかにはどんな場面で記憶がないの？」と聞くと，あきれたように〈ほかにはないですよ〉と答えるので，そこでにっこり笑顔を見せて，「じゃあ，このことだけ都合よく忘れるってことはないわね。ゆっくりでいいから，何があったか話してくれる？」と聞く。

（2）なんとなくやった・体が動いた

「いやいや，○○さんはさ，ちゃんとご飯食べて，身支度もして，学校も行って，ってちゃんと考えて動く人じゃん。そういう人は突然なんとなくは動かないんだよ。瞬間的に動いたとしても，人ってその瞬間にちゃんと判断してるものだよ。」

もしこれでも「なんとなく説」を捨てないようであれば，「そうかあ，自動的に体が動いちゃうんだね。そうすると，なんでやったかわからないからどうやって止めたらいいかもわかんないし，またやっちゃうかもってことなのかな」と言うと〈いや，もうしませんよ〉と反論してくるので，「え〜でもなんでやったかわかんないんでしょ？　止められないじゃん」とボケていると，〈いや，あの時は○○というストレスがあって…〉〈あの時は妹が…〉など理由を話してくるので，そのままフムフムと話を聞き進めていく。

5）否認の扱い

ATSA（2017）では，否認や最小化は治療への関与度合いに影響を及ぼすかもしれないが，それがあるからといって治療や介入に取りかかれないというこ

とではないし，否認や最小化が再犯リスクにどう影響するかはまだわかっていないことを知っておくべきであると述べている。もちろん放置してよいということではない。今話さなかったとしても，「何を否認しているのか」「どうして否認しているのか（仮説）」が見えていれば，治療教育で信頼関係を深め，「この人に話をすると，役に立つ情報がいっぱいもらえる／自分の役に立つ」と思ってもらえれば，自然な流れでぽろっと話すことがある。否認していることがあることは意識し，折に触れて話すきっかけは与えるが，そこにこだわって何度も「話してないことはないかな」「○○はしていないかな」などしつこく聞くのは避けた方がよい。これは被害体験についても同様である。被害も，話さなければ回復しないということはないとされている（Najavits, 2001）。もし話さない／話せなかったとしても，被害の影響について触れて，知って，本人が対応できればそれでいいと筆者は考えている。

　とはいえ，逃避パターンとして「話さない」作戦を使っていると思われる子どもは早めに対処する必要がある。これまでにも学校で問題行動を起こして叱責されたり，発達の偏りがあって他者からの多くの非難を受けてきたりした子どもの場合や，親からの虐待があり，叱られそうな場面では黙り込んだり嘘をついたり逆切れしたりするような子どもの場合もあるだろう。そういう子どもは，面接で寝たふりをしたり（本当に否認が強く寝てしまう場合もある），「話したくない」「○○にだったら話せる」とか，「なんでここで話さなきゃいけないんだ」とキレてみたりして抵抗を示し，大人が折れるのを待つことがある。「同性には話したくない」と述べたり「恥ずかしがって話さない」態度なども，本当に恥ずかしい面もあるだろうが，その態度に振り回されてはいけない。子どもの逃避パターンを面接の最初で受け入れてしまうと，その後，正直に話すようになるまでまた時間がかかる。強制や叱責をする必要はないが，既述の通り話す意味などを伝えながら，いつもの逃げのパターンは通じないと直接的・間接的に伝えて，逃避的な態度をそのまま「放置」しない姿勢を示し続けることも治療教育への導入にもつながるだろう。

5．初回面接の終わりに──治療教育につなげる

　初回面接ではさまざまな情報を聞くことが中心となるが，最後には，聞いたことをまとめ，面接を通して感じたことをフィードバックし，今後の見通しに

ついて伝え，そして本人からも気持ちや考えを聞くことになる。そしてこの
フィードバックとその後の対話が，動機づけを持たせるための対話にもなる。

　筆者は，いろいろと聞き終えた後に，「4つの壁」（Kahn, 2001）にある図
（本書第Ⅱ部でも紹介）を使って一般的に性問題行動が起こる流れを，聞き取
りの中で本人が使った言葉を使用して説明したうえで，性問題行動は一連の選
択であり自動的に起きるものではないこと，逆にいえば4つの壁を高くしてい
けばきちんと防ぐことができることを説明する。ある程度困っていたり動機づ
けがある場合は，この段階で，「自分のことがこんなふうに説明できるんだ」
「性根の問題じゃなくて対策がとれるんだ」と希望を持った目で見始めてくれ
る。治療教育に乗りそうだと感じたら，①まず，すぐできることとして3つ目
の壁（行動の機会を作らない）をかなり高くすることとその方法について保護
者と話すこと，②治療教育に通って，ほかの壁をどうすり抜けたかとどう高く
するかを考えていくこと，③ほかの壁が高くなってきたら，3つ目の壁を保護
者と相談して徐々に低くしていくこと，④1つ目の壁について，一緒に分析し
ていって壁を作れるようになるには少し時間がかかること，などを伝えて見通
しを話す。児相などの現場で施設入所かどうかを決めるような面接の場合に
は，「3つ目の壁として，施設に入るという選択になるかもしれない」という
ことを示唆しておくこともあるだろう。ここで施設入所は罰ではなく，ほかの
壁が高くなるまでの強い壁づくりの一環だという説明もできる。

　動機づけが低い場合，どういう理由かにもよるが「もう反省したから大丈
夫」と言い張る子どもの場合には，「もうしないって気持ちを持っているのは
大事なことだし素晴らしいね」と肯定したあとで，放っておくと悪化するおそ
れがあるという情報提供をする。「でもね，性問題行動って虫歯みたいなもの
で，一回大きな痛みが来た後は治療をしなくても痛くなくなるんだけど，実は
虫歯は進行してて，次に痛くなる時には，前の痛みよりすごく強い痛みが来
て，そして手に負えなくなって歯を抜かなくちゃいけないってこともあるん
だ。性問題行動の場合でいえば，次はもっと大きなことをして大きな罰を受け
るとか，大人になってからそれが出た場合は実名報道されて仕事もやめなきゃ
いけないとかね。結局もっと早くに手を打っておけばよかった…なんていうの
は本当にたくさんあるんだよね」といったようにである。そして，「○○君が
必ず再犯するかなんてだれにもわからないけど，ひとまず（治療教育に）取り

組んでみて，役に立つことは取り入れて，役に立たないことをやめていくよう自分で選択していくのは，長い目で見たら損じゃないと思うけど。大丈夫と思っても保険あればもっと安心だよね。どうなんだろうか」と投げかけてみることもするかもしれない。抵抗に反論せず情報を提供し，本人の選択に任せていく（ように見せる）のが技であり，動機づけ面接（Miller & Rollnick, 2012）手法が活用できるだろう。

　「もう十分罰を受けた，二度としないんだからもういいでしょ」というような場合には，「（そもそも少年の場合罰は受けていないし，）あなたが罰を受ければ終わりということではない」ということを説明することもあるかもしれない。自分が突然だれかに殴られて，その人が「警察に捕まったし，もうやらないからいいだろ」と言っているのに納得できるかどうかといった例を使いながら，犯罪行動の責任の取り方には，①説明責任，②謝罪・賠償責任，③再犯防止責任があり，子どもの立場では②の賠償はできないので，①と③（と可能なら②の謝罪）をよりきちんとしなければいけないことを説明する。家族や被害者や社会の人が「ああ，この人はちゃんと考えて再犯しない手立てを打ったんだな」と思ってもらうことが，人に加害行為をしたことの落とし前をつけるということであり，幼稚園で頭がぶつかってごめんなさいで終わりの世界にはもういないんだよ，ということをオブラートに包み，子どもにわかる言葉を使いながら説明していく。「反省は目に見えないものだから，反省している，本当に変わろうと努力していると，ほかの人に見てもらえることも大事なんだよ。治療教育に通うことは，努力しているひとつとして見てもらえるかもしれないよね。それともほかに，自分ひとりでそれを示していく方法に心当たりがあるかな？」などと治療教育に来るように話を向けてもいいかもしれない。

　純粋に何をするかわからなくて不安，見通しがわからなくて不安，ということもある。児相に通っている間に部活動で後れを取る，といったまったく性問題行動と関係ない不安を持っているかもしれない。親に叱られてきているので，児相でも結局叱られるだけ，と勝手に予想している場合もあるかもしれない。何が不安か，何が気がかりなのかをきちんと聞いて，不安を解消することも重要であろう。

　きちんと治療教育に通って，変わっていった子どもの例について話すことも有効である。「同じように言ってた子が前にもいたんだけど，最初はいやいや

だったけど，結局自分のことがいろいろわかって，相談もできるようになって，こないだ無事高校に入学して，再犯しないで元気にやってるよ」など，みんな最初は乗り気じゃないということと，変わっていく人がいたという事例を伝えるのもよいかもしれない。「悪いことをしたから来なければいけない」のはそうなのだが，人間の心理として，「ここに来たら自分にとってもメリットがある」と思えた方が動機づけは高まる。そうした人間の心理を利用しながら，本人が「ここに来たらメリットがあった（自分のことがわかった，話ができてスッキリする等）」と感じるようにしたり，治療教育に通うことのデメリットとメリットを示し，「メリットけっこうあるな」と思ってもらえるようにすることは，その後続く治療教育にも共通する支援者の姿勢である。

Ⅲ　家族との面接

1．保護者との関係づくり

1）回復資源としての家族

　家族が面接に応じてくれることは，（その態度がどうあれ）環境上のリソース（資源）を有しているとみなすことができる。思わず「そういうとこだぞ」と言いたくなるような態度の保護者は少なくなく，それがクライエントの問題の形成や維持に影響していることもあるかもしれないが，保護者はそうしたくてしているのではない，というもうひとつの冷静な視点を持つことも必要である。家族は何よりの回復の資源であり，保護因子である。アセスメント時から協働関係を作れるかどうかがその後の支援・治療の進展を下支えするので，家族のストレス（何を心配しているか）をよく聞いてそれを低減できるように働きかけ，機能を発揮できるサポートを心がける必要がある。そのためにも，「親に何をしてもらうか」以前に，「親がどんな気持ちでいるのか」をきちんとくみ取ることが必要である。

　コミュニケーションパターンがみえるため，両親（がいる場合は）一緒に面接をすることが基本的なスタイルではあるが，どちらかがいるとどちらかが話しづらそうにする，まったく話す暇を与えられていないというようなことがあれば，別々に話を聞くよう機転を利かせることも重要である。特にきょうだい間性暴力の場合は，前述の研究結果の通り家族の機能不全が強く影響している

ので，両親がどううまくいっていないのか，直接・間接に関係性を査定することはより重要となるかもしれない。

　　2）性暴力へのよくある保護者の反応
　どんな保護者でも，子どもが逮捕された事実に対して驚きや傷つきを持つ。衝撃を受ける事実に対して，親はさまざまな「反応」を示す。

　否認：「まさか，うちの子が？」「まだ子どもですから」「同意のうえでしょう」
　最小化：「ちょっと触っただけですよね」「おふざけ程度」「好きだったんでしょう」「被害者は気にせず学校に来ていると聞いている」
　他者非難：「被害者の方からも誘ったのでは」「ちょっとのことを大げさに騒ぎすぎだ」「人に迷惑をかけるなといつも言っているのに！（加害児を責め立てる）」「こんなことで騒いで，うちの子の将来を棒に振ったらどうしてくれるんですか」
　回避：「厳重に叱っておきますから（介入しないで）」「どうしてこんなことをしたのか，全然気持ちがわかりません（放棄）」
　被害者のふり：「被害児の親が大げさすぎる。自分たちは町も歩けない」「いつまでもこそこそ暮らさないとならないなんて，自分たちまで加害をしたみたいだ」「ちゃんと謝ったのに転校なんてひどい」「児相は何でも大げさにする」

　これらの反応が無責任に思えることが多いのか，実際に「保護者に危機感がない」「言い訳が多い親」「拒否的」などと書かれている資料を見ることがあるが，もともと加害を生むような家族の機能不全が（多かれ少なかれ）あり，その中で何とか生活と子育てを維持しているところに大きなストレスがやってくるのであるから，親の主観としては「たまったものではない」となるのは当然である。そのほかにも，子どもがしたことを重大に受け止めるがあまり，再犯の不安を抱えきれず昼も夜も本人について回り心身共に疲弊していたり，「子どもを殺して私も死にたいくらいです」と強い感情に圧倒されていたりすることもある。そうした気持ちを支援者に聞いてもらえないまま，子どものモニタリングをしてください，子ども同士の部屋を変えてください，家で裸にならないでください，仕事を調整して面接に来てください，施設に面会に来てくださ

い，という「親役割」ばかりを突きつけられては，防衛的にもなるだろう。

　強い反応を示している親に対する対応は，災害ストレス時の心理教育と通じるところがあるかもしれない。すなわち，とにかくどんな気持ちなのか，吐き出せていない人には言えない気持ちは何か，困っていることは何かに耳を傾けたうえで，一般的に起こりうる親の反応（ストレス時の反応）について伝え，今の反応は自然なことであることと，それにどのように向き合っていけばよいか心理教育を行っていくといった流れである。後述する性問題行動についての教育も（何が起きているのか少しでも理解できるという点で）役に立つだろう。保護者も起きたできごとに衝撃を受けているひとりの関係者である。置かれた立場，受けているプレッシャーを理解し，気持ちを吐き出してもらうところから始めたい。

3）環境の査定：保護者の歴史と家族機能を査定する

　核家族と拡大家族の性的・身体的虐待歴などを調べると同時に，アセスメントには，家族の歴史と機能不全の査定も重要である。性問題行動の背景に，家族3世代（以上）にわたる呪いといえる対人関係パターンや暗黙の了解による抑圧などがあることはめずらしくない。親同士のなれそめ，離婚している場合はその原因，何度もパートナーが変わっている場合はこれまで交際してきた人との関係性のパターン，それぞれの祖父母との関係，家に代々伝わる価値観（男尊女卑，長男の優遇，学歴偏重，弱い者は「ダメ扱い」される等）を聞いておくことは，何を変えることができて何を変えることに時間がかかるのか，どういうチャンネルで話すと保護者に理解をしてもらえるのかをアセスメントするのにとても貴重な情報となる。

　例えば，学歴主義の母親が「事件が明るみになって大学に行けなくなったらどうしてくれる」と騒ぎ立てている背景には，医者家系の家に嫁ぎ，子ども全員を医学部に行かせる暗黙の了解の中で，成績が芳しくない加害児童に対してやきもきしてきた気持ち，自分の子育てが間違っていると家族に非難される恐怖，夫は子どもに関心がなく寂しい気持ち（相談できない苛立ち）を抱えており，その不安が親としての適切な機能を邪魔しているということもある。地域全体が男尊女卑や権力者にものを言えないような雰囲気で，加害児の父は暴力を受けて，認めてもらえずに育ち，言うことを聞かない子どもを殴るしか方法が見当たらない。同郷に育った加害児の母も，冠婚葬祭となればお茶くみ，配

膳をさせられ，母自身も幼い時に親戚の集まりで従兄に性被害に遭ったことも
あり，それをだれにも言わないで結婚・出産して何とか子育てをしてきたた
め，境界線や暴力の心理教育がピンとこない，ということなどもある。話を聞
いている間に，保護者の性被害，暴力被害が出てくることもあるだろう。

　逆境的小児期体験（Adverse Childhood Experiences：ACEs）が，成人後の
さまざまな身体疾患や社会的・情緒的困難と関係してくることはよく知られて
おり（Felitti et al., 1998），親の ACEs 体験は親の機能不全につながり，子ど
もの成長に影響するおそれがある。Narayan ら（2018）は，10 項目で構成され
る小児期の肯定的な体験に関する尺度（Benevolent Childhood Experiences：
BCEs：表5）を開発し，ACEs が高くても BCEs も高い場合はトラウマ関連
症状が少ない（BCEs は ACEs の長期的影響を打ち消しうる）ということを明
らかにした。また，親の BCEs を検証し，思い出すことによって虐待のリスク
を下げる方法として，以下の3つの手順を提唱している（Narayan が学会で
発表したスライドを筆者が翻訳）。

①両親の ACEs と BCEs をスコアする
②両尺度の合計を比較する：BCEs が5点以下（かつ ACEs が4点以上）は，
　何からのリスクが高い状況にあるか，両親／家族がリソースにつながる必
　要があるサイン
③両親と BCEs について話す：例えば，
　●どんな肯定的な子ども時代の体験があなたを助けてくれましたか？
　●どれが，なぜ，あなたにとって一番役に立ちましたか？
　●どの BCE（s）は体験したことがなかったですか？　そのことがどのよ
　　うにあなたに影響していますか？
　●あなたの子どもはどの BCE（s）を確かに感じているでしょう？
　●どの BCE（s）をあなたの子どもにも作ってあげたいですか？
　●どの BCE（s）はあなたの子どもには経験してほしくないですか？

　Narayan の研究は，虐待のハイリスク状況にある妊産婦に対するパイロッ
トスタディに基づくものであるが，性問題行動をした子どもの親が逆境的な環
境に育っている可能性がある場合，単にケアや配慮を提供するだけでなく，親

表5　ACEs と BCEs の質問項目

ACEs	BCEs
18 歳になるまでに，以下の体験がありましたか。	人生の最初の 18 年間について思い出してください。
1．親から頻繁に罵倒，侮辱，悪口，屈辱を受けた。	1．一緒にいて安全だと感じる養育者が少なくとも 1 人はいましたか？
2．親から頻繁に殴られたり，叩かれたりしていた。	2．少なくとも 1 人はよい友達がいましたか？
3．親や年長者から性的に触られたり，触らさせられたりしたことがある。	3．あなたを慰めてくれる信念はありましたか？
4．頻繁に愛されていないと感じた。家族が互いに無関心と感じた。	4．学校は好きでしたか？
5．頻繁に食事が充分でない，汚れた服を着なければならない，面倒を見てもらえないと感じた。	5．あなたを気にかけてくれる先生が少なくとも 1 人はいましたか？
6．離婚・別居によって実の親と別れた経験がある。	6．あなたにはよい隣人がいましたか？
7．母親が殴られたり，蹴られたりするのを頻繁に目撃した。	7．あなたにサポートやアドバイスをくれる大人（親／養育者あるいは第 1 問の人は除く）はいましたか？
8．アルコールや薬物依存症者と同居していた。	8．楽しい時間をすごす機会はありましたか？
9．家族に，うつ病の人，精神疾患を抱えた人，自殺未遂を起こした人がいた。	9．あなたは自分を好き，あるいは心地よく感じましたか？
10．家族に刑務所に収監された人がいた。	10．決まった時間に食事するとか寝るとかいった，予測可能な家庭の日課はありましたか？
（日本語訳は Nakazawa, 2016 より引用）	（Narayan et al., 2018：編著者藤岡が翻訳）

を含めた家族全体の肯定的な力を信じ伸ばしていく，こうしたアプローチも参考にしうるだろう。

　保護者に被害体験がある場合，これといった教科書的な対応はないが，性の話をするだけでもフラッシュバックが起きる，不調になるという場合を除いて（その場合は，個人として治療を受けることが優先），被害を受けたこととそれへの対応やその後の生き方をふり返り，自分が生き延びるためにしていた努力やポリシーが子どもに影響していることを確認し，変えられることを変えていく手助けをすることが，結局子どもの安心・安全な環境づくりと，変化のモデリングを示すことになる。保護者の被害体験に執拗に触れて，子どもの加害行為との因果関係を強調するのではなく，逆に回避的になってそのことに触れないようにするのでもなく，その保護者の歴史として語ってもらい，意味づけを

変え，変化させていってもらう姿勢がよいと考えられる。子どもに対するのと同様，親にもリスクとストレングスの両方をみて，全人的に支援を行う。

2．家族から情報を収集する

初心者で何から聞いてよいかわからない場合は，『性暴力の理解と治療教育』（藤岡，2006，pp. 73-77）を参考にされたい。

①両親と家族に関する情報：家族構成や健康状態，生活状況，本人がいる環境（間取り，一緒に寝ている人，だれとだれが一緒に風呂に入っている等）

②性暴力に関する家族の説明の仕方，情報：面接者が把握している情報と，親が話すことの情報の齟齬（親の思考の誤りの場合もあれば，親の方が情報を持っている場合もある），両親間での性に関する認識のずれや性問題行動の否認の程度，被害者への対応や感情，地域の反応，保護者の性被害

③本人に関する一般的な情報：成育歴，家族の中での位置や役割，友人関係，学業成績，性刺激への曝露（インターネット環境の管理状況），交際関係

④夫婦の協力関係：子育て（しつけ）に関する態度の差，家族の絆や役割分担

⑤性的・身体的・心理的虐待歴：機能不全の査定も含むので，家族の物質乱用や精神疾患がある親族，犯罪歴なども重要な情報になることもある

3．家族との面接を終了する

施設入所か否かがかかっていて親が聞く耳を持たないといったこともあるかもしれないが，子どもの場合と同様，家族にも治療教育への方向づけができるとよい。まずは，性問題行動は再発するおそれがあるものだという情報と，治療教育によって変化するものだという情報を提供しつつ，親にも性問題行動が起きる仕組みを伝えることが重要であろう。性問題行動については，子どもと同じ枠組みで（4つの壁を子どもに教えたなら同じ4つの壁を使って）教えるのがよい（その後，それが親子の共通言語になる）。その他，保護者の状態やニーズに合わせ，以下のようなことを伝えることが役に立つ場合がある。

- 被害体験の家族への影響
- 本人についての見立て（と治療教育の見通し，強み）
- 監督するうえで家族が果たせる役割
- 望ましいコミュニケーションの仕方

　いくつか情報を提供したうえで，保護者が一番知りたがっていること，困っているニーズを引き出し，それについて一緒に考えていきましょうという形で，継続面接でより深めるようにもっていくとよいかもしれない。

　現場では，必要な情報をまとめて手引きやリーフレットなどにしている機関もあり，限られた時間の中であらゆる質問に答え，情報を提供するにはとてもよい手段である。

4．保護者対応の基本姿勢

実践例

児童相談所における保護者への対応

　治療教育をスタートするにあたって，子どもや保護者へは，性問題行動は再発のリスクがあること，治療教育にきちんと取り組むことで，そのリスクを低減させることを伝え，通所への動機づけを丁寧に行っている。実際の枠組みは，児童心理司と子どもの１対１の対面形式で，１回につき 30 分〜60 分，２週間から１カ月に１回程の頻度での実施を提案することが多い。場所は当所への通所を原則としているが，必要に応じて市役所や学校・施設などに出向くこともある。面接の際に用いる教材としては，当所内で独自に子ども用のワークブックや保護者用の手引きを作成し，視覚的な手がかりとして活用している。

林田一馬

（長崎県長崎こども・女性・障害者支援センター）

　親への対応は多くの方が悩まれるところであり「そんな簡単にいったら苦労しないよ」というところだと思うが，筆者の勝手な印象では，どんなに扱いが

難しい（ようにみえる）親でも，うまくいく場合があり，うまくいく場合は，「支援者が親を犯人扱いしていない」うえに，きちんと協力してもらえるよう，子育てや生活の苦労について受け止め，必要な情報を提供し，遅刻しようが来談したことをねぎらい，根気強くひとつのリソースとして関わっている印象がある。親の対処が難しい場合は，子どもへの対応と同様，内部および外部のスーパーバイズを活用し，家族力動への巻き込まれを防ぎ，冷静に対応できるようにすることもひとつの助けになるかもしれない。

Ⅳ　関係機関からの情報収集

　言わずもがなであるが，学校やその他本人と関わっている場所での情報はできる限り収集しておくとよい。本人や家族の情報は主観によって歪んでいることが多いからである。警察などが関わっていない場合には，被害者や事件の情報が極端に少ない場合があり苦労されることも多いと聞く。「穏便に進めたい」という関係者（学校，地域）の否認や回避に巻き込まれて，情報不足の中で見立てをして何もわからないよりは，司法機関に通告するように進言することも，場合によっては専門家の役割になることがあるだろう。

Ⅴ　見立てを統合し，介入計画を立てる

　何よりもったいないと感じるのが，たくさんの情報を収集し，膨大な資料ができているのにもかかわらず，しっかり検討されることもないまま「親の暴力の影響」「発達の偏り」などと片付けられ，「とりあえずプログラム」を導入し，途中で支援者がどこに向かうべきか迷子になっている光景である。多くの情報が集まったら，ぜひ，できるだけ多くのスタッフで議論し，見立てと介入の方針を統合してほしい。結局プログラムに導入するのは同じだとしても，その中でどの章に力を入れるのか，どこはさらっと触れる程度でいいのかなどは，見立てを統合した介入計画を作っておくと明確になる。見立てを複数の人間で統合する過程そのものが，関係機関との情報共有と連携につながり，一貫した方針で介入をすることにつながる。もふもふネットでの研修では，情報を整理するために次のような2つの図を参考として示している。

図2は，性問題行動の起源と保護因子の強化に焦点を当てたものである。中心にある4つのマスが，性問題行動の背景要因である①子どもの脆弱性，②家族の逆境，③強制のモデリング，④性行動のモデリング（図1，p.40）を表す。これを使って，まずその子どもの性加害の背景要因を整理する。そのうえで，どのようにしてそれぞれの領域に手当てするか，保護因子を伸ばすかを外の四角に埋めていく。できることとできないこと，すぐにできることと時間がかかること，絶対おさえておきたいことと余裕があれば触れたいところなどをきちんと整理しておくのに役に立つ。

　図3は，後の章で触れるグッドライフ・モデルに基づく整理図である。リスクをおさえつつも，強みを真ん中に置き，両者をふまえて本人と，学校や家庭，支援者がすること（できること）を整理していく。

　どちらの図を作るかは支援者の好みでもよいし，どちらがその子どもの計画を立てられそうかで決めてかまわない。この見立ての統合（ケースフォーミュレーション）プロセスについてより詳細に知りたい方は，藤岡（2023）を参照されたい。

　最後に，介入計画の中には，核となる性問題行動への介入プログラムをいつ導入するかという問題が出てくるだろう。ケースバイケースではあるしそれぞれの組織の実情にもよると思うが，「原則的にはすぐ導入」する方がよいだろう。「鉄は熱いうちに打て」ということに加え，治療教育を進めるうちに新たな課題がみえてきた場合，柔軟に課題を組み変えたり，期間を延ばしたりできる余裕を持たせるためである。もちろん待つことに意味がある場合もあるだろう。とはいえ，「面接に乗ってこないのではないか」という支援者自身の恐れから介入を先延ばしにしていないかどうか，吟味する必要はあるだろう。

　また，時に「施設に慣れてから治療教育」を始めるケースもよく耳にする。生活が落ち着いてから学習を入れたいという主旨のようだが，生活が落ち着かないと治療教育が入らないことはない。むしろ生活の中で起こすトラブル，先生に反抗して叱られた，などという「落ち着かなさ」がすべて治療教育での材料に使えるし，性の問題と生活の問題をきちんと結びつけて（同じ根っこであると）考えさせることもしやすくなる。生活に慣れてからと言っている間に，施設内で性問題行動を再発されて介入が後手に回るリスクも避けられるだろう。

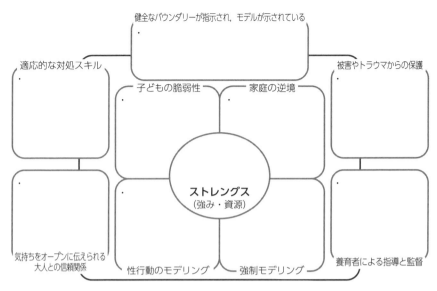

図2　起源を分類し保護因子を伸ばすためのアセスメントシート

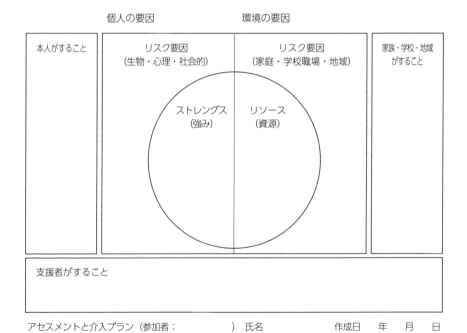

図3　グッドライフ・モデルを活用したアセスメントシート

何より，人が手一杯で回らないなら，いや回ったとしても，個人の治療にこだわらず，グループでの介入を強くお勧めする。ぜひ本書で紹介するグループ実践を参照いただきたい。

Ⅵ　再アセスメントと成長の共有

1．治療教育の進捗確認

　すでにアセスメントツールのところでも触れたが，定期的な再アセスメントは欠かせない。対象者と長く関わりを持っていると，どんな人でも情が移り目が曇る。子どもの方も，こちらとの付き合い方を心得てきて，関係が良好になる。そうなると，まだまだ不十分なところに目をつむり，わずかな変化のみを喜んでしまったり，本当は子どもの方はどうすれば大人が納得するかわかったうえで反応しているだけなのに，支援者は学習が汎化されたと思い込んで「成長した」と思ってしまったりすることがある。そうした偏りを避けるために，再アセスメントは欠かせない。大勢が集まるのが難しい場合は，アセスメントツールを使ってもう一度チェックするだけでもよいかもしれない。できれば，時折関係者が集まってケース検討を行い，違う視点から見てどう変化しているのかを知ったり，スーパーバイザーに継続的に指導をしてもらったりするのがよいだろう。重要なのは「視野を広げて冷静になる機会を持つ」ことである。

　こうした「定期的に広い視野で再アセスメントをする」という認識が関係者全員にないと，「まだ一部の犯行を否認しているから，反省していないので家に帰せない」とか，「家族も子どもを返してほしいと言っているので，そろそろ帰していいでしょう」「プログラムが終わったし，ひとまず面接終了して経過を見ますか」といったような，根拠のない判断を生むことになる。どのようなレベルになればひとまず介入を終了してフォローアップに入ってもよいのか，一定の物差しを持っておくことは，公的機関の方々にとっては職務の説明責任を果たすためにも必要であろう。各組織でどのような体制を作れるかは，管理職の理解と協力を得てそれぞれ工夫のしどころであり，この後に続く章で，さまざまな機関がどのように工夫をされているか，実践をご覧いただきたい。

2．本人や保護者との成長の共有

　再アセスメントは，本人と保護者にとっても有用である。例えば，病気に
なって入院した時に，医者が根拠なく「いやあ，まだ入院は終わりにできませ
んね。再発するかもしれないし」と言ったら，だれでも「根拠を示せ」と怒る
だろう。しかし，性問題行動をはじめとする非行・犯罪への介入では，それと
同じことがまかり通っている。すなわち，根拠を示されないまま「まだ再犯す
るかもしれません」「まだ考えが足りません」などと言われて，先の見えない
ものに時間も労力もかけなければならなくなる。そしてそれは，治療教育への
受け身的・依存的な姿勢も助長する。入院患者の例でいえば，血液検査の結果
を見せられて，どの数値がどの程度悪いか，どういう対処（運動や食生活な
ど）をすればその数値が改善するのかの知識を教えてもらい，まだまだ基準に
達しなくても「前回よりはよくなっていますよ」とか「こっちも気になります
ね。予防のために，ここも取り組みましょう」などと具体的に言われる方が，
「うるさいなあ」「面倒だなあ」と思いながらも，何も情報がないよりはやるこ
とが見えて回復への機動づけは高まるはずである。紹介したアセスメントツー
ルの表を見せながら成長した点とこれから強化したい点を確認することや，最
後は総合的な視点だとしても，大事なポイントを保護者や本人に伝え，定期的
にフィードバックをすることは重要であろう。

第Ⅰ部　参考文献

Andrews, D. A., Bonta, J., & Hoge, R. D. (1990) Classification for effective rehabilitation: Rediscovering psychology. *Criminal Justice and Behavior 17*; 19-52.

ATSA (2017) *ATSA practice guidelines for the assessment, treatment, and intervention with adolescents who have engaged in sexually abusive behavior.* (ATSA: Association for the Treatment of Sexual Abusers 会員に配布されるダウンロード可能のガイドライン)

坂東希・野坂祐子・毛利真弓・藤岡淳子（2021）児童・思春期における性問題行動への治療的介入の現状と課題．司法福祉学研究　21; 101-120.

Blasingame, G. D. (2005) *Developmentally disabled persons with sexual behavior problems: Treatment, management, supervision (2nd ed.).* Safer Society Press.

Blasingame, G. D. (2018) Risk assessment of adolescents with intellectual disabilities who exhibit sexual behavior problems or sexual offending behavior. *Journal of Sexual Abuse 27*(8); 955-971.

Bonta, J. & Andrews, D. A. (2017) *The psychology of criminal conduct, 6th edition.* Routledge, New York. ［原田隆之訳（2018）犯罪行動の心理学原著第6版．北大路書房］

Caldwell, M. F. (2016) Quantifying the decline in juvenile sexual recidivism rates.

Psychology, Public Policy, and Law 22(4); 414-426.

Diclemente, R. J. & Ricks, J. M. (2015) Sibling incest. In Gullotta, T. P., Plant, R. W., & Evans, M. A. (ed.) *Handbook of adolescent behavioral problems: Evidence-based approaches to Prevention and treatment*, pp. 595-608.

Epperson, D. L. & Ralston, C. A. (2015) Development and validation of the juvenile sexual offense recidivism Risk Assessment Tool-II. *Sexual Abuse 27*(6); 529-558.

Felitti, V. J., Anda, R. F., Nordenberg, D., Williamson, D. F., Spitz, A. M., Eswards, V., Koss, M. P., & Marks, J. S. (1998) Relationship of childhood abuse and household dysfunction to many of the leading causes of death in adults. The Adverse Childhood Experiences (ACE) Study. *American Journal of Preventive Medicine 14*(4); 245-258.

藤岡淳子 (2006) 性暴力の理解と治療教育. 誠信書房.

藤岡淳子編 (2020) 司法・犯罪心理学. 有斐閣.

藤岡淳子 (2023) アセスメントの観点・展開. In：岩壁茂他 (編) 臨床心理スタンダードテキスト, pp. 483-491, 金剛出版.

Grant, J., Indermaur, D., Thornton, J., Stevens, G., Chamarette, Halse, A. (2009) *Intrafamilial adolescent sex offenders: Psychological factors and treatment issues*. Final Report to the Criminology Research Counsil. https://www.aic.gov.au/sites/default/files/2020-05/05-0304.pdf (2023年1月30日アクセス)

Hanson, R. K. & Yates, P. M. (2013) *Psychological treatment of sex offenders. Current Psychiatry Reports 15*; 1-8.

Hanson, R. K., Harris, A. J. R., Scott, T.-L., & Helmus, L.-M. (2007) *Assessing the risk of sexual offenders on community supervision: The Dynamic Supervision Project (User Report, Corrections Research)*. Ottawa, Ontario: Public Safety Canada. https://www.publicsafety.gc.ca/cnt/rsrcs/pblctns/ssssng-rsk-sxl-ffndrs/index-en.aspx (2023年4月23日取得)

法務総合研究所 (2022) 令和3年版犯罪白書 https://www.moj.go.jp/housouken/housouken 03_00049.html (2023年1月30日アクセス)

Kahn, T. J. (2001) *Pathways: A guided workbook for youth beginning treatment, 3rd edition*. Safer Society. (藤岡淳子監訳 [2009] 回復への道のり―パスウェイズ：性問題行動のある思春期少年少女のために. 誠信書房)

Krienert, J. L. & Walsh, J. A. (2011) Sibling sexual abuse: An empirical analysis of offender, victim, and event characteristics in National Incident Based Reporting System (NIBRS) Data, 2000-2007. *Journal of Child Sexual Abuse 20*; 353-372.

Miller, W. R. & Rollnick, S. (2012) *Motivational interviewing: Helping people change (third edition)*. Guilford Press. (原井宏明監訳 [2019] 動機づけ面接〈第3版〉上・下. 星和書店)

McCully, C., McClellan, J., Adams, J., Norrei, M., Storck, M., Eisner, A., & Breiger, D. (1998) Sexual behavior associated with low Verbal IQ in youth who have severe mental illness. *Mental Retardation 36*(1); 23-30.

McGrath, R. J., Cumming, G. F., & Lasher, M. P. (2013) *SOTIPS: Sex Offender Treatment Intervention and Progress Scale Manual*. https://robertmcgrath.us/files/2614/3147/6781/SOTIPS_MANUAL_October_2013.pdf (2023年4月23日取得)

Najavits, L. M. (2001) *Seeking Safety: A treatment manual for PTSD and Substance Abuse*. Guilford Press. (松本俊彦・森田展彰監訳 [2018] PTSD・物質乱用治療マニュアル―シーキングセーフティ. 金剛出版)

仲真紀子編著 (2016) 子どもの司法面接. 有斐閣.

Nakazawa, D. J. (2016) *Childhood disrupted: How your biography becomes your biology and how you can heal.* Atria Books. (清水由貴子訳 [2018] 小児期トラウマがもたらす病. パンローリング)

Narayan, A. J., Rivera, K. M., Bernstein, R. E., Harris, W. W., & Lieberman, A. F. (2018) Positive childhood experiences predict less psychopathology and stress in pregnant women with childhood adversity: A pilot study of the benevolent childhood experiences (BCEs) scale. *Child Abuse & Neglect 78*; 19-30.

大江由香・森田展彰・中谷陽二 (2008) 性犯罪少年の類型を作成する試み―再非行のリスクアセスメントと処遇への適用. 犯罪心理学研究 46(2); 1-13.

Prentky, R. & Righthand, S. (2003) *Juvenile sex offender assessment protocol-II (J-SOAPII) manual.* https://www.ojp.gov/pdffiles1/ojjdp/202316.pdf (2023年1月30日アクセス)

Reitzel, L. R. & Carbonell, J. L. (2006) The effectiveness of sexual offender treatment for juveniles as measured by recidivism: A meta-analysis. *Sexual Abuse 18*(4); 401-21.

Righthand, S., Worling, J. R., Orentky, R. A., & Kang, T. (2020) *Youth needs and progress scale & user guide.* https://www.ncsby.org/sites/default/files/Youth%20Needs%20and%20Progress%20Scale-%20July%207,%202020.pdf (2023年1月30日アクセス)

Schram, D. D., Milloy, C. D., & Rowe, W. E. (1991) *Juvenile sex offenders: A follow-up study of reoffence behavior.* Community Protection Research Project, Washington State Institute for Public Policy.

Silovsky, J. F. (2009) *Taking action: Support for families of children with sexual behavior problems.* Safer Society Press, Brandon, Vermont.

Silovsky, J. F., Niec, L., Bard, D., & Hecht, D. (2007) Treatment for preschool children with interpersonal sexual behavior problems: Pilot study. *Journal of Clinical Child and Adolescent Psychology 36*; 378-391.

van der Put, C. E., & Asscher, J. J. (2015) Protective factors in male adolescents with a history of sexual and/or violent offending: A comparison between three subgroups. *Sexual Abuse 27*(1); 109-126.

Viljoen, J. L., Mordell, S. & Beneteau, J. L. (2012) Prediction of adolescent sexual reoffending: A meta-analysis of the J-SOAP-II, ERASOR, J-SORRAT-II, and Static-99. *Law and Human Behavior 36*(5); 423-438.

Worling, J. R. & Curwen, T. (2001) *The "ERASOR": Estimate of risk of adolescent sexual offence recidivism.* http://www.drjamesworling.com/uploads/8/7/7/6/8776493/erasor_2.0__coding_manual_2.0.pdf (2023年1月30日アクセス)

Worling, J. R. (2013) *DASH-13: Desistance for adolescents who sexually harm.* http://www.drjamesworling.com/uploads/8/7/7/6/8776493/dash-13.pdf (2023年1月30日アクセス)

Worling, J. R. & Langton, C. M. (2015) A prospective investigation of factors that predict desistance from recidivism for adolescents who have sexually offended. *Sexual Abuse 27*(1); 127-142.

Worling, J. R. (2017) *PROFESOR: Protective + Risk Observations for eliminating sexual offense recidivism.* http://www.drjamesworling.com/profesor.html (2023年1月30日アクセス)

第Ⅱ部

治療教育実践の
ポイントとコツ

第 4 章

動機づけと性問題行動の理解

Ⅰ　変化への動機づけ

1．変化しようとしないのが当たり前と知ろう──変化への両価性

　子どもの性問題行動に対し治療教育的に関わろうとする際に，まずぶつかるのが，子どもが治療教育に参加しようとしない，性問題行動を認めない，あるいは「問題」とは認めない，といった動機づけの低さであることも多い。時には保護者までもが，「もうやらないと言っているので大丈夫」「うちの子は悪くない。被害者が誘ったのでは」といった否認や言い訳に終始することもある。お手上げだ。

　とはいうものの，自分自身の行動を考えてみても，「やめろ」と言われ，あるいは「やめなくては」とは思っても，なかなか手放せない行動というのもあるのではないだろうか。甘いものの食べ過ぎやたばこ，買い物，ゲームなど，多くの人々に何らかあるのではないか。法律違反ではないと開き直ったとしても，健康に悪い，懐に悪い，などわかってはいるがやめられない。これくらいなら大丈夫と続けてしまうのが人情というものかもしれない。

　それというのも，「問題とされる行動」と言われても，本人にとっては何らかのやるとよいことがあるからやるのであろう。一時的かもしれないが気持ちがよくなるとかリラックスするとか，ワクワクするとか，スッキリするとか。こんなにいいことがあるのだから，やめたくない，手放したくないという気持ちがあっても当然である。とはいえ，「やめなさい」とか「やめなくては」と言われる行動は，長期的に見ると，あるいは自分はよくてもほかの人にとっては，害悪しかないと理解はできる。あるひとつの行動について，「やめたい」気持ちと「やめたくない」気持ちが両方あることは実際にはしばしば生じる。

これを変化への「両価性」と呼んでいる。

　この変わりたい気持ちと変わりたくない気持ちとの天秤が，「変わろう」，「変わりたい」，「まじ変わらなければ」に傾くのはどのような時だろう？　ひとつは，血糖値や血圧値が異常に高くなり，このままでは死にますよなどと医師に告げられ，死にたくなければ変わることがそれこそ死活問題となるような，本人にとっても変化の重要性が増す時である。盗撮で3回目の逮捕をされて，今回は実刑になるかもしれない，何とか執行猶予をもらえるよう，そして再犯して刑務所に行かなくてすむよう，とにかくカウンセリングを受けたい，受けていますと裁判官や家族にアピールしたいというのは，カウンセリングを受け始める最初の動機とはなる。

　もうひとつは，変われる自信である。これは，どうやれば変われるのか方法や方向性が理解できること，そして周囲で応援してくれたりサポートしてくれたりする人がいることが大きい。独りぼっちで，だれにも期待されず，何度やってもうまくいかなかったとなると「どうせ無理」が先に立ち，変わろうとする努力もしようとはしなくなる。

　子どもたちにとっては，家族や周りの大人たちが，本人を気にかけてくれ，変わることを応援してくれ，そして変わる手伝いをしてくれる，というのが変化の重要性と自信とを高めることに直結する。

　以下の実践報告には，最初のプログラム参加までの動機づけに関わる課題と取り組みについて詳細に述べられている。変化への動機づけ，あるいは治療教育参加への動機づけは性問題行動を扱う臨床実践での最初の関門であると同時に，支援者が自身の性問題行動への態度・価値観を問われる重要な局面である。動機づけについては，Wagner と Ingersoll（2013）が参考となる。

実践例

参加への動機づけ

　治療教育を導入し，その必要性を相手の腑に落とし，自発的に取り組めるよう動機づけることは，治療教育の成否を左右する重要な局面となる。この作業は，アセスメント面接時から始まっており，面接初期に意識的に取り扱うべき内容と

いえる。

　性問題行動の難しさは，加害児童が，問題を否認・最小化し，治療教育にしばしば抵抗することにある。最悪はドロップアウトし，中断もしくは終了することもめずらしいことではない。

　「深堀りされると，あの時のことを思い出し，しんどくなる。話したくないことを無理に話す必要ってありますか？」

　「たまたま魔が差しただけで，同じことを絶対するわけないじゃないですか。」

　「親から叩かれストレスがたまっていた。自分だけが悪いわけじゃないんですよ。」

　「学校でいじめに遭い，だれかに仕返しをしたかっただけです。」（そのだれかというのは，自分に被害を及ぼした者とは全然別の自分より弱い立場の者である。）

　皆さんは，こういった子どもの発言にどのように対処されているだろうか？

　これらには，加害児童特有の「思考」が表出されており，面接初期から戦略的に取り扱うべきものである。それらの戦略について，以下に詳述していきたい。

子どもの治療教育への抵抗

　性問題行動の治療教育を開始するにあたって，当然ながら子どもの中には「納得できない」「反省していると言ってるのに，なぜ信じてくれないのか」「来るよう言われたから渋々来ただけ」など，治療教育へのさまざまな抵抗を持つ者がいる。それらは表出され取り扱われればまだいいが，表面化すらせず初回もしくは数回の来所後，治療教育からドロップアウトすることで判明することもある。いったんドロップアウトすると，より重篤な状況，すなわち再発し，強制力を持つ状況下で治療教育がスタートすることになる。

　子どもの「否認」を治療担当者が耳にすれば，怒りがこみあげてくるし，「それは違うだろう」と修正したくなるのは一般的反応だと思う。ただ治療者が力を入れ正そうとすればするほど，子どもは「思考の誤り」をとりあえず引っ込めるかもしれないが，面従腹背的に治療担当者の意見に合わせたふりのまま，本質的な問題に触れさせず変わらないこともある。

　したがって治療教育の開始時に，いかに本音の表出を促し，それらを俎上に載せ当事者に吟味させる機会を作り，治療教育の開始・継続を阻む「否認」について早期に取り扱うかが重要になる。

子ども自身も「自分は100％悪くない」と全面的に思っているわけではなく，「自分にもいくらかは考えるべきところがあったかも」と両価的感情を抱えている。しかし，自分の非を認めれば責められ，親に叱責され殴られたり，厳しい処罰を受けずにすむよう，自分を守ろうと否認するのかもしれない。そうであるとすると，否認を覆そうとすれば，より頑なさを強めても不思議ではない。

　子どもの両価的感情を考慮し，それらを戦略的に揺さぶり，否認から是認方向に傾斜をつける治療者の応答の工夫が必要となる。相手の抵抗を正面から取り扱い変えようとするのではなく，抵抗の方向に一緒に転がり，否認の否認（是認）へ導こうとする動機づけ面接の手法である。つまり否認を正そうとするのではなく否認に乗っかり，よりその否認を強調する“のりつっこみ”の要領で対応する。ただし，こちらの否認の強調に対し，どのように反応するのかは相手に委ね，治療担当者が突っ込んだ内容を否定して落とす（否認の否認をする）必要はない。具体的には「相手に100％非があったってことは，すごい災難だったんだね！」「たまたま偶然が重なってやってしまっただけなんだ！」と，子どもの否認に対し，大げさに強調し応答する。

　それらに対し大きな変化がなく否認し続ける場合も，これらの応答をしばらく繰り返す。それでも揺らぎや変化がない場合は，子どもに否認せざるを得ない状況が強くあると考え，保護者への働きかけを並行し行う。その詳細は「保護者の治療教育への抵抗」（p. 85）で取り扱いたい。

　治療者の大げさで強調した反応によって，いくらかでも是認に方向づけられる反応があれば，「自分にも，もしかしたらごくわずかに非があったかもしれないと思う理由について少し教えて」「たまたまではなく自分の選択があったかもしれないってこと？」と詳細を尋ね，否認についてのほころびをいくらかでも広げ，より是認方向に傾斜する発言（チェンジトーク）を導いていく。

　治療者の態度として必要なのは，子どもに100％是認させることを求め白黒つけることではない。その時の気持ちを正直に話すこと，グレイな部分も含め認め治療者と話し合うことが，ペナルティを与えられるものではなく，加害行動の変容に必須なプロセスであることを，根気強く丁寧に聞き取り体感させることにある。

　なお，上記で個別面接における否認の取り扱いを述べてきたが，子どものグループだと，大人が伝えるより先に学習している先輩などほかの子どもの発言

（「自分も最初は否認してたけど，みんなと話すようになって，隠したり嘘をついたりするより，結局正直に話すことが一番大事だと思うようになった」等）に影響され，短時間で「否認」問題がクリアされることが多い。つまり，否認を乗り越え先に進んでいる子どもは，治療教育に抵抗や躊躇を示す子どもにとっては目指すべき「北極星」のようなモデルとなり，変化を自然に誘導しやすくなるといえ，グループをうまく活用することも勧めたい。

高下洋之

（大阪市立阿武山学園）

2．動機づけを高めるには──チューニング，情報の提供

　とりあえず，治療教育に参加したからといって，それで終わりというわけではない。変化への動機づけは，強まったり，弱まったりする。三歩進んで二歩下がるといった感じと捉えていた方が現実に近い。単に飽きてきたり，親や大切な人とケンカしたり，失敗を繰り返したりするとやる気は下がる。うまくいったり，嬉しいことがあったり，目標が定まったりするとやる気は上がる。何より，こうなりたい，ああしたいといった本人の「ニーズ」の充足に沿っていることがやる気を高めるには有効である。

　それは「性問題行動をやめさせたい」「ちゃんと話せるようにさせたい」といった支援者のニーズではない。本人のニーズは，「見つからないように盗撮できればいいのに」といったことかもしれない。あるいは，自分が何を欲しているのかわかっていないことも多い。まずは，本人の声に耳を傾け，そのニーズをともに探り，明確にしていくことが大切となる。

　そのためのコツは，「ボクシングからダンスへ」（Miller & Rollnick, 2012）といわれる。性問題行動などの非行・犯罪行動は，「間違っている！　やめなさい」という間違い指摘反射（正したい病）が生じやすい。特に相手が子どもであれば，大人は自分こそが正しく，子どもが間違っていて，それを正すのが義務と責任であると思いがちである。まあ，それは正しいのかもしれないが，問題は，それで当該行動が変わることはあまりないということである。やめなさいと言われてやめられるくらいなら，とっくにやめている。「問題」とされる行動も，本人にとっては，何らかのニーズを満たすものだからこそ続いているとすれば，まずは本人のニーズに耳を傾け，ともに探索していくことが必須

となる。話に耳を傾け，行動には共感できずとも，おそらくその行動の背景となる感情には共感はできるであろうし，共感したのであれば，それを表明し，関係を作っていく。そのうえで，例えば，女子の気をひきたいという本当のニーズが，女子にちょっかいかけて嫌がることを言う行動をとれば，結果として求めていたことと，行動が矛盾を起こすことになる。好奇心を持って，動機を理解することに努める。そのうえで，彼が本当に欲しい者に向けて，変化への希望と自信を持てるようサポートする。

　変化をできるだけ安心・安全なものとするために，必要な情報を提供することも大切となる。

実践例

動機づけを維持する，高める

治療教育に向き合う自発性

　治療教育を開始するにあたって，多くの子どもは，保護者や関係機関職員から「同じ問題をまた起こしてしまうと，より制限のある生活（施設入所・少年院）になる」「性加害をしたあなたは再発防止の治療を受ける必要がある」と告げられる。治療者は，子どもが面接からドロップアウトしないよう枠組みを示し，治療教育に乗せようという意図で発言している。言わんとすることは間違えているわけではないが，子どもには選択の余地のない脅しやペナルティとして受け取られてもおかしくはない。当然，性加害の治療教育における変化の動機づけは曖昧で受動的なものとなりやすい。

　受動的なものより自発的なものである方が，その後の治療教育に取り組む姿勢は違ってくる。治療教育を導入する前に面接者は子どものニーズについて意図的に聴きこみ，治療教育が目指すものと子どものニーズが結びつくものであることについて説明しておいた方がよい。将来どうなりたいのか？　将来手に入れたいことは何か？と問い「高校進学してできれば大学へ行きたい」「専門学校に進学し，ゲームクリエイターの勉強がしたい」「野球で活躍して推薦で高校に行きたい」などと，子どもの将来の希望について具体的なことを聴取する。そして，その希望を引き寄せるには，自分の関心のある領域での努力だけでなく，性問題行

動を起こさない取り組みが必要になることを理解してもらう。治療教育を受け再発防止に努めることは，現在の生活を続けるチャンスとなり，再発してしまえばそれらのチャンスを失い希望は遠のいてしまう。その意味で治療教育を受けることが自分のメリットになることを示すのが重要である。

　自分は虐待を受けた可哀想な被害者だと，虐待による影響を当初から子どもがアピールする場合は注意が必要である。児童相談所の虐待相談の場合なら，子どもの被害体験を丁寧に聴取し，保護者（虐待の加害側）に問題を帰属させることで子どものエンパワメントを図ろうとするだろう。しかし，治療教育で扱おうとすることは性加害であり，子どもの被害体験を先に取り扱おうとすると，自分の行った性加害を他責によるものとすり換え否認を強化することになり，治療教育が難航する場合がある。子どもが虐待による被害を訴えても，それはそれで加害の事実を先に主として取り扱い，虐待による被害体験が性加害とどうつながっているのかはあとで一緒に考えてみようという姿勢を子どもに示す方がいい。

　面接開始時に，子どもが嘘やごまかしがなく正直に向き合うかどうかや，プログラムへの取り組みの非自発的な態度を，自発的で自分の成長に必要なものと捉えなおさせることが極めて大切であり，それはその後の治療教育の進捗に大きく影響する。面接者はそれらの重要性を子どもに理解させるため，以下のようなたとえ話を用い，工夫して伝える必要がある。「少年が知らないキノコを食べ，嘔吐している。少年は自分がキノコを食べたことを話すと怒られると思い大丈夫だと言うので，適切な見立てと治療が遅れてしまっている。」隠さず正直に話すことが少年の治療と回復に何より大切になる。そして子どもが治療教育に向き合えるよう，面接者は強制やペナルティを用いず，子どもの正直な言動に呼応する言行一致のフィードバックを子どもに示していくことが望まれる。

違法行為・相談機関の役割についての説明

　治療教育を導入する前に，子どもの行動がどういった法律違反にあたるのか，ここ（例えば児童相談所）に来ている理由や根拠について説明するようにしている。

　警察からの身柄付通告による一時保護や施設入所後の治療教育では，彼らの性加害が違法行為であることを子どもは伝えられている。そのため違法行為の再発防止を治療目的にすることが子どもと共有しやすい。しかし，警察が関与しない

性加害（例えば，保護者からの相談によるきょうだい間性暴力等）については，子ども自身の中で，それが違法行為であることが落とし込めていないことが少なからずあり，否認や非協力的態度として表れてくる。その場合は，面接初期に，法律的な説明，再び同じことが起きた場合に想定されること，来所機関の役割について説明するようにしている。それは，それぞれの立場や役割，そして面接目的を共有するためである。子どもがどういう理由で，面接者と会うことになったのか，何を目的にするのか，面接や治療に乗らなかった場合に起きうることを知らされることは，その後の面接を無自覚なものではなく，自覚的で責任あるものにする布石になると考える。

高下洋之

（大阪市立阿武山学園）

3．動機づけを高めるには──グッドライフ・モデル

　治療教育プログラムの基本は，リスク管理である。再犯・再発の危険な状況を知り，リスクを回避することが基本にある。しかし，それだけでは動機づけの維持は難しい。あれもだめ，これもだめ，になりがちだからである。楽しいことがないと人間はやる気になれない。

　そこで治療教育プログラムにはグッドライフ・モデル（Print, 2013）を組み込むことが多い。自分が何を欲しいのか，どうなりたいかという自身のニーズに目を向け，性問題行動以外で人も自分も傷つけない方法によって，そのニーズを充足できるように成長していこうという方向づけである。

　次の報告は，児童相談所でグループにおける治療教育を実践する際のグッドライフ・モデルの取り入れの実例である。

実践例

子どものニーズを理解してグッドライフ・モデルを実践する

ニーズの把握

　グッドライフ・モデルは，治療教育プログラムの中でも子ども（グループであれば参加メンバーら）のポジティブな目標や感情を表現しやすく，問題行動改善

への動機を高めやすい考え方である。また，このグットライフ・モデルそのもの
を扱うセッションに限らず，治療教育全体を通して子ども自身と支援者が満たし
たいニーズを意識し，グッドライフを実現するという共通目標を持つことで，動
機づけを維持することが期待される。

　例えば，グループでの実践ではまず，メンバーが人生や生活においてどういっ
たものに価値を感じ，重要だと考えているかをふり返り，共有することからアプ
ローチを始める。メンバーへの問いかけには，「今，あなたが大切にしているも
のは？」「あなたの人生において必要不可欠と感じるものは？」などシンプルで
オープンな質問を用いる。メンバーからは，家族や友人といった対人関係であっ
たり，スポーツや音楽などの余暇活動，よい成績を取ることや希望の職業に就く
ことなどの社会的な成功について挙げられることが多い。

　次に，なぜそれが大切だと感じるのか，それについてどのような価値を感じる
のか，つまり，どのようなニーズを満たそうとしているのかについて，ほかのメ
ンバーやスタッフとのやりとりを通して深めていく。同じ活動であっても，メン
バーによってそれぞれ満たしたいニーズや感じる価値は異なる（「スポーツをす
ること」という重要な活動を持つ場合，その目的として，楽しみ，人から称賛さ
れること，達成感の獲得，人とのつながりなどさまざまなニーズが想定される）。
ひとつの活動が複数のニーズに関連する場合もあるだろう。そのニーズが満たさ
れなかった場合に生じる不具合や，どのようなものが代替手段になりうるかにつ
いても考えることでより理解を深めることができる。

　また，より未来志向的な方法として，"なりたい自分"をイメージするワーク
を用いることもある。なりたい自分，つまり，ニーズが十分に満たされ，グッド
ライフが達成された状態の自分を想像することで，重要視しているニーズや自己
実現に向けた課題が明らかになる。グループでは，"１年後のなりたい自分"に
ついて，どのような生きがいや目標を持っているか，家族や友人との関係はどう
か，社会の中でどのように過ごしているかなどについて考えるワークを行ってい
る。

グッドライフ・モデルによる性問題行動のアセスメント
　グッドライフ・モデルでは，性問題行動は，ニーズを適切な方法で達成でき
ず，不適切な方法で満たそうとした結果生じるものと考える。これまでのワーク

で，自身のニーズや主要価値が同定されれば，次の段階として性問題行動とニーズ充足の失敗との関連を整理（アセスメント）していく。

　まずは性暴力当時，自身のグッドライフがどの程度達成されていたか，ニーズがどれだけ満たされていたかについてふり返る。その際，イギリスで性加害行動のある若者やその家族の支援を行っている G-MAP（Greater Manchester Adolescent Project; Print, 2013）が採用しているモデルによって示されている 8 つのニーズを指標として用いている。8 つのニーズとは，「楽しみを持つ」「達成する」「自分らしくある」「人と関わる」「目的を持ち重要な存在である」「気持ちの健康」「性の健康」「体の健康」である。各項目について，まったく満たされていない状態を 0，十分に満たされている状態を 10 としてメンバーの主観的感覚に基づいてスコアリングする。なお，それをレーダーチャートとして示すことで，ニーズの全体的なバランスや傾向を視覚的に捉えやすくするなどの工夫も効果的である。

　8 つのニーズすべてが十分に満たされていれば，ウェルビーイングが高い状態といえるかもしれないが，実際にはニーズの優先順位や重要度は人それぞれであり，必ずしもすべてが完璧に満たされていることを目指す必要はない。ただし，先のワークでそのメンバーにとって重要であることが明らかになったニーズであるにもかかわらず，性問題行動を起こした当時のスコアリングとして低い値の項目があれば，葛藤の度合いが大きかったと考えられる。つまり，性問題行動の背景要因になった可能性が高く，治療的介入のポイントとして重要であると考えることができるだろう。また，それらのニーズをどのような手段で満たしていたか（満たそうとしていたか），満たすためにどのような資源が存在したか，満たすことを阻害する要因があったか，などもアセスメントの重要なポイントになる。これらの情報に加えて性暴力の内容（手段，状況，対象等）も本人が満たそうとしていたニーズを見立てるうえで有益な情報になることがある。

　ただし，性暴力を行った当時の子どもは特定のニーズを満たそうと意識的に行動しているわけではないため，治療教育の中でも 8 つのニーズと性暴力の関連を詳細に把握することは難しい作業となる。当時，何らかの生きづらさやストレスを感じており，性暴力を行うことでそれらが一時的に緩和されたと感じていたとしても，それがどういったニーズが満たされた結果であったかについて理解するには，支援者のアセスメントに基づく介入が重要になる。

再発防止に向けたグッドライフ・プランの作成

　真のニーズが同定できれば，どのような活動や方法でそれを満たすか具体的な対策を考えることができる。グループでは，まず，性暴力当時と現在（プログラム参加中）のチャートを見比べることで，どのような変化があったか，残された課題は何かについて話し合う。そのうえで，ニーズを満たしグッドライフを達成する（＝性問題行動の再発リスクを下げる）ために，自分が変化したいと思うこと，変化したい理由をふり返り，そのためにできること，する必要があること，また，それに役に立つ自分の強み，必要な援助をイメージし，具体的な手立て（グッドライフ・プラン）を考えていく。

　その際，理想や楽観的な思考に偏りすぎず，現実的で達成可能な計画となるよう留意する必要がある。現実的には，欲求がすべて無条件に満たされるようなことはない。また，多くの場合，ニーズ間での葛藤が生じる（例えば，「楽しみを持つ」というニーズを満たすためにゲームをたくさんしたいが，そればかりだと勉強ができず成績が落ち，「達成する」というニーズは満たされず，親に叱られることで「精神的健康」が下がるなど，ほかのニーズが満たされなくなる）。極端なプランだと葛藤も生じやすく，阻害された場合に満たされない状況が生じやすくなる。メンバーの重視するニーズに添いながら，より安定的なバランスのよいプランを立てることが肝要である。

　これらのアプローチは個別でも集団でも実施可能であるが，グループで扱うことのメリットとして，ほかのメンバーと自分を比較することで，自分が重視しているニーズがより明確になること，ポジティブな目標をメンバー間で共有することによって互いにエンパワメントし合うことができ，変化への動機づけや自信を高められることなどが挙げられる。ニーズを満たすための具体的なプランについて，他のメンバーから助言を得られることも貴重である。このように同世代のメンバーから人生がよりよくなるよう応援や助言を受けることは，メンバー間の協力関係やポジティブな関係性を醸成し，グループの機能全体を高めることにもつながる。グループそのものが「気持ちの健康」や「自分らしくある」「人と関わる」などのニーズを満たすことに役立っていることも多い。

特別なニーズのある子どもへの対応

　よりよい自分への変化について期待し自信を持てることは，それ自体が再発防

止への強力なリソースとなる。一方で，変化への動機づけや自信が乏しく，適切な方法で自分のニーズを満たせると感じられない場合は，そのメンバーが客観的には集団での適応が悪かったり，家庭において何らかの逆境にさらされていたとしても，ニーズはすでに満たされており，現状のままで問題ないとの反応を示すことがある。そもそもメンバーが自分のニーズに気づいていなかったり，満たされていないことを否認したりしている場合もある。

　このような場合は，メンバーが自身の持つ肯定的な側面や力に気づけるよう，ポジティブな声かけやフィードバックを与えたり，成功体験によって自分の強みや長所を扱えるようになることを目指し，より丁寧に動機づけ面接をしていく必要がある。逆境を否認する場合，その背後には核心的な課題がある可能性があり，否認せざるを得ない心理的背景から扱う必要があるだろう。自分の弱みや苦しい感情を安心して表現できる支援者との信頼関係やグループの雰囲気が重要になる。

　また，発達的な偏りがあり，抽象的な概念の理解に困難がある場合や，感情をふり返ることが苦手な場合は，ニーズを具体的で評価しやすい内容に置き換えたり補足説明するなどの工夫（例えば「気持ちの健康」を，リラックスできている，気分がいい，自分のことが好きと思える等）や，感情にラベリングしたり強度をスケーリング（数値化）して意識化しやすくするなど，気持ちを扱う力を育むところから始めるといった配慮が必要である。

保護者や家庭への支援

　8つのニーズは幅広いものであり，さまざまな機関の関与や資源の活用が必要になる。児童・青年期のメンバーであれば，学校，児童相談所（治療教育グループを含む），医療機関，クラブ活動や習い事などの関係者がニーズ充足の協力者として考えうるが，特に重要なのがもっとも身近な資源である家族・保護者の存在である。児童・青年期は学校や地域など社会的な関係性が広がっていく年齢ではあるが，まだ家庭内の関係が人付き合いの多くの割合を占めている年代であり，家族との良好な関係がいくつかのニーズを満たすことに直結する。また，未成年であるメンバーにとって，ニーズを満たすためのさまざまな活動や取り組みに保護者の許可や理解，協力が必要になる。これは，保護者が子どもの要望をすべて許可する必要があるということではない。

ただし，保護者と子どもで思い描くグッドライフにずれがみられることもある。その場合，保護者が子どもをサポートしようとすればするほど，達成が阻害され，葛藤が生じる悪循環に陥る可能性がある。保護者が子どものニーズを適切に理解し，実現に向けたサポートを行うことが期待される。厳しすぎるしつけや過保護・過干渉など不適切な関わりによって子どものニーズが阻害されているような場合は，まず保護者に対する個別の支援が求められるだろう。

塩見亮輔
（大阪府東大阪子ども家庭センター）

Ⅱ　性問題行動の理解を進める

　さて，本格的に治療教育プログラムに入る前に，子どもと保護者が学んでおく必要があることが2つある。1つは性問題行動を起こす自身のプロセスを知り，自身と保護者など周囲の人たちとが協力して，プロセス進行に注意し，そのプロセスを進めないという，治療教育プログラムのゴールである。もう1つは，それに付随して，性問題行動から離れていくためのマスターベーションのルールと「真の同意」についてである。

1．性問題行動のプロセス──4つの壁について

　「4つの壁」（図4）は，ほとんどの人はなぜ性加害行動を起こさないのか，あるいは逆に加害行動を起こす人はどのように起こしているのか，そして性加害行動を防ぐには何をすればよいのかということを説明するのにとても便利なツールである。

　左端には，加害者となる可能性のある少年少女がいる。右端には被害者になる可能性のある男の子と女の子がいる。性的欲求を持っていることは健康的なことであるが，ほとんどの人は性加害行動を行わない。それは4つの壁が立っているからである。

　一番左には，「動機の壁」がある。自身の生活がうまくいって満足して暮らしているうちは，ほかの人を傷つけようとか悪いことをしようとかは思わないが，加害行動を起こす際には，ストレスや逆境が重なって，その人の生活がうまく立ち行かなくなっていることが多い。例えば，親や先生に厳しく叱責ばか

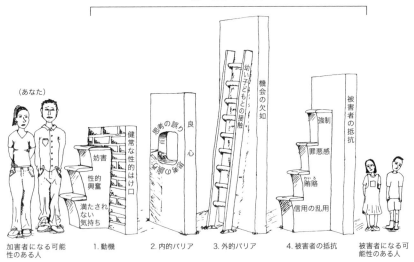

（様々な壁＝バリア）

（あなた）

加害者になる可能性のある人　1. 動機　2. 内的バリア　3. 外的バリア　4. 被害者の抵抗　被害者になる可能性のある人

動機：健常な性的なはけ口／妨害／性的興奮／満たされない気持ち

内的バリア：思考の誤り／良心

外的バリア：幼い子どもとの接触／機会の欠如

被害者の抵抗：強制／罪悪感／賄賂（わいろ）／信用の乱用／被害者の抵抗

図4　4つの壁（出典：カーン著／藤岡監訳，2009）

りされる，頑張っているのに認められない。そうした満たされない気持ちが募ると自分ばかりがひどい目にあっているような被害感が高まってきて，だれかを傷つけたり，悪いことをしてしまおうかという気になってくる。

　一時的な気晴らしに，スマホの動画などで性的な刺激を求めマスターベーションを行う。嫌なことや嫌な気分を一時的には忘れられる。しかし，だんだん癖になってくると，見ている時間や行う回数，求める刺激が強くなる。多くの時間をマスターベーションに費やすようになってくる。何とか普通の生活を送っているようには見せているものの，頭の中は性的なことでいっぱいであり，そのうち想像だけでは飽き足らなくなり，やってみようかと思う。本当にできるのだろうか。やってみたい。

　最後の一段として，何か嫌なこと，思い通りにいかないことが起こる。面白くない。やってしまえ。となると動機の壁を乗り越える。

　動機の壁を乗り越えても，人には「良心」という内的な壁があって，やってはいけないとわかってはいる。しかし，やる時には，さまざまな自他への言い訳をして，良心の壁に穴を開ける。反社会的行動を支える反社会的認知（思考の誤り）と呼ばれるものである。それほど傷つけてはいない，たいしたことな

い，ばれなければいい，写真を撮るだけなら気づかれなければだれも傷つけていない，等々である。

　ここまでくれば，さまざまな努力，つまりはしごをかけて被害者に接近する。性加害行動を行う人たちは，加害行動を行えるだけの体力，知力，努力などを持ち合わせている人たちなので，さまざまな努力と工夫を重ねて被害者に接近する。

　最後に被害者の抵抗という壁が立っているが，力ずくで超えるなり，だまして超えるなり，被害者よりパワーの強い加害者にとって，被害者の抵抗を乗り越えるのは容易である。

　加害行動を行った者は，「たまたま」と主張することが多いが，実際には4つの壁を乗り越えるというプロセスを踏んでいるので，自身のプロセスを明らかにして，この4つの壁を高く，強くして，プロセスを進まないようにして再犯を防止することを目指す。

　こうした説明と方向づけは，本人にとっても保護者にとっても，理解されやすいと感じている。実際，治療的教育の学習内容は，これらの4つの壁を高く，強くすることに沿って進められることになる。

2．マスターベーションのルールと「真の同意」について

　性的刺激を求めることと，マスターベーションと，性問題行動とのつながりについては，まだまだ一般の誤解が大きい。性的欲求がなくなるまでマスターベーションをするようにしますとか，マスターベーションを教えて性加害行動をしないようにさせますとか，成人であれば風俗に行きます，ということがまかり通っている。

　これもなかなか理解されにくいことが多いが，性加害行動は必ずしも性的欲求や性的動機で実行されるわけではない。むしろ達成欲求や支配欲求，依存欲求といった人間として普通にある欲求を向社会的な方法で満たすことができず，性的手段を用いて自己中心的に充足させようとしていると理解される。したがって，マスターベーションをしたり，風俗に通うことが真の意味でニーズを満たすことにはつながらない。むしろ，前項の動機の壁で述べたように，いやなことやストレスをマスターベーションによる一時的気晴らしでごまかす癖がつくと，ストレス困難に対して，現実的に取り組み対処する経験を重ねるこ

とができず，力がつかないということにつながりうる。性的手段による一時しのぎに頼るようになってしまう危険性がある。

　マスターベーションをしてはいけないとか，ダメ絶対などと言っているわけではない。それは犯行プロセスにつながりがちな黄色信号であり，それに気をつけることが，加害行動を予防するうえで大事な鍵となるということである。

　健康で双方が満足を得ることができる性行動と，一方的に自身の欲求や感情を被害者に押しつける性加害行動は，外から見ると区別がつきにくいかもしれないが，実際にそれを体験している人にとっては，まったく異なる体験である。最終的には，同意のうえでの性行動を楽しめることが目標となる。

　そのためには，自分自身の気持ちや考えに気づき，相手のそれにも配慮し，互いに意思疎通をして協働して性行為を行うという，実際にはかなりの成熟を要する作業となる。成長には時間とエネルギーを要するが，少なくともゴールとしての「真の同意」の概念を伝えておく必要はある。

　自身の欲求を自己中心的にでも満たすために，自他への言い訳を無自覚に行っているので，それについてもこの先学んでいくことになる。

　以下はマスターベーションと真の同意について伝える児童相談所での実践の一例である。

実践例

最初に伝えるべきこと——マスターベーションと真の同意

性動画視聴とマスターベーションの取り扱い

　性動画視聴とマスターベーションは，治療教育開始前に話題にし，取り扱う必要がある。踏み込んで詳細についてやりとりするのはお互いにとって抵抗のある話題だが，取り扱っておかないと，ここからエスカレートし再発することは少なくない。

　「他の子も見ているのに，なんでダメなのか？」「性動画視聴とマスターベーションは，だれにも迷惑をかけるものではないはず」「性動画を見てマスターベーションしない方が，性暴力リスクを高めるのではないか？」など，ここまで正直に話す子どもはそう多くはないが，再発した子どもにインタビューすると，

このような考えを表出することがけっこうある。

　治療担当者は，性動画視聴は，年齢的にも興味関心を持つことや見たくなるのは一般的な反応で，はなからだめだと否定しないことで，加害児童が正直に話そうとする抵抗（ハードル）を下げる工夫を行う。そして，どういう時に見ることが多くなっていたのか？　もやもやした感情や怒りや不安が高まった時，マスターベーションによってそれらはどうなっていたのか？　などと，性動画視聴やマスターベーションに至る前後の状況や心情を丁寧に聴取していく。

　彼らの多くは性加害当時，不快な感情や怒りを緩和する方法として，性動画視聴とマスターベーションがセットとなり，かつ高頻度になっていたと話す。また性加害のことを考える時間が多くなり，「ばれなければ大丈夫」「動画でも，やった人は捕まってないし，相手も喜んでいた」などの性加害を後押しする思考にブレーキがかからなかったと話す。本来であれば不快な感情や怒りを解消する別の適応的な解決方法があったはずだが，性動画視聴を容認する考えを持ち続けていると，性動画視聴とマスターベーションのセットという，強い刺激になる即効的な解決方法に頼りたくなってしまう。

　子どもには，聴取した内容と性加害の結びつきを図示するなどし，性加害に至ったプロセス理解が十分でき，再発防止の手立てを複数実践できるようになるまでは，イライラやモヤモヤした感情の時は特に性動画視聴を遠ざけておいた方が賢明だと伝えている。

　具体的には「運転免許を持ってない人が道路で運転するのはとても危険だよね。あなたはこれから運転免許習得のため治療教育を受ける立場なんだよ」「ほんのちょっとのお酒でもアルコール問題を抱えた人が飲むと，その一杯が引き金になって多飲につながってしまうよね」「痴漢してしまう人は満員電車を利用しないようにすることで再発リスクを避けないと危ないよね」と例を挙げながら説明するようにしている。

真の同意

　思春期・青年期は性への関心，性衝動が高まるが，それらが自己中心的に暴走するわけではなく相手のことを考慮し，相手と欲求や葛藤を調整しつつ関係を築いていく。しかし性暴力に至る場合には，「たいしたことではない」「みんなやっていることだ」「ばれなければ大丈夫」など，否認や最小化，自己中心化といっ

表6　自分の性行動の意図を隠し・伝えないごまかし・手なずけ行動（グルーミング）の例

- 相手がHな話に乗ってきた。相手も興味関心があり，大丈夫だと思った。その気がないなら，はっきり言ってくれればよかった。
- お医者さんごっこ（マッサージ）をしようと言い，相手も乗ってきたので，役割として触っただけで，Hな気持ちはなかった。
- 膝の上に座るよう言うと，相手が膝の上に乗ってきたので，いいんだと思い，体を触った。嫌なら嫌と言ってくれればいいのに。
- 言うことを聞かないなら，大事にしているものを取り上げると言ったら，「少しだけならいいよ」って言ったので触っただけ。
- 相手に欲しいものをあげるから，交換に何かちょうだいと言ったら，相手が「触ってもいいよ」と言ったので触っただけ。

た思考の誤りがみられる。

　真の同意について話し合う時，よく出てくる加害した子どもの発言に，「嫌と言われなかったので拒否されていないと思った」「嫌なら嫌と言ってくれればやらなかった」「Hな話を向こうがしてきたから興味があると思ってやった」「向こうが誘ってきたからやっただけで，誘われてなければやっていない。自分だけ悪く言われるのはおかしくないですか？」などがある。相手にも非があったと言う子どもには，「真の同意」について一つひとつ確認していくとともに，表6に示す手なずけ行動（グルーミング）がなかったかや，「相手に同じことを言って理解してもらえると思うか？」「相手のことと自分のことをどの程度考えていたのか，比率にして教えてほしい」と質問し，真の同意があったといえるのか吟味させるようにしている。

　性的同意について，子どもの理解を促進する動画がいくつかネット上にアップされている。主なものとして「性的同意　CONSENT IT'S SIMPLE AS TEA」がある。子どもに教え理解してもらうには難しい内容を，コンパクトに短時間でうまく説明しているので，活用してみてほしい。

高下洋之

（大阪市立阿武山学園）

Ⅲ　保護者への働きかけ

　変化への動機づけでも，性問題行動の理解でも，子ども本人と同時に保護者

にも働きかけることは効果的である。多くの児童相談所や児童自立支援施設などでは，保護者への働きかけのプログラムを実践している。

　次の２つの児童相談所における保護者支援の実践報告は，さまざまな工夫について知ることができるよい例である。

実践例

保護者に対して「４つの壁」を活用する

保護者グループにおける取り組みのガイドとしての「４つの壁」

　熊本県中央児童相談所の集団心理療法における保護者グループでは，テーマに関する話し合いを活動の中心とし，保護者が子どもの性問題行動に関する理解を深め，子どもの再犯防止に取り組めるよう支援することを目的とした。保護者に再犯防止という目的を意識しながら参加してもらうこと，扱っているテーマがどのように再犯防止と関係しているのか，その都度確認できることをねらいとして，「４つの壁」を取り組みのガイドのような形で活用した。まずは，保護者グループの中で，どのような形で「４つの壁」を活用したのか，後の節で具体的な保護者とのやりとりやグループでの話し合いについて報告する。

　最初に「４つの壁」を活用したのは，グループでのセッションを開始する前に子どもと保護者合同で行う事前学習であった。事前学習は，グループのルールや流れを理解してもらう場でもあるが，子どもと保護者が再犯防止という同じ目標を持って，グループに参加するという動機づけをねらいとした時間でもあった。グループの第１回においても「４つの壁」を改めて取り扱い，「４つの壁」の理解について話し合った。第１回で「４つの壁」を取り上げることで，以降の回で取り上げたテーマを「４つの壁」に照らし合わせて，その都度共有しやすくすることができたと感じている。

　保護者グループの各回の内容の一部を紹介すると，２つ目の壁「内的バリア」の抜け穴となる「思考の誤り」と１つ目の壁「動機」を取り上げ，子どもの性問題行動の背景やそれに対する対応について話し合うことにも取り組んだ。初年度の実践では取り入れることができなかったが，３つ目の壁「外的バリア」を高くするために，子どもの置かれている環境や家族にできることについて考えてもら

うことなども計画していた。「4つの壁」は，子どもの行動の理解にも，保護者が対応を考えるうえでもわかりやすく，当所のグループではさまざまな場面で活用したツールである。

「4つの壁」について考える中で，保護者が感じること

　事前学習では，「4つの壁」を中心に扱ったわけではなかったものの，保護者からの反応は大きかった。性的な興味を制限し，再犯を止めるにはどうしたらいいかと頭を悩ませていた保護者にとって，「4つの壁」は新たな視点を示すものとなり，「どんなふうに考えていったらよいかわかった」と取り組みの姿勢を前向きに持つきっかけになったように感じた。

　第1回で，改めてグループの中で「4つの壁」について説明した際には，それぞれの子どもの性問題行動の経過の長さや再犯の有無によって，保護者の反応が異なった。長い経過の中で再犯を繰り返している子どもの保護者からは，「これを使っても，子どもにはわからない」という言葉が聞かれた。単に「4つの壁」を理解できないということではなく，再犯を止められないことに対する無力感が表現されていたと，今になって思う。その場では，保護者の抱える無力感を十分に扱うことができなかったが，性問題行動について理解することは難しいものであることを伝え，「4つの壁」についてどのような疑問や難しさを感じたか，保護者それぞれが意見を出し合う形で話し合いを促した。

　なかには，「どの壁もすべて超えてはいけないのか」「ひとつでも壁を越えなければいいのか」と単純化しようとする言葉も聞かれた。ひとつでも壁を越えなければ性問題行動には至らないこと，すべての壁を高くすることに取り組み，再犯を防止することを伝えたが，治療教育のスタートの場面でもあり，家族が向き合わなければいけない問題への戸惑いや不安が，そのような形で表現されていたことが想像された。話し合いの中で，性問題行動を知った時の思いや，子どもの性問題行動に対する受け入れがたい気持ちについて話題にすると，保護者それぞれが率直な胸中を語った。子どもの今後の成長を期待したい，成長を一緒に喜びたい思いと，再犯という形で裏切られるかもしれない，小さな成長の喜びもぬか喜びに終わるかもしれないという不安の間で揺れながら，日々生活を回している切実な苦しさが共有された。

　最後の感想では，「自分だけではないと思えてよかった」「これから，『4つの

壁』を足がかりに考えていきたい」という前向きな感想が多く聞かれ，グループへの期待と保護者同士で支え合おうとする空気ができつつあることを感じた。

1つ目の壁「動機」に向き合う工夫

　今回の保護者グループでは，性問題行動が性的な欲求のみからの行動ではないと理解しながらも，性的な行動や異性との接触を制限しようとする保護者が多く，スタッフとしては，子どもの内面（子どもが抱えるもやもやとした不全感や，不器用さゆえに人とうまくつながれない面があること）への理解の深まりにくさを感じていた。話し合いの深まりや「満たされない気持ち」に対する対応を促すためには何か工夫が必要だろうかと考え，2つの工夫を実践してみた。

　まず，1つ目は，話し合いの導入として，子どもの「動機」や「満たされない気持ち」は見えにくいものであり，関わりに難しさを感じやすいものであると伝えてみることにした。性的な欲求につながりそうな場面や子どもの行動を必要以上に制限するという保護者の対応は，保護者がこれまで子どもの性問題行動への対応に悩み，その難しさから何とかできる対処をしようとしてきた結果ではないかと考えたためである。そういったやりとりを経たうえで，行動の制限だけでなく，「満たされない気持ち」を理解し，どのような関わりを必要としているのか考えることも大事であることを伝えた。

　2つ目は，実際の子どもの事例を用いると圧倒されてしまいがちな保護者が，現実的なことと適度な距離を持ちながら考えを深められるように架空事例を作成し，その事例に登場する子どもの「満たされない気持ち」について話し合ってもらうこととした。事例は，気弱な女子に対して，性加害を行った男子の日常を描写し，生活や対人関係上の不全感，その不全感を打ち消すように，自分に再犯しないことを言い聞かせながら適応しようとしている様子を描写したものを作成した。「満たされない気持ち」といっても，具体的にどういう状態なのか，どうしてわかりにくいのかなどを話し合い，子どもが抱える不器用さ，つらさの否認，仲間関係における安心感の乏しさなども，「満たされない気持ち」に影響していると気づいてもらうことをねらいとした。

　導入の説明後に，子どもの「動機」や「満たされない気持ち」に対して感じること，考えていることについて，保護者に尋ねた際には，「満たされていない部分はこういうところかなとは考えられても，本当にそうなのか正直わからない」

「もう前向きになっているから，動機について掘り返さない方がいいのかと思ってしまうこともある」と，子どもの心情へのわからなさや向き合いにくさなどを率直に話される様子があった。

　架空事例を用いた話し合いでは，「普通に学校には行っているみたいだけど，楽しくなさそう」と，ぼんやりした不全感を感じ取られた感想が多く聞かれた。一方で，「よくいる普通の子でもあると思う」という意見もあった。この子には目立った嫌なことはなく，みんなそれなりに楽しくない部分はありながら学校に行っている，これが普通の適応の仕方であるようにもみえる，問題を起こすような子にはみえないという捉え方もグループの中で共有した。その後，子どもの本当のつらさが前面に出ず，適応しているようにみえるのはどうしてか話し合いを促すと，「その場に流されるようにしている。受け身的」「人のことを下に見ることで自分を保っているよう」「この子自身も，自分の気持ちには半分くらいしか気づいていないのかも」といった意見が聞かれた。さらに，この子への関わりを考える中では，「この子は自分で自分の世界を決めてしまっている」「こうしたら？　と言っても受け入れられないかも」「ただ，わかってあげるだけでもいいのかもしれない」「この子なりの頑張りを認めてもらいたいのだと思う」という意見が聞かれるようになった。

　話し合いへの動機づけの高い保護者が多かったこと，架空事例を通して話し合いを行ったこともあり，深まりは感じられた。だが，保護者からの感想では，これまでの自分の関わり方への後悔でつらい気持ちになったことを涙ながらに吐露される方もいた。スタッフとしても，保護者に現実と結びつけて考えるよう促そうとすると，保護者の自責感や，子どもを受け止めきれないという感覚を強く生じさせてしまい，その保護者が抱えるものの大きさに圧倒される感じをいだいた。向き合いきれない苦しさや無力感，複雑な思いを抱える保護者をエンパワメントし，グループの中で励まし合うこと，認め合う時間がもっと必要であったと感じる。

実践をふり返って

　実践を通して，保護者にとって「子どもが再犯してしまうのではないか」という不安を抱えながら，子どもの繊細な思いや，もやもやとした満たされない気持ちに向き合うことは，とても苦しく，大変な作業であることを実感した。不安が

高まるとこれまでと同じ対応を繰り返し，頭ではわかっていても対応を変えることができない面も垣間見え，治療教育は“理解する”だけでは進まない難しさもあると感じた。そのような中で，「４つの壁」は保護者にとって，またスタッフにとっても，どのようにして性問題行動が起きるのか，再犯防止のためにどのようなことができるのかを示す，取り組みのガイドとして大きな指針となった。

　力不足で，不甲斐なさも残る実践のスタートであったが，経過を通して，漠然とした不安でいっぱいだった保護者が，子どもの性問題行動を“対応できそうなもの”と認識するようになり，関わりを模索するようになっていく姿を見ることができた。保護者が子どもの抱える不器用さやうまくいかなさを実感し，共感的に理解することができるような工夫を模索しながら，今後も子どもの再犯防止のために保護者を支援してくことができるグループ作りを続けていきたい。

湊本詩織

（元・熊本県中央児童相談所）

実践例

保護者への働きかけ

保護者や家庭への支援

（1）保護者の治療教育への抵抗

「性加害当時のことを話すとしんどくなるのか，落ちこんだ様子になる。そんなに落ちこませることが子どものためになるのでしょうか？」「せっかくクラブでレギュラーが取れそうなのに，クラブを休んでまで通う必要があるのでしょうか？」

　このように，通所指導や治療教育の当初，保護者は治療担当者にさまざまな質問として治療教育への抵抗を投げかけてくる。また，先に（p. 65）述べた子どもの側の強い否認の後ろには，親子関係にいくつかの課題があることが多い。これらの背景には，保護者の側に，以下に挙げるような要因がいくつかあると想定できる。

●保護者が子どもに暴言や暴力をふるう，あるいは口うるさく指示的な命令を

多用するなど，保護者が子どもに対し威圧的だと，子どもが安心して話すのは難しくなる。保護者が子どもの言い分に耳を傾けることなく，子どもを責め立て過度に罰を与えてきた場合，子どもが性加害を認めるのは難しくなる。【支配・閉塞的な親子のコミュニケーション】

● 保護者自身が性加害を受け止めきれず，被害者が誘惑したからだとか，被害者の方にも非があると子どもをかばい，保護者が問題に圧倒され，子どもの行動を本当には問題と思えず，性暴力は絶対にだめだという姿勢を子どもに示せない場合，親子ともども治療教育はうまく進みにくくなる。【保護者自身の混乱，性加害行動の否認】

● 勉強の成績や部活での活躍の方が，治療教育より優先度が高いと保護者が捉えている場合，治療教育を先延ばし（キャンセル）することが増え，子どもが治療教育を受け，責任ある態度をとるのを難しくする。【保護者による治療教育の回避，その場しのぎの対処】

● 保護者が子どもの通所（治療教育）を"子どもへの懲罰"と考え，"保護者としてできることはなく，問題を解決するのは治療担当者と子ども"と捉えている。保護者の治療教育への関心は薄く，子どもを治療教育に動機づけることや継続をサポートするのが難しくなる。【保護者自身の責任回避，他者への責任転嫁】

　いずれも，保護者自身が抱える"認知の歪み"が根底にあり，そのことが少なからず，子どもの言動にも影響していると考えられる。しかし，治療教育の初期の段階では，子どもがした行為を性暴力と認めることができていない，あるいは，子どもが行った性暴力の背景要因が，保護者自身の考え方や日頃の子どもへの接し方（ひいては，保護者自身の生い立ちや育ちにおける原体験）にもある，ということに気づけていない保護者は多い。

　保護者から治療教育への理解と同意が得られていない状態があると，治療教育を進めるのは難しくなる。通所には至ったものの保護者が納得できていないと，担当者の言動にいちいち引っかかり，不満や怒りから関係がこじれ，参加継続が難しくなる場合もある。そのような場合は，早々に保護者の考えを率直に聴く機会を持つ必要がある。保護者の抵抗への対処は，子どもの場合と同様に行う。

(2) 保護者への支援

　保護者の抵抗を低減し，子どもの行動変容を家族全体で進める基盤とするためにも，治療担当者は保護者に対して，性暴力が理解できるよう促すだけでなく，"子どもを支える保護者自身が担当者やグループから支えられている"と感じられるよう，保護者の否認と是認に揺れる生の感情に共感し，それでも子どもの変化をサポートしようとする姿勢を意識的にねぎらう必要がある。

　具体例として，グループで意識的に取り扱っている内容を示したい。個人面接にも共通するエッセンスが含まれている。

開始時のチェックイン

　毎回の冒頭で，参加者はグループに来るまでの１週間の生活について，特に話しておきたいこと，共有したいことをシェアする時間を持っている。とりわけ，グループに参加開始して日の浅いメンバーにとっては，子どもへの関わり方，学校や地域との連携，関係機関とのやりとりなど，グループの外で話すことが難しい内容（ほかの保護者に尋ねにくい事柄，吐露しにくい心情等）についても，率直に投げかけることのできる貴重な機会となる。

　保護者自身がその生い立ちにおいて，家族や他者との間における疎外感や葛藤を抱えている場合も少なくない。そのため，グループ参加によって，保護者自身が，保護者として知っておくべき知識を得るだけでなく，ほかのメンバーに自分の話を聴いてもらえる機会，意見を尊重してもらえる機会を積み重ねることで，他者から受容される体験，認められる体験として蓄積され，保護者自身の自己肯定感や有能感につながると思われる。

　保護者の語りを受けて，グループのほかのメンバーが率直に感じたことを伝えることも，保護者の現在のありようや治療教育に対する姿勢に揺さぶりをかける機会となる。そのため，スタッフは，ほかのメンバーと共に保護者の発言を受け止めるだけでなく，ほかのメンバーに対して発言を促す働きかけも意識して行う。

　なお，チェックインについては，参加メンバーの近況を共有するとともに，各回に設定されたテーマを扱うための，いわばグループの空気を暖めるための準備段階として，所定の時間内に行うことを基本としている。

　しかしながら，新メンバーを迎え入れる場合は，話しやすいように，少し長め

に時間を確保する。あるいは，チェックインで扱った内容が，保護者自身あるいはグループ全体にとって大切なテーマであるとスタッフが判断した場合は，あらかじめ用意しているテーマにとらわれず，チェックインの延長で当日のセッションのテーマを変更するなど，臨機応変な進行も求められる。

面接（グループ）で取り扱うテーマ

毎回のセッションでは，以下のようなテーマを取り扱っている。

（1）グループ参加のきっかけ（子どもが行った性加害行動）について

保護者は，グループ参加の初回で，子どもが行った性加害行動について語ることが求められる。例えば「初めて，子どもが行った性加害を知った時，どのように感じたか」「性加害の発覚後，変わったこと，変わらないことは，どのようなことか」「グループでの取り組みに対して思うこと」といった内容である。

これは，保護者にとっても，その保護者を新しいメンバーとして迎え入れるほかの保護者にとっても，自身の子どもが行った性加害行動の発覚当時のことや，自身がグループ参加当初に抱えていた不安や葛藤を思い出す機会となる。お互いにとって，心理的負荷のかかるテーマであるが，新しいメンバーが勇気を持って語り，それをほかのメンバーに受け止めてもらうことで，保護者自身が「安全な場において，他者から支えられることの意義」を身をもって体験する機会となる。

また，グループ終了時に行うチェックアウトの時間でも，スタッフから参加者へねぎらいの言葉をかけることで，次回以降の参加の動機づけとなるようにしている。

（2）お互いを知ろう

新しいメンバーを迎え入れた時，あるいは，新しいメンバーの参加が続いた時など，参加者同士のつながりを深め，グループの凝集性を高めたい場合にテーマとして扱う。

例えば，夫婦の健全なコミュニケーションが家族にとっては大切であるという前置きと共に「夫婦の結婚のなれそめ」「子どもが生まれた時に思ったこと」「子どもの好きなところとその理由」「我が家のアピールポイント」「お勧めしたい我が家のルール」「（グループの）隣に座っている人へのアファメーション（＝肯定的な言葉かけ）」といった内容である。このほか，保護者が受け身的な参加にならないよう，スタッフから参加者へ「お題を募集します」と投げかけて，主体的

な参加を促すようにもしている。

　最後は，スタッフから参加者へ，当日のまとめとして「このグループでお互いに関心を持ちながら，皆で一緒に成長していけるとよいですね」といった趣旨の言葉かけを行っている。

　(3) 子どもが変わるために必要なことは？

　グループ参加当初，あるいは，グループ開始からしばらく経っても，保護者目線で「子どもの行動がなかなか変わらない」と，不安や焦りが感じられる場合がある。「変わらない子ども」をめぐって，親の動機づけを高める必要がある。

　こうした場合は，変化するのはあくまでも子ども自身であり，親が「子どもを変えよう」とするのでなく，子どもが自ら「変わろう」と思い行動するためには何が必要か？　そのために親として何ができるのか？　ということを考える必要がある。

　まずは，保護者自身が抱える「変化に対する両価性」を扱う。例えば，「日頃，自分自身が変わりたいと思うけれど，変われずにいることは？」と問いかけ，意見交換のワークを行う。変われない（変わりたくない）には理由がある。強い意志や，周囲の説得だけでは変われないのである。親の側の「子どもを正したい」という思い（正したい病）をやめることが肝要であり，変化に必要なサポートは，①動機（変わりたい・変わりたくない）を理解し，矛盾があってもそのまま受け止めるという姿勢を持つ，②子どもの話を聴き，親が共感していることを示す，③子どもの取り組みを支え，力づける（一緒に取り組む，見守る，努力を認める），ということであると保護者に伝える。

　次に，「子どもの変化の妨げになっているもの」を考える。例えば，「子どもに，どうなってほしいのか？」「今，親として何ができているのか？」「子どもは，親に何をしてほしいと思っているだろうか？」といった問いかけを行う。親は，子どもが「していない面・できていない面」に注目しがちであるが，親の側でも，子どもが必要とすることとずれた対応をしていたり，子どもに役立つサポートができていないということがある。ワークを通じて，親子の関係が「対立的で，子どもの変化を強いるもの」や「無関心で，放任・追従的なもの」から，「協調的で，受容や話し合いを前提とするもの」になることが望ましい（ボクシングからダンスへ）ということを伝え，親子の協働関係への意識づけを行う。

（4）性暴力とは何か，真の同意とは何か

　性暴力とは，相手の同意のない性的な言動のことである。性暴力の中で，加害者や被害者の年齢，性別，行為の内容によって刑法に定められたものが性犯罪になる。そのため，性犯罪に該当しない性暴力が多く存在する。性問題行動を性犯罪行為に限定することなく，より広い意味での性暴力を含むものとして捉え，性暴力の問題を正しく理解することが大切である。

　保護者が，自分の子どもが行った性加害行動について語ることができれば，改めて，保護者グループにおいて「性暴力とは何か」ということについて考える機会を提供する。具体的には，はじめに「性暴力とはどのような行為を指すのか」について思いをめぐらし，次に，性的接触における「真の同意」とは何かを知る，という手順を踏んでいる。

　性暴力の定義について扱う際，保護者からは，例えば「子どもの頃は，スカートめくりや，お医者さんごっこなど，皆やってましたよね。どこからが性暴力なんでしょうか？」といった素朴な質問が寄せられることがある。この場合は保護者に対して，「性暴力は多くの場合，何らかの力の差があり，行為の後には被害者にも加害者にも何らかの嫌な気持ちが残るものである」「加害者の意図にかかわらず，被害者がどのような心理的・認知的・物理的状況に置かれていたかによって，性暴力であるか否かが判断される」ということを伝え理解を求めている。

　続いて，グループでは「真の同意」が，性的関係のみならず，すべての対等で健康的な関係の基礎になることを学んでいる。対等な関係ということについて，保護者から「年上や年下と付き合ったらダメなんですか？　芸能界などでも，年の差カップルがいますよね」といった質問を受けることがある。スタッフからは，「成人の場合は年齢差があっても，大人同士として一定の対等性があるが，子どもの場合は年齢差が大きな力の差になる」「子ども間の関係が，対等なものか，服従や恭順が入っていないかということについて，親として敏感である必要がある」といったことを伝えている。そうしたことを考えるための材料として，「真の同意」のルール（①情緒的・知的対等性，②相手への誠意，③相手への理解，④不同意の許容，⑤双方による結果の理解）（Kahn, 2001）や，「真の同意に関する事例」を提供している。これにより，保護者には，「真の同意の条件がひとつでも欠けると，だれかが傷つくし，違法とはならない場合も性暴力にはなりうる」ということを学んでもらう機会としている。

こうした取り組みを通じて、スタッフは保護者へ「対人関係において尊重すべき“他者の境界線”を侵害する最たるものが、暴力や性暴力である」と伝え、性暴力は「相手の“真の同意”のない性的な言動」であるという理解を促している。そして最終的には、「あらゆる対人関係において、対等で思いやりがあり、真の同意に基づく関係であるか否かを考えることが大切である」と伝えている。

　(5) 自らの子ども時代をふり返る

　グループに参加する保護者自身の子ども時代をふり返ると、「厳しく育てられた」という発言をしばしば聞く。どのような家庭で、どのように育ったのか、ということによって影響を受けるのは、親も子も同じである。そして、自身の育ちは、その後の親子関係に少なからず影響する。

　グループの中で、自分の子ども時代をふり返り、それぞれの育ちについて話し合うことで、それが、現在の親子関係にどのように影響しているか、考える機会を提供する。例えば「自分が親から期待されていたこと」「親からどのように扱われたか？　家庭内での自分の役割や立場は？」「親の言葉で嬉しかったこと、元気になれたこと、前向きになれたこと」「それは、どんな内容で、自分にとってどういう経験になったか？」、逆に「つらかった、悲しかった体験は？」といった問いかけをする。

　子どもにとって親は、もっとも身近で大きな存在であり、親子関係は、その後の人生における生き方や考え方に多大な影響を及ぼす。ワークによって、保護者が自らの信念や思考のクセを客観化し、現在の親子関係が子どもの側の不信感や無力感に影響し、子どもの前向きな姿勢や努力を阻害する要因になっていることに気づいてもらえるようにしている。

中島　淳

（大阪府岸和田子ども家庭センター）

実践例

施設職員への働きかけ

施設内子ども間性問題行動への介入時の抵抗と協働の試み

　施設内で性問題行動が起きた場合、施設職員は家庭内の性問題行動と同様、加

害および被害児を支援する立場から，複雑な感情と傷つきを抱えやすい。

　性問題行動を「遊びの延長」と捉え，否認や最小化が起きやすくなることや，加害児に対し過度の怒りが生じたり，逆に加害児に感情移入・加担しすぎて，そんなはずはないと否認することも生じる。職員と子どもとの関係性や心理的距離感によっても捉え方は職員個々に異なり，問題の理解や対応にずれが生じやすくなる。ひとつの性問題行動によって，職員間の意思疎通の難しさや，チームで支援することの難しさが痛感されるようになる。

　これまで施設で性問題行動が起きた際に，子どもらの日常ケアと同時並行で職員が集まり，問題の分析や検証に十分な時間を取って話し合うことは，交代制勤務制の中では非常に難しい状況があった。したがって施設内性問題行動は，詳細な情報や対処について一部の職員や管理職に集中し，全職員に集約されにくい面があった。また性問題行動はもともと語られにくい性質を持つからか，職員が個々に抱え込み，各々の職員が何を考え，どうしていこうとしているのかが共有されにくかったといえる。

　入所児童や施設を支援する機関でもある児童相談所（以下児相）が，施設内性問題行動に関わろうとする際には，子ども支援という共通目的から施設職員との協働関係は取りやすいと考えられがちだが，実際にはさまざまな抵抗に遭遇する。その背景は複雑で，以下のようなことが考えられる。

　施設内性問題行動があった際，児相は施設に，問題の経緯や内容そして再発防止策について報告書を提出することを求める。施設としては，自分たちですら理解が追いつかないできごとに対する戸惑いや混乱の中で，膨大な書類作成を求められる。困惑を通り越し怒りを抱えても不思議ではない。

　そういった経緯もあり，施設職員は，児相からの関わりに対し防衛的に身構え，非難される，否定されるかもと疑心暗鬼になり，児相と協働し問題の検証とその解決に向けた取り組みの話し合いに至りにくいことがあった。そしてこういった性問題行動は，加害児童の持つ個人的課題とされ，施設から分離する措置変更で幕引きされてきた。また加害児童について十分なアセスメントと支援を児相がしてくれていたら，こんな問題は起きなかったなどと，児相への怒りと攻撃を向けてくることもある。あるいは，自分たちは性問題行動を扱う専門家ではないので，児相が中心になって対応してほしいと，性問題行動対応への関与を放棄・丸投げするかのような発言が聞かれることもある。

このように施設内で起きた性問題行動は，児相と施設が協働し，子どもたちの加害・被害の連鎖を防止し，子どもらがより健康な行動がとれるよう，また職員が子どもらを支援し続けられるよう関与することが目標となるが，なかなかうまくいかないことが少なくないというのが実情である。

　施設で性問題行動が続けば，児相は入所を必要とする子どもの措置を保留せざるを得ない。一方で，施設は性問題行動の連鎖を止めるための支援を求めている。お互いの目指すべきことも利害も一致するわけだから，あとはどうお互いが話し合い，協力体制を作るかになる。施設で性問題行動が起こった際，児相は必ず施設と話し合う機会を持つので，そこで事案について関係者全員でディスカッションし，同じことが起きないための対策について一緒に考えていきませんか，と支援を提案して協働の意思を示す。起こったことを理解して受け入れ，現実対処ができるようになるには，再発防止策を急いで作成するよりも，職員間でそれぞれの思いを出し合い，理解し合うことが必要になる。

　加害・被害を問わず，性問題行動は職員にとって受け入れがたい体験で，一種のパニック状態・思考停止状態から，どう対応していいかわからなくなることが多い。職員がチームとして機能し，問題に対処していくためには，職員個々の感情の揺れも含め，お互いの考えや気持ちを出し合い，そうした感情や思考はごく自然な反応であると伝えること，これからどうしていったらいいのか，子どもの安全と安心のために職員ができそうなことについて共有していく。

　表7，8の「職員が子どもの性問題行動を知った当初と今の気持ちについて」「性問題行動に対するいくつかの声：本音でトークしてみよう」を用い，職員がどのように感じ，時間が経過した現在はどんなふうに感じているのか，グループディスカッションを行い，感情の共有を図る工夫を行っている。

　このグループディスカッションの目的は「性」というナイーブな話題を，安全に率直に語り合える場を作り，職員間の風通しのよいコミュニケーションを活性化させることにある。そのためには，性問題行動という話題を軸に職員全員で取り組み，共通理解を持とうとする関係性を形成することが求められる。この職員一体の支え合う姿勢こそが，子どもの安心や安全を作る鍵になる。

高下洋之

（大阪府立阿武山学園）

表7　職員が子どもの性問題行動を知った当初と今の気持ちについて

　子どもの性問題行動が発覚してから，複数の感情がわき起こっていると思います。それは，個々人でも違いますし，時間の経過の中でも変わってきます。

１）以下の文章を読んで，【まったくない　０％〜100％　極めて強い】のうち，ご自身の中で，ぱっと思いついた数字を書いてみてください。

◎否認：「まさか」「信じられない・信じたくない」「そこまでとは……」

　　　　当初【　　　％】　　　　現在【　　　％】

◎ショック：「うまく頭が回らない」「何も考えられない」

　　　　当初【　　　％】　　　　現在【　　　％】

◎自責感：「自分が気づけなかったせいで」「何か見落としていたのか」

　　　　当初【　　　％】　　　　現在【　　　％】

◎嫌悪感：「身近な生活の場でこんなことが……」「気分が悪い」

　　　　当初【　　　％】　　　　現在【　　　％】

◎戸惑い・不安：「どうすればいい？」「自分たちに何ができるのか？」

　　　　当初【　　　％】　　　　現在【　　　％】

◎回避：「考えたくない」「もう忘れたい」

　　　　当初【　　　％】　　　　現在【　　　％】

◎原因探し：「○○のせいだ」「ほらやっぱり〜がいけない」

　　　　当初【　　　％】　　　　現在【　　　％】

◎無力感：「自分たちに何ができるの？」「専門家じゃないし」

　　　　当初【　　　％】　　　　現在【　　　％】

◎うんざり：「何をしてくれたんだ！」「これ以上困らせないで！」

　　　　当初【　　％】　　　　現在【　　％】

◎使命感：「何とかしなければ」「今頑張らないでどうする」

　　　　当初【　　％】　　　　現在【　　％】

◎挑戦・チャンス：「膿を出しきっていい施設にしよう」

　　　　当初【　　％】　　　　現在【　　％】

2）次に，性問題が発覚した「当初」と「現在」の気持ちについても，書いてみましょう。

【当初，強かった気持ち　ベスト3】

　　　1.　　　　　　　　2.　　　　　　　　3.

【現在，強い気持ち　ベスト3】

　　　1.　　　　　　　　2.　　　　　　　　3.

表8　性問題行動に対するいくつかの声：本音でトークしてみよう

Q1：性暴力だなんて大げさ。遊びの延長で，子どもならよくあることだ。
Q2：性問題行動が起きたからって，性について話題にすることは，寝た子を起こしてしまいかねない。そっとしておいてほしい
Q3：性問題を起こす子どもはどこか壊れている。放っておいたら性犯罪者になる。
Q4：性教育をしてないから，こんな問題が起きるんだ。
Q5：性加害児童を施設から出すのが，問題解決の最良の方法である。
Q6：加害児童への対応，治療教育より，被害児童のケアを優先してやるべきでは。なんで，加害児童のことを考えないといけないの？
Q7：そもそも施設に，こういった子どもを措置した児童相談所が責任を取るべきでは？
Q8：ここは性問題を扱う施設でもないのに，児童相談所は施設職員に「どうすればいいか？」なんて求めないでほしい。

第**5**章

治療教育における
重要な概念と実践

Ⅰ　治療教育とは

1．こころの筋トレ

　アセスメントによって子どもと家族のリスクとニーズを把握し，目標に向けて本人の「変わりたい」「変われるかも」という動機づけが高まれば，治療教育の学習内容にスムーズに移行できるだろう。とはいえ，子どもや家族，そして支援者も「準備万端！」の状態で学習に臨めるとは限らない。

　実際には，治療教育の中で扱われるさまざまな学習課題を通して，アセスメントが続けられ，支援者だけでなく，子ども自身や家族が「自分（たち）のニーズとリスク」の探索を深めていく。学習の中で自己理解を深め，課題への取り組みや練習を重ねながら，少しずつ変化への動機づけが高まっていくものである。つまり，治療教育で行われる学習は，それ自体がアセスメントであり，動機づけを高めるものでなければならない。よって，学習ドリルのように「こなせば成績 UP」というものではないし，学校のように「時期が来れば卒業（単位が揃えば修了）」というわけでもない。頭で正解を覚えるのではなく，こころ（感情）やからだ（行動）を動かしながら，こころの筋トレで「生き方」を身につけていくようなものである。

　支援者が「学習をこなす」ことにとらわれてしまうと，治療教育はうわべだけの理解に留まり，自己理解と変化の機会が失われてしまう。ともすれば，自分の性問題行動について饒舌に説明する言葉（言い訳）だけを与えてしまうことにもなりかねない。そもそも，性問題行動は，自分の思いや考えを表出できずにいる子どもが，大人や同級生の言いなりになりながら不満を募らせ，その不満や怒りを弱い立場の被害者に向けたものであることが多い。支援者の指示

に従って，表面的な学習を進める分には問題なく取り組むことができても，それでは治療場面の中で従属的な関係性のパターンが再演されているだけであり，性問題行動の改善にはつながらない。まずは，支援者が子どもの「悪い行動」を「正そう」とするパターナリスティックな姿勢を見直し，知識さえ教えれば変わるだろうという考えを手放す必要がある。

　もちろん，「懲りればやめるだろう」と強く罰するだけでは，子どもは萎縮してますます自分の意見が言えなくなる。子どもが「怒られた」としか感じられず，大人の説教が早く終わることを願うだけでは，自分の課題に向き合うことができない。改めて，治療教育とは，子どもが安全な関係性の中で，自分の気持ちや考えに気づき，表現していくことで，自他を大切にする関係性について学ぶものだと強調したい。

2．『パスウェイズ』『ロードマップ』を活用する

　治療教育で扱うべき具体的な学習内容は，エビデンスに基づく『回復への道のり──パスウェイズ（以下『パスウェイズ』)』『回復への道のり──ロードマップ（以下『ロードマップ』)』(誠信書房）などでわかりやすく紹介されている。モジュール（単元）として章立てされており，主要な概念や課題ごとにまとめられているため，取り組みやすい。児童相談所や施設では，限られた面接時間の中で必要なモジュールをピックアップして用いることもあるだろう。アセスメントの結果に基づき，重点的に取り組むべき課題を特定するのは大切であるが，実施者側の都合だけで治療教育の期間を決めて，子どもと家族のリスクやニーズを考慮せずに，つまみ食いのようにモジュールを選択するのは避けたい。

　『パスウェイズ』などの教材はエビデンスに基づいた統合モデルから作成されており，どれも性問題行動のある子どものよりよい人生を支えるうえで欠かせない課題である。また，どのモジュールも相互に関連しており，そのつながりをおさえていくことが肝要である。例えば，「境界線」の学習では，身近な境界線について具体的にイメージできるようになったうえで，自分の性問題行動が「境界線の侵害」であったと理解する必要があるが，単なるルールの学習ではなく，自分の境界線を破られた時の気持ち（被害体験の整理，被害者の理解）や，自分が他者の境界線を破った時の認知（思考の誤り）などの学習と関

連させていく。「思考の誤り」の学習は，無責任な行動を修正していくのに欠かせない課題であるが，そもそも思考の誤りは，不安や焦り，みじめな気持ちといった苦痛な感情を否認するために用いるものであり，自分の気持ちを理解していく取り組みとつながっている。

　本章では，治療教育における重要な概念について説明し，児童相談所や施設，学校で取り組まれている実践例を示しながら，取り組みのポイントや留意点について述べる。グループでの実施や個別の面談，あるいは学校生活の中での教育など，さまざまな実施形態がある。どれも現場や対象に合わせた工夫がなされており，さまざまな領域において参考になるだろう。子どもや家族への「教え方」だけでなく，支援者自身の考えや思いが率直に綴られており，同じ実務家として励まされるところもあるはずだ。

　現在，邦訳されている『パスウェイズ』は原著第3版（Kahn, 2001）であるが，2011年に原著第4版（Kahn, 2011）が出ており，新たな章が加わって，ページ数も2.5割増と大幅にボリュームアップしている。アメリカを中心とする10年間の研究や実践の蓄積から，性問題行動のある子どもは「非常にたくさん」おり，かつてイメージされてきた「性的逸脱者」から「健康で信頼できるコミュニティのメンバーへと成長する子ども」という認識が広く持たれるようになったという。

　第4版は，これまでと同じく認知行動モデルを用いながら，子どもが自分のストレングス（強み）を見出し，健全なライフスタイルを展開させるよう支援することが強調されている。また，社会の中でますます子どもがポルノなどの性情報に触れやすくなっている現状から，大量の性情報にどう対処すべきかという点が追加された。さらに，性問題行動のある子どもの中に，虐待やネグレクトといった逆境的環境で育った子どもがいることを見逃さず，子どもの被害体験の影響を理解していく重要性が追記された。トラウマの影響を理解して関わるトラウマインフォームドな治療教育は，日本の臨床現場においても欠かせない。本章では，『パスウェイズ』第4版で追加された内容や変更点についても説明する。

　治療教育は，基本的な概念をおさえつつ，それぞれの子どものリスクとニーズに合わせた「オーダーメイドな取り組み」である。本章で取り上げるさまざまな実践者の工夫を参考にしつつ，対象児や現場に合わせた取り組みを進展さ

せていきたい。

Ⅱ　境界線を築く実践

1．境界線理解の重要性

　性暴力は，一方的に他者の体に触れたり，覗いたりする身体的・物理的境界線を侵害する行為であり，相手の意思を尊重せずに，気持ちを傷つけたことから，心理的境界線も破っている。ルールや法律という社会的境界線は，人々が安全に安心して暮らすうえで欠かせないものだが，性暴力によって，直接的被害者に深刻な影響がもたらされるだけでなく，身近な人たちや社会全体の安全まで損なわれてしまう。このように，性暴力はあらゆる境界線を破る行為であることから，治療教育において境界線の理解は非常に重要である。

　境界線とは，個人の安全・安心を守るための自他を分ける「一線」である。他者の体や持ち物は，許可なく触れてはいけない（身体的・物理的境界線）。相手のこころに土足で踏み込むような言い方は言葉の暴力であり，一方的に気持ちや考えを決めつけるような言動は，支配的な暴力である（心理的境界線）。お互いに心地よく過ごすには，さまざまなルールを守ることはもちろん，マナーやエチケットといった配慮も求められる（社会的境界線）。

　これらの境界線はどれも社会生活を送るうえで欠かせないが，この一線は，一律に固定的なものではなく，関係性や状況によって変化する流動的なものである。親しい関係性においては OK な距離や接触でも，相手によっては NG になるし，同じ相手でも状況次第で境界線は異なる。また，境界線の感覚自体，人それぞれである。目に見えない境界線を理解することは容易ではなく，だれでも無自覚に踏み越えてしまう可能性がある。だからこそ，相手の意向を尋ねたり，自分の意見を伝えたりするコミュニケーションが必要となる。

　境界線を学ぶうえでの難しさは，こうした状況に合わせた判断が求められるというだけでなく，そもそも子どもは境界線を発達させていく途上にいるからでもある。人は，母子一体だった胎児期・乳幼児期から始まり，成長に伴い少しずつ行動範囲を広げていく。自我が芽生えていく幼児・児童期を経て，親や大人に反抗しながら，自分自身の世界を形成していく思春期に向かう。やがて精神的にも生活面でも自立する青年期を迎えるまでに，自分自身という境界線

が確立されていく。このように児童・思春期の子どもは，人との適切な距離感や相手に配慮した対人関係，そして社会のさまざまなルールを，家庭や学校生活の中で学んでいくのである。

2．境界線を尊重すること・されること

　性問題行動のある子どもの多くは，こうした育ちの過程において，自分の境界線が破られた体験を有している。一般的に，親は子どもを個として捉えて尊重する意識が乏しく，安易に子どものプライバシーに立ち入ったり，「こうすべき」などと親の意向を押しつけたりしがちである。とりわけ性問題行動のある子どもの家庭では，体罰や暴言のような暴力，過保護や過干渉による支配的言動，親の思い通りに育てようとする情緒的ネグレクトなどがみられやすい。児童相談所に通告されるほどの虐待やネグレクトとはいえなくても，どれも子どもの境界線を侵害する養育といえる。あるいは，家庭にドメスティック・バイオレンス（DV）やアディクション（依存症）があり，子どもが家庭内の暴力にさらされ，境界線が尊重されない関係性を目撃して育ったり，子どもの方が親を気にかけて自分の世界を築けなかったりする場合もある。学校や地域でのいじめや性暴力などの被害も，子どもの境界線が破られる体験である。

　性問題行動は，他者の境界線を破る行為であるが，その背景には，少なからず子ども自身の境界線が破られてきた体験がある。子ども自身の境界線が守られない状況のままでは，自他の境界線に気づき，守ろうとすることはできない。しばしば，治療教育では「他者の境界線を破らない」ことだけをルールとして教えようとすることがあるが，まずは子ども自身の境界線が守られているかどうかに目を向ける必要がある。自分の境界線が守られる体験をしてこそ，子どもは境界線の大切さを理解することができる。そのため，治療教育に先立ち，あるいは同時に，家庭や施設などの生活の場の安全を確保していかなければならない。もちろん治療教育の場や支援者との関係においても，子どもの境界線が尊重される体験を重ねていくことが重要である。

3．「真の同意」の理解

　境界線の学習と関連するのが，第4章でもふれた「真の同意」の理解である。境界線を大切にした関係性には，同意が必要である。性的な同意に限ら

ず，対人関係ではあらゆる場面で同意の確認が求められる。物の貸し借りや会話，遊びの中でも，お互いの意向や要求をよく理解したうえで，無理強いをすることなく，両者が納得して「どうするか決める」過程が大切である。断ることもできるという状況の中で選択できるかが重要であり，相手が「嫌」と言わなかったというだけで同意があったと捉えるべきではない。

　加害行為をした側は，しばしば「相手は嫌がっていなかった」と誤認していたり，被害者が「嫌」と言えない状況であったことに思いが及んでいなかったり，相手が嫌がっていてもかまわないと考えていたりする。前述したように，子ども自身が境界線を破られて育つと，自分の意思が尊重された経験が乏しく，同意を得るためには何をしたらよいかといった具体的な手続きがわからないこともある。

　このように，境界線や真の同意についての学習は，子ども自身が経験してきたできごとや関係性をよく聴きながら，「安全・安心のためには何が必要か」「具体的にどうしたらよいか」を子どもと一緒に考えていくことが大切である。また，目に見えない境界線や同意を理解するには，子どもがわかりやすいイメージを用いて，それらの概念を具体的につかめるようにしなければならない。日常生活のさまざまな場面や体験を取り上げながら，子どもが楽しく学べるように工夫したい。

　また，境界線については，親や施設職員など，子どもと生活をともにする大人の理解が不可欠である。大人の側が子どもの年齢や発達に合わせた境界線を引くことができているか，家庭や施設での物理的・社会的境界線が守られているかを見直し，調整していく。例えば，部屋割り（自室の有無や寝室の配置等），浴室やトイレなどプライベートな空間の使い方など，具体的に把握する。大人自身が育った環境や価値観によって，境界線が曖昧であったり，侵入的なものであったりすることはめずらしくない。親子の間で安全な境界線が引けていないだけでなく，祖父母世代の意見や価値観が強く，親としての権限が持てないといった世代間の境界線の問題があることも少なくない。

　支援者が一方的に指示するのではなく，境界線の概念を親や施設職員と共有し，子どもが健全で安全な境界線を築けるようになるために大人ができることを一緒に考えていく姿勢を持ちたい。

支援学校における境界線の取り組み

傷つかないように，気づいて，築く「境界線」

支援学校の現場で，養護教諭として性問題行動のある知的障がいや発達障がいの子どもへの指導・支援を実践してきた。そのような子どもに個別指導を行うと，子どもが境界線を破った事実と，またその反対に境界線を破られた経験が語られることが多い。加害した子どものこころの根底には，被害を受けたつらい経験がある。

「境界線」を指導する目的は，傷つかないように自分を守るためであり，相手や周りの人の思いに気づいてお互いに安全安心に暮らしていくためだ。そして，境界線破りがあった時や境界線がわからない時に，話し合うことで具体的なルールとして共有できる境界線を築くことである。このことから，「境界線」は性問題行動のある子どもに限らず，子どもも大人もだれもが学ぶ必要があるといえる。学校は社会に出る前の大切な場所であり，境界線を学ぶ最適な場所だと思う。

ここでは，教育現場や家庭も含めて，境界線を意識できる指導実践のポイントや工夫を紹介したい。

「境界線」の授業における指導アイデア

(1) 写真や動画の活用

体や所有物，空間に関する「物理的境界線」と，生活の中にあるさまざまなルールやマナーなどの「社会的境界線」はもっとも教えやすい内容である。学校生活でのさまざまな場面を取り上げ，子どもに考えてもらえるような教材作りを目指した（図5）。例えば，「友達の机の上にある筆箱を勝手に触ってよいか？」「いきなり体を触られたらどう思うか？」「電車やバスの中でのマナーは？」「着替える場所での工夫は？」「ルールを守らない人がいると周りの人はどう思う？」などをテーマに，具体的な場面を教員が登場する写真や動画を使ったり，実際に教員が演じたりして，視覚的にわかりやすくした。

写真や動画にはたくさんの教員が登場するため，子どもにとっては，周りの大人が境界線を意識していることが伝わり，学校全体のルールや約束であると感じ

ることができる。また，教材作成
の準備の中で教員同士が話し合い
ながら写真や動画を撮影すること
で，子どもの課題についての議論
や相談が交わされ，自然と指導の
方針が共有できた。

「社会的境界線」においては，学
校生活の具体的な決まりやルール
を取り上げるとわかりやすい。例
えば，時間を守って行動をするこ

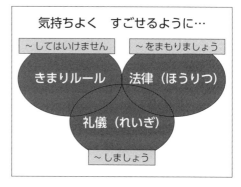

図5　社会的境界線

とや，授業中は勝手に立ち歩かないといったルール，朝登校すれば「おはよう」
と挨拶する礼儀など，日々の生活で教えられることはたくさんある。交通マナー
や飲酒喫煙・薬物などの法律も，自分の安全や健康を守るものだと伝えることが
できる。

安全な「人との距離，腕１本分」（図６）を指導する際には，次のような実験
を見せている。２人の教員がお互いに向き合い，一方の教員が遠い距離からもう
１人の教員に向かってゆっくり近づき，これ以上近づかないでほしいところで
「ストップ！」と言う。すると，必ず腕１本分よりも外で止まることがわかる。
その後，引き続き，もう１人の教員にその腕１本分の距離の内側に近づいてもら
い，その時の近づかれた教員の表情を見て，近づいた教員に相手の気持ちを聞く
と，不快な表情や，「恐い，びっくりする，気持ち悪い」など，相手の感情を推
察することができる。

実際に子どもがこの実験をする
と，ふざけてしまうことがあるの
で，子どもの実態に合わせて実施
方法を検討するとよい。また，人
がたくさん集まる場所など，腕１
本分の境界線が保てない場面はさ
まざまあるので，境界線は相手や
場面，場所で変わることも伝える
必要がある。

図6　人との距離，腕１本分

(2) 歌や踊りを取り入れる

境界線の指導については，子どもにわかりやすく，そして記憶に残る教え方を常に考えていたなか，音楽とリズムが入ると子どもの反応がよいと感じていた。そこで思いついたのが「境界線音頭」（図7）である。簡単な踊りと歌

境界線音頭（きょうかいせんおんど）♪

きょうかいせん【右うでを横にのばす】
きょうかいせん【左うでを横にのばす】
きょうかいせん【両うでをのばして
　　　　　　　　体を右まわりに回転】
きょうかいせん【両うでをのばして
　　　　　　　　体を左まわりに回転】
あなたとわたしの　きょうかいせん♪

図7　境界線音頭

で「人との距離（片腕の距離）」を伝えることができる。教員が対になり，腕を伸ばし，その腕の先が自分と他者との境界線を意識できるように踊る。「境界線，境界線，私とあなたの境界線」と歌いながら踊ると，支援学校の現場では，子ども皆で一緒に踊るようになった。それまで，授業以外の学校生活の場面で「距離が近い。離れなさい」と子どもに注意すると，反発的な態度をとられてしまうことがあった。好ましくない距離やタッチがあった時に，子どもを叱ることなく，教員が歌ったり踊ったりするだけで注意や促しができるようになると，子どもも話を聞いてくれるようになった。

　ほかにも，体感的にわかる境界線の指導として，傘をさしながら狭い道をすれ違う時に，傘が当たらないようにするための工夫を考え実際に教室で実演したり，教室内をほかの子どもや教員とぶつからないように自由に歩いてみたりすることもある。

　プライベートパーツ（性器や唇）は，性の境界線を示すもので，身体的・心理的・社会的境界線のすべてを含み，どの年代であっても何度も伝えておく必要がある。その性行動のルールについても，歌を作り（図8），プライベートパーツを大切にする思いが伝わるように工夫した。

プライベートパーツのうた

みせない　さわらない　プライベートパーツ
みせない　さわらない　プライベートパーツ
たいせつ　たいせつ　プライベートパーツ
みんなで　まもろう　このからだ
みんなで　まもれば　いいなかま
せいしんいりょうセンター・ぶんきょうしつの
　　やくそく
みせない　さわらない　プライベートパーツ
みせない　さわらない　プライベートパーツ

(3) 遊びやスポーツから学ぶ「境界線」と「気持ち」

　境界線を学ぶ際にもっとも大事なことは，「気持ち学習」である。快・不快や喜怒哀楽といった気持

図8　プライベートパーツの歌

ちを理解できていない，もしくは感じないようにしていることで，人の気持ちや相手との距離感もつかめなくなっていると感じた。自分の気持ちに気づくことは，衝動コントロールができるようになるためには欠かせないし，相手の気持ちを考えるためにも必要なことだ。

　支援学校での自立活動の一環として，学校のグランドでドッチボールやリレー，鬼ごっこなど体を使ったスポーツや遊びを取り入れた授業の中で，「境界線」や「気持ち」を意識した指導を心がけている。特に，活動中に感じた気持ちを教員が積極的に言語化するようにした。子どもの気持ちの言語化を促す前に，教員が「緊張する，楽しい，恐い」など表現すると，自然と子どもたちも「気持ち」を言語化できるようになった。

　また，さまざまな活動にはルールがあり約束がある。しかし，細かいことでのルールの取り違いや誤解などから，子ども同士のトラブルに発展することが多かった。そこで，子どもや教員が全員で話し合う時間をとるようにした。ホワイトボードに，トラブルになった場面やルールが複雑で混乱している場面を図にして書き出し，子どもや教員が意見を言い合い，新たなルール作りを行った。話し合える環境があるとわかった子どもは，活動でのトラブルや疑問があった時に教員に相談しにくるようになり，そのたびに話し合いを重ねた。子どもの眼差しが日に日に変わっていった。

　さらに，性暴力の被害防止の観点からも「やめて」としっかり意思表示できるようになってほしいと常日頃思っていた。そこで，皆が知っている遊びである「鬼ごっこ」を通して「やめて」を学ぶ「やめて鬼ごっこ」を思いついた。ルールは，鬼は教員が担当し，子どもは逃げる。氷鬼ごっこと同じルールで，鬼にタッチされたら，その場で止まり，周りの助けを呼び子どもにタッチされれば復活し逃げることができる。このルールに加えて，子どもが鬼に向かって目を見て指を差しながら「やめて！」と言うと，鬼が5秒止まる，という新たなルールを追加した。その他の工夫として，子どもの走力によって鬼を増やしたり，鬼が止まる時間を短くしたり，子どもが鬼役をすることもできる。

言葉の暴力を考える

　心理的境界線は見えにくいため，「相手は不快に感じていないか」と察したり，尋ねたりしないと，知らず知らずのうちに相手のこころに土足で踏み込むような

境界線破りをしてしまっているかもしれない。子どもの中には，ひどい言葉を投げかけられ傷ついていたり，反対に人が傷つくような言葉を平気で言ってしまったりすることもあった。そこで，暴言や暴力による子ども同士のトラブルがあった際には，教員がふり返りを行っている。できごとを詳細にふり返り，その時，どのような気持ちを感じ，どのように考えたかを丁寧に聞き取る。その中で，必ず，言葉の暴力について取り上げ，相手の気持ちや本当に伝えたいことは何かを一緒に考え，言語化を促している。集団指導においては，道徳や自立活動の授業の中で，言葉の暴力について，言葉の意味や相手がどう思うか，自分ならどう思うかを全員で話し合うようにしている。

いつでも，どこでも，だれでも指導できる「境界線」

　境界線を含めた性に関する指導については，保護者には「ほけんだより」を通じて発信し，PTAの保護者会などでその実践を紹介したり，父親の会を開いて伝えたりすることもあった。

　保護者からの相談などに対応する中で，家庭での境界線を意識してもらうことも重要だと感じた。親が，子ども部屋に入る時にノックもせずに部屋に入る，子どもが着る服を親が毎日決めて用意しているなど，そうしたことを当たり前のように捉えている家庭や大人も多いように感じる。しかし，子どもの立場からすると，勝手に部屋に入られたと感じたり，自分がすべき選択の機会を奪われたり，大人に境界線を破られる体験ともいえる。また，マスターベーションに関する相談も多い。家族がその場面を目撃して困っていることもあったので，個別に境界線や気持ちを理解する指導を実施し，家でのプライベートな空間や場所の工夫と時間をどのように確保するか，本人や保護者と一緒に考えることもあった。

　学校での境界線に関する指導において，個別や集団指導での性教育を実施するにあたっては，養護教諭だけでなく担任やその他の教員を巻き込んで実施するように努めた。家庭だけでなく，学校も含め，たくさんの大人が子どもに関わり，いつでも，どこでも，だれでも，「境界線」の指導ができる社会こそ，すべての人にとっての安全な社会だと思う。これからも粘り強く取り組んでいきたい。

船木雄太郎

（大阪府立刀根山支援学校）

４．実践例のポイント

　支援学校での実践であり，知的障がいのある子どもたちに境界線について教える意義と工夫がわかりやすく紹介されている。実践者は，養護教諭として，性問題行動をとった子どもの背景に被害体験があることを認識している。事実，障がいや発達の偏りのある子どもは，いじめや性被害などのトラウマを負っていることが多く，教員が「こころの根底」にあるものに目を向ける姿勢は重要である。

　実践者は，境界線を性問題行動のある子どもだけでなく，「だれもが学ぶ必要がある」ものと捉え，学校を「境界線を学ぶ最適な場」として位置づけている。すべての子どもが境界線について学ぶことは，子どもたちの自立支援になるとともに，性問題行動を含むさまざまな暴力（いじめやハラスメントなど）の予防につながる。どの学校でも取り入れてほしい実践である。

　知的障がいのある子どもに，目に見えない境界線を教えるのは難しいという声も聞くが，実践者のさまざまな工夫は参考になるだろう。境界線の例として，身近にある具体的な場面で説明したり，大勢の教員が教材に登場したりすることで，子どもにとっては，わかりやすさだけでなく，周りの大人も境界線を意識しているというメッセージが伝わる。そして，教員がよいモデルになるのは，子どもとの信頼関係を築くことにもつながる。教員同士が「指導の方針を共有し」，コミュニケーションがとれていることは，教員の業務負担を軽減すること以上に，子どもにとって対等で安全な関係性を示すモデルになる。

　「境界線音頭」という踊りや「やめて鬼ごっこ」の遊びなど，子どもが楽しみながら距離感をつかみ，「やめて」と言葉にする練習ができるのも，素晴らしいアイデアである。何より，実践者が楽しみながら治療教育に取り組んでいることが報告から伝わる。学校生活の中で，教員自身が「気持ちの言語化」を行い，日々のトラブルを丁寧に取り上げて話し合い，子ども自身が「ルール作り」に参加するなど，治療教育の学習の時間（枠）にとらわれず，生活全体を治療的（therapeutic）な場にすることはとても大切である。

　こうした学校での取り組みについて，「ほけんだより」や「PTA の保護者会」を通じて発信したり，男性養護教諭である立場を生かして「父親の会」を開いたりするなど，積極的に家庭との連携や協働が図られている。学校や施設では，子どもの性に対する指導や教育に関心のある教職員だけが熱心に取り組

み，異動や辞職によって活動が継続されないことがある。治療教育は，実施者との関係性の中だけで行えるものではなく，ふだんの生活での活用や練習が不可欠である。そのため，まず，組織全体で治療教育を行う体制を作り，子どもに関わる教職員や保護者と協働していくことが望まれる。

　知的障がいのある子どもの性問題行動としてしばしば挙げられるマスターベーションの相談に対しても，境界線の観点から本人や保護者と一緒に考えている。教員が「やめさせよう」と禁止したり，ルールだけを教え込むような指導をしたりするのではなく，性について安心して相談できて，率直に話し合える体験を重ねることが，子どもと家族の安心につながる。コミュニケーションを広げ，深めていくような実践が求められる。

Ⅲ　気持ちへの気づきを促す

1．自分の気持ちがわからない

　性暴力は，性行為ではなく，性行動を通じた「暴力」である。性欲や性的関心だけで起こるものではなく，支配やパワーにまつわる問題であり，自分本位な欲求を押しつけ，相手の境界線を破った侵入的な関係性を持つことである。攻撃的な言動の背景にある怒りの感情は，しばしば無力感やみじめさ，空虚感などの気持ちとともに生じている。また，だれかに甘えたい，安心したいという気持ちが，自己中心的な行動につながっていることもある。性暴力は，こうした何らかの感情や考えとつながった行動化であり，本人にとってはそれなりの欲求充足をもたらす行動である。習慣化された行動であるため，本人は自覚しにくく，たとえ「よくないこと」と頭でわかったとしても，すぐに変えられるものでもない。変化のためには，行動の根底にある感情や認知と行動のつながりを理解する必要があり，治療教育では気持ちへの気づきを促していくことが欠かせない。

　他者を傷つける性暴力を行うと，「相手（被害者）の気持ちを考えなさい」という指導がされることが多い。確かに，性暴力は相手（被害者）の気持ちを無視した行為であり，心理的境界線を破るものである。しかし，性問題行動のある子どもは，相手の気持ちの前に，自分自身の気持ちがわからないことが少なくない。家庭や学校で，自分の気持ちを十分に聴いてもらえず，感情を表出

しても「がまんしなさい」「弱音を吐くべきではない」「うるさい」などと否定される経験を重ねると，気持ちを表すことをあきらめたり，そもそも苦痛を感じないようにしてやりすごしたりするようになる。虐待やいじめなどのトラウマ体験がケアされていなければ，不当なできごとに対する正当な怒りを抑圧し，内心ではいつもイライラしながらも，表面上は何事もなかったようにふるまうこともある。

　そのため，まずは安全な関係性の中で，子どもが自分の気持ちに目を向けられるようになることが大切である。自分の気持ちが認められるようになって初めて，周囲や被害者の気持ちも考えられるようになる。感情的に共感するところまでいかなくても，「境界線を破られれば，相手はこんな気持ちになるかもしれない」と考えられるようになるだけでもよい。

2．感情を恐れ，回避する

　性問題行動のある子どもにとって，気持ちに気づくことは容易ではない。自分自身の気持ちがわからないというのは，より正確に述べるなら「気持ちをわからないようにしている」状態といえる。どんな子どもにも感情があり，だれもが常に何らかの感情とともに行動している。また，どんな感情にも意味があり，人にとって欠かせないものである。例えば，怒りの気持ちは自分の境界線が破られたことを教えてくれる感情であり，イラッとした時に，その場を離れたり，断ったりすることで，自分の安全を守ることができる。不安を覚えた時には，何らかの危機に備えることができるし，悲しみにひたることで，喪失の気持ちが整理される。自分の感情に気づき，それをサインとして受け止め適切に対処できれば，安全な暮らしにつながるだけでなく，人生も豊かになる。

　こうした感情の働きを機能させないようにしているのは，子どもが感情を恐れ，回避しているからである。不快な感情だけでなく，楽しいとか嬉しいといった感情でさえ，感じないようにしていることがある。「気持ちを感じても，つらいだけ」「喜んでも，どうせがっかりさせられる」という否定的な認知によって，気持ちを感じるのを恐れている。自分の苦痛な気持ちを「たいしたことではない」「別に平気」と否認した状態のまま，相手（被害者）の気持ちを考えさせても，「たいしたことないだろう」「平気なはず」と思ってしまう。そこで支援者が強引に，被害者の傷つきについて教えようとすれば，子どもは

「自分だってやられた」と訴えようとするだろう。支援者が，子ども自身が経験した不当な体験に対する正当な怒りを妥当なものだと認めつつ，ひとりで苦痛な感情を抑圧しながら対処して，それを性暴力という形で表すことは何の解決にもならないと伝えていく必要がある。

　治療教育において感情を扱う際は，子ども自身の過去の被害体験の影響を念頭に置きつつ，現在の子どもの心理状態に焦点を当てる。また，子ども自身の気持ちを扱いながら，被害者の気持ちにも目を向けさせる。このバランスをうまくとらないと，過去のできごとばかりにとらわれて，子ども自身の課題に向き合えなくなったり，実感の伴わない被害者理解に終わってしまったりする。

3．気持ちを感じるための基盤づくり

　気持ちの学習でもっとも重要なのは，子ども自身が「気持ちを感じる」体験を重ねることである。気持ちの名前を頭で覚えるのではなく，たとえうまく言い表せなくても，支援者やグループのメンバーとともに，不満や不安，緊張や焦り，楽しさや安堵といった気持ちを味わうことに意味がある。自分の感情に気づき，それを他者に受け止めてもらえた時，子どもは気持ちを適切に表すことが安全で安心につながる方法だと理解できる。自分の思いが受容される体験は，子どものエンパワーにつながり，それが子どもの変化への動機づけを高めるのである。

　感情調整の対処法（コーピング）として，呼吸法や筋弛緩法などのリラクセーションスキルの練習も欠かせないが，すぐにうまくできるものではない。生活の場が安全ではなく，緊張が伴う状況ならば，リラックスできないのももっともである。リラックスに不慣れであるという子どもの状態を受け止めながら，日常のちょっとした不安や緊張に対処するための方法としてリラクセーションスキルを練習していくとよい。子どもなりに取り組めたことがあれば，十分にほめる。イライラや落ちこみなどに対処できる自信がついていくと，子どもの自己効力感も高まっていく。

　子どもの気持ちを受け止め，生活の場を安全なものにしていくには，周囲の大人の態度や関与が鍵になる。子どもが自分の気持ちに気づき，表現するには，安全な関係性が基盤となる。しかし，性問題行動のある子どもの家族は，家庭内にさまざまな葛藤を抱えていることが多い。DVやアディクションと

いった安全や安心を損なう問題が起きていたり，体罰や過保護・過干渉など境界線を破る養育が行われていたり，親自身がトラウマを抱え，うまく感情表出ができなかったりすることもある。治療教育は，子どもだけが取り組むものではなく，身近なサポーターとなる親や施設職員の関与が大切であり，安全のための環境調整がその前提となる。支援者は，子どもの感情面の発達が阻害されている状況をアセスメントし，親や施設職員，家庭や施設の環境に対する働きかけを行う。

　基本的には，大人も子どもと同じような気持ちの学習課題に取り組むが，子どもよりも感情の否認が強く，感情表出への抵抗が生じることがある。支援者との信頼関係を基盤に，大人にも率直に気持ちを表すことによる安心感を体験してもらうしかない。治療関係において信頼を得るために，支援者もまたオープンで率直であることを心がけ，支援対象者にとって「助けになる」というアベイラブルな（あてになる）存在となることを目指したい。

実践例

感情を育む取り組み──親子並行グループでの実践から

性問題行動と感情の発達

　子どもが性問題行動に至るまでのどこかの時点でストレス（欲求不満＝満たされなさ）の要因となるような体験をして，否定的な感情が生じるものの，それに適切に対処できないことによって性加害に至ると考えられている。とはいえ，子ども自身はそうした負の感情に蓋をしており，自分にとって何がストレス要因になったのかに気づいていないことが多い。

　その背景には，生来の発達障がいの傾向により共感性など情緒の発達に困難を抱えている場合もあれば，親など周囲の大人が子どもの感情よりも学校や社会での達成や表面的な適応を重視していることで，子どもの感情の育ちが未熟な場合もある。より重篤な状況では，虐待やいじめ被害など，強い否定的な感情体験をした結果，自分自身の感情を麻痺させ，ストレス状態にあっても，つらさや苦痛を感じられなくなっている場合もある。

　いずれにしても，ストレス状況においてイライラや怒りの爆発といった衝動性

の高い形で行動化することで，ストレスを発散しやすい状態といえる。性問題行動もそういった行動化のひとつであり，治療教育では，子どもや保護者が自分の気持ちに気づき，表現し，受け入れられる場をいかに提供できるかが重要となる。

さまざまな感情を理解する

感情にはさまざまなものがあると理解することからスタートする。「気持ちの名前をできるだけ多く出そう」といったワークから始め，子どもと一緒に「感情カード」を作るというやり方もある。グループであれば，チームに分かれて「どちらが多く気持ちを表す言葉を出せるか」を競い合うこともできる。子どもが取り組みやすいワークを通して，気持ちにはさまざまな種類のものがあること，どんな気持ちも感じることは OK であり，気持ちそのものによい悪いはないこと，どんな気落ちも大切なものであると伝える。

次に，状況と気持ちのつながりを意識できるようにワークを進める。前のワークで作成した「感情カード」があれば，それを利用して「この気持ちを感じるのはどんな時？」と問いかける。性加害行動に至った子どもは，一般的に気持ちのバリエーションが少なく，特に「イライラする」「ムカつく」など状況や他者に対する非難や不満の感情を挙げることが多い。気持ちを表現してうまくいった経験が少ないために，対人関係もうまくいかず，一方的に不満を募らせている状態といえる。子どもが感じていることはしっかり受容しつつ，少しずつほかの気持ちにも気づけるよう促していく。グループでは，同じ状況でも人によって感じる気持ちは異なるということにも気づきやすい。

怒りの氷山

「怒り」や「イライラ」と自覚されているこころの中では，さまざまな気持ちが同時に生じている。つまり，怒りは氷山のようなものである。本人が怒り以外を感じられない時にも，氷山のように海面より上に出ている感情はごく一部で，見えていない部分（海面より下）にさまざまな気持ちが隠れていることを氷山の図を見せながら説明する。氷山の下に隠れている気持ちを見つけてみようと促し，支援者と一緒にワークを通じて探っていく。

はじめから自分の性加害行動のエピソードに直面化することは抵抗が大きいの

で，架空事例を用いる。事例に描かれた登場人物が怒りを爆発させ，行動で表したエピソードを読み上げ，その行動の裏にどんな気持ちがあったのか意見を出し合い，理解を深める。その後，自分が怒りで行動化したエピソードを出し，その裏にあった気持ちを探っていく。「イライラ」「ムカつく」「後悔」「悲しみ」「がっかり」といった否定的な気持ちが大半であっても，「期待」や「わくわく」など肯定的な気持ちもあったかもしれない。「期待」していたからこそ「がっかり」する気持ちが大きくなるといったことも，氷山のワークを通じて学ぶことができる。グループであれば，エピソードを発表し合うことで，自分の気持ちを言葉で表すトレーニングになるだけでなく，表現した気持ちをメンバーに受容され，共感してもらう貴重な体験となる。

　ASDなど発達障がいと診断されている子どもは，共感を伴って感情を体験することが難しいかもしれないが，「こういう時はこういう気持ちになる」ということを知識として身につけておくと，のちの被害者理解にもつながる。

気持ちの強さとコントロール

　次に，感情には強さがあることを学ぶ。感情が強さとともに自覚できるようになると，それに合わせて対処できるようになる。そして対処することで感情の強さが下がることが実感できれば，自己コントロール感を高めることができる。さまざまなできごとを例に挙げ，その時の感情と強さを温度計（0-10，もしくは0-100など）で表す。トラウマとなる体験があって感情を麻痺させているような場合，感情の取り扱いはより慎重に行う。トラウマ体験をした時に気持ちを感じにくくなることはよくあることで，強い感情が突然わき起こって動揺するのも当然であると伝え，事前にリラクセーションスキルを教えておくことも必要である。また，強い感情は強いまま長続きはせず，時間の経過により必ず強さ（温度）が下がることも教えておく。何とかその時間をしのげば，冷静な思考が戻ってくると伝えることで，子どもは自分の感情をコントロールしやすくなる。

　否定的な感情の強さを和らげたり，感じることを回避したりするために，ゲームやネット動画にはまっている子どもも多い。対処法のひとつとして否定はせず，ゲームやネット動画にはまることで感情に圧倒されずにすむという効果もあるが，逆に行動のコントロールを失い，生活全体の質を下げてしまうことにも徐々に目を向けられるようにしていく。子どもによっては，それ以外の対処法を

知らない，してはいけないと考えている場合も多い。そのため，さまざまなストレス発散や気分転換の方法を紹介しながら，自分に合ったものを見つけていけるようにする。グループでは，ゲームやネット動画以外のさまざまな対処法が紹介され，ゲームのよいところと悪いところの両面について意見を出し合う機会もあるため，子どもが偏った考え方から脱しやすくなる。

衝動性のコントロール

トラウマの影響が強い場合，または感情に蓋をしてきた期間が長く，状況によっては衝動的に行動化しやすくなっている場合など，子どもの行動傾向に合わせた衝動コントロール法を身につける必要がある。治療教育における「警戒警報と傘」と呼ばれる課題では，自分が行動化しやすい状況とその時の感情を支援者と一緒に特定し，「孤独」や「恥」の感覚を強く感じる時など，リスクが高まった状況においてどのような対処法をとることができるか，前もって計画しておく。こうした準備と計画と練習が，再発防止には欠かせない。

自分の感情とその強さを知り，できるだけ早い段階で対処できればよいが，もし強い感情に圧倒されそうになった場合にも，だれかに相談するなど周囲の助けを得ることによって行動化を止められることを伝え，子どもに合った再発防止計画の作成を助けていく。

保護者や家族への支援

保護者にとっても，感情への気づきを高め，適切な対処スキルを身につけるのは難しいことである。子どもの感情のケアやサポートを取り扱う前に，保護者が自分の感情をどう捉え，どう向き合っているのかを知ることが大切である。大人になると，他者に感情を話す機会が少なくなり，また，話さないからといって生活が破綻するわけでもないため，保護者は感情を軽視しやすくなるものである。

感情への気づきを促し，適切に表現できるようになることが行動のコントロールにつながると保護者に実感してもらえるよう，保護者にも子どもと同様のワークを提供する。グループでは，「嬉しかったこと」「悲しかったこと」など感情についてのテーマを設定し，エピソードを話す立場と聴く立場のそれぞれの役割を体験してもらうワークを取り入れている。話してみてどうだったか，聴く時にどんな工夫をしたか，相手の聴き方により話しやすさはどう変わったかなどを話し

合うことで，気持ちを表現することの効果を実感する機会としている。夫婦で
も，感情への認識や感度，コントロールの度合いは異なるものである。夫婦が自
分の感情をコントロールしつつ，必要に応じて相手の感情のサポートもできるよ
うになることが望ましい。

　感情の取り扱いについて苦手意識を持つメンバーも，グループでは，ほかの家
族の話からよいところを取り入れようとする姿がみられる。家族で面と向かって
話すことには抵抗があっても，グループ内でほかのメンバーがいることに力を得
て，自分の気持ちを話し，相手に受け入れられるという体験をした夫婦もあっ
た。妻が感情のコントロールを失った状態になることを恐れ，感情に触れること
を回避し，相手に向き合うことができなかった夫が，感情の学習を通して少しず
つ妻の状況を理解し，共感を示せるようになることで，妻も自分の感情をコント
ロールしやすくなるといったケースもあった。

　保護者であっても，自分の気持ちが受け入れられるという体験がなければ，子
どもに共感することは難しい。グループのメンバーからサポートを得ることで，
子どもが性加害を行った当時の否定的な感情を表現しても，保護者自身の自責感
や自己否定感に圧倒されず，少しずつ落ち着いて子どもの行動に向き合えるよう
になっていく。ほかのメンバーに気持ちを受け止めてもらえたと感じた保護者
は，子どもの気持ちも共感的に受け止めることができるようになっていく。治療
教育では，子どもも保護者も，家庭内で気持ちをオープンに扱えるようになるこ
とが目指される。

丸橋正子

（大阪府中央子ども家庭センター）

4．実践例のポイント

　児童相談所における親子並行プログラムの実践から，親子それぞれに対する
感情の学習のコツや工夫が具体的に紹介されている。子どもが安全に感情に気
づき，表現できるようになるには，それを落ち着いて受け止めてくれる親の存
在が不可欠であり，親としても，子どもが穏やかにニーズを伝えられるように
なれば，冷静に対応しやすくなる。しばしば悪循環が生じている親子のやりと
りを，お互いにとって好循環となるものに変えていくうえで，親子双方に対す
る感情の学習はとても有益なものである。

治療教育で感情を扱うにあたっては，まず，支援者が「性問題行動と感情の発達」のメカニズム（機序）を理解している必要がある。「負の感情に蓋」をすることが性加害に至る一因であると理解していなければ，拙速に反省を促そうとしてかえって子どもの「負の感情」を強めてしまったり，なかには「負の感情」の発散のためにポルノを見せるといった不適切な対応がなされたりすることもある。自分の気持ちの気づきと表現が「受け入れられる場」を提供できるかどうかが，治療教育の成果を左右する。

　実践例では，気持ちの学習として，「さまざまな感情の理解」「隠れた感情の理解（怒りの氷山）」「感情の強さとコントロール」「衝動性のコントロール」の4つが紹介されている。ゲーム形式や架空事例の活用など，子どもも大人も楽しみながら抵抗なく取り組める工夫がなされている。これらは1回ないし数回のセッションで行うようなものではなく，治療教育を通して，常に感情が扱われる。グループであれば，ほかのメンバーの意見から「人によって感じる気持ちは異なる」，自分が表現した気持ちを「メンバーに受容され，共感してもらう」，さまざまな対処法について意見を出し合うことで「子どもが偏った考え方から脱しやすくなる」など，非常にメリットが大きいことがわかる。

　こうした有益な体験ができるのは，グループの場が安全であることが前提となる。グループは，お互いに学び合い，成長し合う場となるが，安全が損なわれると，あっという間に否定的・破壊的な力動が生じる場でもある。気持ちを表すことが「カッコ悪い」「弱い」と評価される場では，メンバーはより防衛的・攻撃的にふるまうようになる。また，犠牲者的なふるまいによって，「わからない」「別に…」といった無力なふり（思考の誤り）が強まると，グループは非生産的な場になる。例えば，子どもから，親や教員，支援者（児童相談所）への不満や怒りが表明されることは，それまで言えずにいた感情の表出として成長の表れでもあるが，不平や文句に終始するなら他者非難（思考の誤り）であり，自分の課題や責任に向き合わない態度となる。これは，グループに限らず，個別支援でも起こるものであり，親にもいえることである。支援者には，子どもや親の率直な気持ちを受容しつつ，不満を言い訳にして現状維持を選ぶのか直面化させながら，本人や家族にとってよりよい選択を支えていく姿勢が求められる。こうした家族へのエンパワメントは，「保護者や家族への支援」にも詳細に説明されている。

気持ちへの気づきは，治療教育の修了後も他者とのコミュニケーションやストレスマネジメントにおいて役立つだけでなく，「警戒警報と傘」と呼ばれる再発防止の取り組みにとっても重要である。治療教育によって，全般的な再発リスクが低下しても，生活の変化や偶発的なできごとなどによって，急性リスクが高まることがある。そうした場面をあらかじめ想定して準備しておくとともに，自分の心理的な状態を自覚し，強い感情でも対処できるようなコーピングの練習を続けるよう励ましていく必要がある。

IV　責任ある考えを伝える

1．思考の誤りが性問題行動につながる

性暴力は，「自分の行動は自分でコントロールする」という自身の責任を放棄し，だれかのせい，何かのせいにするという無責任な考えによる行動である。そして，性問題行動のある子どもは，性暴力をした時だけでなく，日常生活の中でもこうした無責任な考えがみられる。嘘やごまかしが多く，責任転嫁や他者非難によって周囲を攻撃し，「自分もつらかったから仕方がない」「自分こそ被害者」といった被害者のふりで，自分の行動を正当化する。そのため，治療教育においては，無責任な行動化につながる考えとして「思考の誤り」を扱う。思考の誤りは，自分の行動に対する責任を否認する考えである。治療教育に対しても，「わからない」「もう大丈夫」といった無力なふりや否認といった思考の誤りがよくみられる。

治療教育では，こうした思考の誤りが性問題行動につながったことを子ども自身が理解し，さらに日常生活の中で用いている思考の誤りに気づき，責任ある考えへと修正することを促す。責任ある考えができるようになることは，自立・成長には欠かせないものであり，性問題行動の再発防止に留まらず，よりよい人生（グッドライフ）を送るうえでも大切である。

思考の誤りは無責任な考えであるが，だれもがふだんから用いているものである。自分にとって都合の悪い話はあまり詳細に話さないようにしたり，自分にとって都合よく話を盛ったり，あれこれ言い訳をしてしまうことは，多少なりともだれにでもあることだろう。しかし，ごまかしが多くなれば，偽りの自分を生きることになり，周囲の信用も失っていく。その時はよくても，結果的

に，よりよい人生を自分から遠ざけてしまう。逆に，自分に自信があり，よい状態にある時には，思考の誤りは用いられないものである。つまり，無責任な考えが生じている時は，本人が自信を失い，何らかの困りごとを抱えている状況であるといえる。

2．身近にある思考の誤りを見つける

　支援者は，思考の誤りをなくそう，正そうとするのではなく，子ども自身がよりよい人生を送るために，自分の思考に目を向けていくよう促していく。思考の誤りは，自分の状態を示すサインであり，自分でそれに気づけるようになることが大切である。そのため，まずは「思考の誤りリスト」を用いて，どんな思考の誤りがあるか，どうしてそれが無責任な考えなのか，自分にとってどのような結果を招くことになるかを考え，身近な発言にみられる思考の誤りを探していく。たくさん見つかるはずだ。子どもにとって，頭の中で浮かんでいる認知を特定することは難しい課題なので，できるだけ具体的に，身近な例から学んでいくとよい。性暴力をした時に用いた思考の誤りを特定する前に，日常生活でふだんから使っている無責任な考えから扱う。そして，4つの壁（第4章参照）の学習では，2つ目の壁（内的バリア）を破る思考の誤りとして，性暴力の際に浮かんでいた考えを取り上げる。

　性問題行動を含め，非行行動のある子どもは，自分の感情に向き合う課題よりも，自身の思考のパターンに気づく方が学習を進めやすいことが多い。思考の誤りは，多かれ少なかれ，だれにでもあるものだし，支援者とともに，あるいはグループならメンバーと一緒に探していくのは楽しい取り組みである。とはいえ，自分の無責任な考えを「事実を述べているだけ」「実際にそうなのだから仕方がない」など，それが誤りとは限らないと主張することもある。

　例えば，「いつも親は話を聞いてくれない」「相手（被害者）が先にちょっかいをかけてきたのだから，かまわない」など，自分の考えの正当性を訴える場合である。実際には，「いつも（100％）」とは限らないし，相手の態度がどうであれ，最終的に性暴力を選択したのは「相手（被害者）」ではなく，子ども自身である。しかし，支援者が「それは思考の誤りだ」と教え込もうとすると，かえって頑なに自分の責任を否認するようになる。「どうしてそう思うの？」と子どもの考えをよく聞き，「いつも」と感じるほど親に受容されていないと

感じる不満や怒りを十分に受け止めると，落ち着いて考えなおせることが多い。「一度も？」と例外探しをするなど，実際の生活をふり返ると，より現実的な思考に修正しやすい。被害者に責任転嫁する場合は，改めて境界線と真の同意について復習するのが役に立つ。

3．責任ある考えとは何か

　責任ある考えとは，現実的で前向きな思考をいう。「やられたからやりかえす」「どうせ」といった犠牲者の考えではなく，たとえつらいことがあっても前向きに生きるサバイバーの考えである。性問題行動がある子どもの中には，彼ら自身が虐待やいじめといった被害を受けている場合が少なくない。前向きな生き方というと，なかには「たいしたことではなかった」「自分は平気」といった考えに切り替えようとする子どもがいる。親や，時に支援者も「過去を忘れて，前を向いて」と促すことがある。しかし，自分の傷つきを否認することは犠牲者的であり，つらい気持ちを認めることは，勇気あるサバイバー的考えである。被害を受けた自分には非がなく，自分の価値が損なわれたわけではないと考えることで，回復する責任を担う決意ができる。

　虐待やいじめ，性被害などがトラウマとなっていると，「自分が悪い」「自分はおかしい（汚れている）」といった，自分を責めるような非機能的認知が強まる。こうした認知が自暴自棄な行動につながり，「やられたからやりかえす」といった無責任な考えを生み出す。こうした認知面への影響は，子どもの安全が脅かされた時の自己防衛的な反応であるため，支援者との安全な関係性の中で安心して話し合えることで，少しずつ手放していくことができる。

　ほかの課題と同様に，責任ある考えについても親や施設職員と共有し，生活の場でみられる思考の誤りに気づけるように支援していく。もしかしたら，大人の方が思考の誤りを頻繁に用いているかもしれない。家庭や集団生活の中で，お互いに指摘し合い，その都度，修正していく。大人が素直に指摘を受け入れ，責任ある考えに変えていく姿勢を示すことは，子どもにとってよいモデルになる。もちろん，支援者も治療教育の中でみられた思考の誤りを見過ごさず，非難するのではなく気づきを促す形で指摘することが，親や施設職員のモデルになると意識したい。

「責任ある考え」——児童相談所での親子並行グループの取り組み①

NJ Meeting（子どもグループ）について

　熊本県中央児童相談所で実施している NJ Meeting（第4章参照）は，子どもグループと保護者グループを並行で実施している。筆者が担当した子どもグループでは，表9のような内容を実施した。このうち，ここでは「#4　素直に話すこと」と「#5　『思考の誤り』に気づく」を取り上げる。

素直に話すこと（開示：#4）

　NJ Meeting をスタートさせるにあたって，本書の編著者や実践の先駆者たちから助言をもらい，学びつつ進めた。プログラムの内容は，『パスウェイズ』などのワークブックを参考にしながら，参加児童のニーズとして優先度が高いと考えられた「境界線」や「真の同意」，「思考の誤り」などの項目を抽出してオリジナルのテキストを作成した。今，当時をふり返ると，構想段階では「教えよう・正そう」という支援者の思いが強く出すぎていて，全体的に子どもたちに反省を強いるような内容となっていたように思う。

　「#4　素直に話すこと」のセッションにおいても，構想段階では「正直に話しなさい」というメッセージを前面に打ち出したものになっていた。助言を受け，私たちが提供したかったのは，子どもたちに反省を強いるための時間ではなく，子どもたちが「なりたい自分」について考えるための時間だということに気づくことができた。改めて話し合いを重ね，#4のセッションのねらいを「子どもたちが，素直に話すかどうかを主体的に選択できるようになる」「どちらを選択するにしても，そのことで起こる結果に責任を持とうと思える」こととした。

　ワークでは，「素直に話すチーム」と「素直に話さないチーム」に分かれ，それぞれのメリットとデメリットについて話し合いを行った。最初はあまり意見が出なかったが，スタッフも話し合いに加わり，積極的にスタッフ自身のエピソードを開示することで，両チームから少しずつ意見が出始めた。最終的に，「素直に話して損したと感じたエピソード」や，「素直に話さなくて得したけれど，もやもやした気持ちが残って何とも言えない感情になったエピソード」など，さま

表 9　NJ Meeting（子どもグループ）各回のテーマ

> ＃1　ようこそ！　NJ Meeting へ
> ＃2　境界線
> ＃3　本当の同意
> ＃4　素直に話すこと
> ＃5　「思考の誤り」に気づく
> ＃6　気持ちと考え
> ＃7　未来は変えられる

ざまな意見が出て話し合いは白熱した。

　話し合い後の感想では，「信頼できる人になら素直に話せるけど，そうじゃない人には素直に話せない」「はじめは自分のことを素直に話せないと思っていたけど，素直に話せないのは自分に非がある時だけで，それ以外のところではけっこう素直に話してることに気づいた」「自分で勝手に『自分は素直に話せないタイプだ』と思い込んで，実際に話さないようにしていた」など，それぞれのコミュニケーションのパターンについての気づきが語られた。

「思考の誤り」に気づく（＃5）

　＃5は「『思考の誤り』に気づく」というテーマで実施した。このセッションでは，「子どもたちが『思考の誤り』について知り，生活の中で自分が用いやすい『思考の誤り』に気づけるようになる」ことをねらいとした。

　工夫した点としては，子どもたちが用いやすい「思考の誤り」をコグモン（コグニティブ・モンスター）と名付けて外在化し，思考の誤りを親しみやすいものとしてイメージできるようにしたことである。これまで個別の治療教育において，思考の誤りを否認し，気づかないようにする子どもに多く出会ってきた。NJ Meeting の中で，それぞれの子どもたちが構えることなく，「思考の誤り」をテーマとして話し合いができるよう，ポップなアイテムを用いたいという思いから出てきたアイデアであった。

　コグモンはそれぞれ，ある思考の誤りの特徴をひとつ有するという設定でスタッフが作成した。例えば，「自己中心的」という特徴を有する星形のコグモン「ジコスター」といった具合である。子どもたちには，それぞれのコグモンの名付け親になってもらった。次に，子どもたちが「思考の誤り」エピソードを発表

すると，それに応じたコグモンをゲットできるという「コグモン集め」のワーク
を行った。ある子が「思考の誤り」エピソードを話してコグモンをゲットする
と，「あっ，それなら僕もある！」と，似たようなエピソードを挙げてコグモン
をゲットする子どもがいたり，「僕はないけど，友達にそのコグモン飼ってる子
がいる！」などと発言したりする子どももいた。「思考の誤り」の一覧を見ただ
けではイメージが難しい子どもも，コグモンとして思考の誤りを認識し，併せて
ほかの子どものエピソードを聞くことでイメージが湧き，自身の思考の誤りの気
づきへとつながったようである。「コグモン集め」の活動は盛り上がり，ほとん
どの子どもが積極的に参加する様子があった。活動を通して，それぞれの子ども
が自分の生活をふり返りながら，自分が用いやすい「思考の誤り」に気づくこと
ができた。また，「他人のコグモンになら気づけるんだけどなあ」と自分の考え
方をふり返る子もいた。

　しかし，なかには「自分は『思考の誤り』は使わない！」と頑なな子どももい
た。個別の治療教育の中でも，「思考の誤り」について扱うことの難しさを感じ
ることがあるが，グループではまた違った難しさがあった。「自分は『思考の誤
り』は使わない！」というメンバーの発言をスタッフがどのように扱うのか，ほ
かの子どももじっと注目しているからである。「それが否認じゃない？　『思考の
誤り』にあったね」などとグループの中で触れることが，その子のさらなる傷つ
きにつながるのではないかと思い，躊躇してしまった。結局，しっかりと扱えな
いまま，その回は終了してしまった。

　セッション後，子どもの発言をどのように扱うべきだったかを話し合った。ス
タッフ自身のその時の感情をふり返ったり，その子の背景を再度イメージしたり
しながら，その子のために，グループのために，どうすることがよいのかを考え
た。そして，以下のような仮説を立てた。

　「彼はグループの中で，自身のネガティブな面について認めることも開示する
こともできなかった。それは，彼がグループに安心を感じられていないからでは
ないか。」

　その仮説をもとに，子どもたち同士のやりとりをより深め，安心感を高めると
いう目的で，次のセッションでは，1枚の画用紙に皆で「気持ち」を表すコラー
ジュを作る活動を入れてみようということになった。

　当日，子どもたちにコラージュを提案すると，子どもたちは皆乗り気な様子で

あった。どんな気持ちをコラージュで表そうかという話し合いの中では，ネガティブな気持ちやポジティブな気持ち，さまざまな気持ちが子どもたちから案として出された。話し合いの結果，最終的に「たのしい」をテーマとしたコラージュを作ろうということになった。絵の具を使ったり，ペンで文字を書き込んだり，雑誌の切り抜きを貼ったりなど，それぞれ自分なりの「たのしい」を画用紙に表現していった。前回頑なだった子どもも，最初は表現することに躊躇していたが，ほかの子どもの促しにより，自分なりの「たのしい」を少しずつ表現していった。実践者はこの時，グループ全体がひとつとなり，安心感がそこに生まれる瞬間を見たような気がして，グループの力を感じた。このセッションがきっかけとなって，少しずつ子どもたち同士の話し合いが活発に展開するようになり，それぞれが自分の思いを開示し始めるようになった。

実践をふり返って

今，NJ Meeting に参加した子どもたちの顔を思い出しながら感じていることは，開示をするためには，その開示をキャッチしてくれる「人」の存在がなくてはならないということである。グループであれば，グループ全体がその開示をキャッチすることになるだろう。そうであるなら，私たちがやるべきことは，子どもたちに無理やり開示を迫ることではなく，安心して開示ができるグループ作りを行うことなのだ。

性問題行動を抱える子どもたちの支援にあたっていると，子どもたちが開示できないことをリスクと捉えたり，子どもたちに開示させられない自分の能力のなさを嘆いたり，あるいはもっとひどい時には，脅しやパワーを用いて無理やり開示させようとしたりして，支配−被支配関係の再演に巻き込まれることがある。

グループを新たに立ち上げようとした私たちも，構想段階のプログラムでは，子どもたちに無理やり開示を促すような内容を計画していた。また，実際に運営する中でも，「とにかく開示させたい」という思いや，「考えを正したい」という思いが起こってくることが何度もあった。そのたびに，スタッフと起こってくる感情についてふり返りを行い，そしてスーパービジョンによって気づきを得たことで，自分たちが大切にしたいことに立ち戻ることができたように思う。

性問題行動を起こす子どもと家族は，トラウマを抱えていることが多いといわれる。彼らのトラウマにさらされて，スタッフもつらくなってくることがある。

それを支えるのがスタッフ同士のつながりであり，またスーパーバイザーとのつながりである。子どもたちが安心して開示できるグループ作りのためにも，支援者同士が安心してつながることの大切さを強く感じている。

池上　駿

（熊本県中央児童相談所）

4．実践例のポイント

　児童相談所における親子並行プログラムの報告である。限られた回数で治療教育を行うにあたり，再犯リスクに関連したより重要な課題を優先的に扱うとともに，グループ（集団）の力を最大限活用できる課題を選択したことがうかがわれる。境界線・真の同意といった関係性のルール，性問題行動に焦点を当てるうえで不可欠な開示，そして認知と感情を扱い，初回と最終回では動機づけにつながる課題が組み込まれている。ほかの課題は個別面接で取り組むことが前提となるが，NJ Meeting のプログラムは，メンバーの意見や体験を聞くことで理解が促される内容である。同じような課題を持つ子ども同士で安全に話し合う体験は，子ども自身のエンパワメントにつながるだろう。

　実践報告では，「オリジナルのテキストを作成」するなど，子どもに合わせた工夫をしながらも，構想段階では「教えよう・正そう」といった支援者の思いが強くなり，「子どもたちに反省を強いるような内容となっていた」と率直にふり返られている。報告者に限らず，こうした支援者の態度はよくみられるものである。とくに，性暴力を説明する際のルール（境界線・真の同意）や無責任な考え（思考の誤り）では，その傾向が強まりやすい。「素直に話すこと（開示）」においても，当初はそうした支援者の姿勢がありながら，スーパーバイズを受けることでプログラムの目的を再認識し，子どもが主体的な選択や責任ある行動がとれるようになることにねらいを定めることができた。

　このように，実践者たちが素直に話し合うこと自体が，参加した親子によい影響をもたらしたといえる。例えば，「素直に話す」かどうかで子どもにサブグループができた際も，スタッフの積極的な開示が話し合いを促進させている。子どもの感想では，自分がどんな相手や状況なら話せるか（話せないか），そして自分がどんな人かという自己理解が深められたことがうかがわれる。治療教育は，コミュニケーションスキルの向上を直接的な目標にするものではな

い。安全な関係性を理解し，自分の考えや気持ちに気づけることが大切なのであり，この NJ Meeting がよい取り組みをしていたことがわかる。

「思考の誤り」の課題では，目に見えない認知を「コグモン（コグニティブ・モンスター）」と外在化し，イメージしやすくしている。子どもがコグモンの「名付け親」になることで関与が高まり，自分たちのコグモンであるというオーサーシップ（原作者としての責任）を持ちやすくなるだろう。「コグモン集め」など，子どもがゲーム形式で楽しみながら話す工夫も参考になる。

報告では，思考の誤りを否認する子どもの発言を支援者が扱えなかった場面から，スタッフ同士でどのようにふり返り，子どものニーズを探りながら，メンバーの安心感を高める課題を取り入れたことによってうまく展開した事例が挙げられている。子どもにとって治療教育が進展した場面であるが，同時に，支援者も難しい局面を方向性を一にする仲間たち（ファースト・サークル）に支えられることによって，子どもに安全な場を提供できることがわかる。支援者の否定的な認知や無力感，パワーの乱用当による「支配‐被支配の再演」を防ぐために，ファースト・サークルを基盤とする体制やスーパービジョンの活用，スタッフのふり返りと前向きな対応が重要であることが示されている。

V　性問題行動のサイクル，維持サイクルを作る

1．性問題行動が起こるメカニズムとパターンの理解

性暴力とは，本人にとって何らかのニーズを充足させるための「認知‐感情‐行動」のつながりによるパターン化された行動である。行動だけを止めることはできないし，反省や気合いだけでやめられるものでもない。また，性暴力の場面だけが問題なのではなく，その行為に至るまでの日常生活にも，さまざまな問題が生じている。性暴力が起こるメカニズムとパターンを理解することなしに，その改善はできないが，本人はこのつながりに気づいていないものである。無自覚なままパターン化した行動をとり，自分ではコントロールできずに「気がついたら，またやってしまった」と思い，次第に「自分ではどうしようもない」という無力感が強まっていく。時に，「自分はこういう人間だから」と自暴自棄な態度がみられるのは，開き直りというより，自分でもどうしてよいかわからないという困惑やあきらめの気持ちがあるのだろう。

こうした性暴力の「認知−感情−行動」のつながりを明らかにし，困難な状況への対処がますます事態を悪化させていくという悪循環を理解する必要がある。この循環をサイクルといい，性問題行動に至ったサイクル（犯行サイクル）と日常を維持させているサイクル（維持サイクル）の２つを作成する。性問題行動のある子どもたちは，ふだんは「一見すると問題のない日常」を送りながらも，さまざまな逆境やストレスによる不満や苦痛を感じている。思春期の子どもであれば，成績がふるわず親に厳しく叱責される，部活で思うような成果をあげられない，学校や地域でいじめられている，家庭の不和や暴力にさらされているといった状況がよくある。こうしたつらい体験が直観的に性暴力につながるわけではなく，その時に自分を受け入れてくれる大人や仲間の存在や安心できる居場所がなく，適切な対処法がとれないことが，性問題行動の要因になりうる。追いつめられて，孤立した状況の中で，子どもはますます非機能的な認知を強め，苦痛で不快な感情をまぎらわせるために思考の誤りを用いて，自己中心的な行動をとるようになる。

２．維持サイクル・性加害行動連鎖（犯行サイクル）の特定

　『パスウェイズ』第４版では，犯行サイクルという呼び方が性加害行動連鎖（offense behavior chain）に改められた。性犯罪行動のある成人と異なり，思春期の青少年はまだ性問題行動が「サイクル」と呼べるほど固定化したパターンとして形成されていないためである。とはいえ，サイクルと同様に「連鎖」も，不適切な性行動につながる思考，感情，行動から構成されており，そのつながりを特定するのは変わらない。

　性問題行動の連鎖は，例えば，「ポルノを観る（行動）→ 面白そうだ（思考の誤り）→ 妹の面倒を見るようにと二人きりにされる（状況）→ 楽しもう（思考の誤り）→ 妹にベッドに入ろうと誘う（行動）→ 自分だけではなく妹もやりたいはず（思考の誤り）→ 妹に性的な行為をする（行動）」など，従来のサイクルよりもシンプルであるが，実際にとった行動と用いた思考の誤りを特定していく。

　「維持サイクル」でも，思考の誤りは注意深く扱うことが強調されている。サイクルの作成に取りかかる前には「感情」と「思考の誤り」の学習を行っておく必要があり，「ABC モデル」と呼ばれる認知行動療法の基本について理解

しておかなければならない。ABCモデルとは，状況に対する〈認知〉が〈感情〉を生じさせ，それによって〈行動〉することが何らかの〈結果〉につながるという一連の流れを示すものである。はじめは，一般的な場面を例に挙げて，同じ状況でも捉え方（認知）次第で，気分やふるまいが変わることを学習する。捉え方の違いで，結果が異なることを理解したら，自分にとってよりよい〈結果〉につながるポジティブな考えに切り替える練習をする。学習課題として ABC モデルを教えるだけでなく，治療教育の中で話された日常の体験を，このモデルにあてはめて整理することを繰り返していく。

3．サイクルを作る際の工夫

　サイクルは，ABC モデルを用いて，ある〈行動〉や〈結果〉が新たな〈認知・感情〉を生み出していくという循環を示すものである。維持サイクルは，子どもにとって当たり前の日常を見直すものであるため，本人にとっては「別に，いつもどおり」「特別なことはなかった」と感じられており，サイクル作成に苦労することがあるかもしれない。とくに 10 代の若者は，衝動的であったり，強い感情をいだいていたりして，瞬間的なサイクルを特定するのが難しく，自分にとって苦痛な状況をふり返ることを避けたがる。そのため，治療教育においては，支援者が子どもの生活場面についてじっくり聴いて，具体的に細かく聞き取りをしながら，サイクルを埋めていくようサポートする。

　例えば，支援者は「私はその場面にいなかったから，何があったのか詳しく教えて」と伝え，子どもの言葉を引き出しながら，「それからどうしたの？」と詳細化を促す。子どもの話は〈行動〉を述べるものが多く，とくに〈認知〉は語られにくい。そのため，「その時，頭の中では，なんて言っていたの？」など声をかけて，子どもの認知を探っていく。〈感情〉が話されたら，「どうして，そんな気持ちになったんだろうね」と尋ねる。支援者や，グループであればメンバーから見て，サイクルがきちんとつながっているかを確認する。十分に説明できていない部分があれば，何か抜けている〈認知・感情〉があるはずだ。

　維持サイクルは日頃からぐるぐると循環していることが多いので，完成したサイクルを見ると，子ども自身も自分のパターンに納得しやすい。自分の思考の誤りが事態を悪化させていることや，その場しのぎの対処が根本的な解決につながらないことがわかり，行動変化の動機づけを高める。一度では作成でき

ないので，ほかの課題を進めながら，何度もサイクルを作ることになる。とくに，親との衝突や学校でのトラブルがあった時は，前後にあった状況を整理しながら，サイクルを再確認することができる。

　子どもの状態を理解するために，親にも ABC モデルや維持サイクルについて説明し，子どもの承諾を得たうえで，親子で子どものサイクルを共有するとよい。親も子どもの〈行動〉ばかりに注目し，叱責してしまいがちだが，サイクルを見ることで子どもの〈認知・感情〉を理解する機会になる。また，親にも子どもとのやりとりで生じている悪循環をふり返り，親自身の「ついカッとなった」という感情を引き起こした「いつも，この子は親の言うことを聞かない」という自身の認知を見直すことができる。「いつも」と一般化する思考の誤りのほかに，「子どもは親の言うことを聞くべきである」という非機能的な認知なども取り上げると，思春期の子どもの境界線を尊重する子育てについて考える機会になる。

実践例

行動のサイクル──児童相談所での親子並行グループの取り組み②

実践上の工夫

　行動のサイクル，維持サイクルを伝えていくにあたっては，その時々の個別のトピックや扱うべき内容によって前後するが，図9のⅠからⅣの流れに沿って行うことが多い。以下に，フローごとの具体的取り組みについて説明する。

架空ストーリーをもとにサイクルをイメージする

　性暴力を起こしていた当時の日常生活や，実際の犯行の流れを考えることは，子どもたちにとっては負荷が大きく，ワークを実施していても教科書的なサイクルや短絡的な流れに留まりやすい。サイクルの中で起きている思考や感情へ目を向けるために，まずは架空ストーリーをもとに一緒にサイクルを作る練習を行いながら，どのようにして，子ども自身がそのサイクルにとらわれていくかを意識させることが多い。実際の場面では，サイクルにとらわれることを子どもたちにわかりやすく伝える意味で，"どつぼにはまる"という表現を用いて説明している。

Ⅰ. サイクルをイメージする	・実際の犯罪の流れを"自分事"として考えられるようになる ・サイクルを作るうえでのイメージを共有する
Ⅱ. 手なずけ,維持,入口行動の整理	・子ども自身の行動をリストアップする ・その行動が持つメリット・デメリットを共有し,代わりの行動を考える
Ⅲ. 対話でサイクル作成	・当時の日常生活のサイクルをリアルなものにしていく ・日常生活から性暴力に至る流れを詳細化する
Ⅳ. どつぼから抜け出す方法をさぐる	・サイクルを説明しながら,抜け出す方法を考える ・自分のサイクルに気づく,切り替える思考や行動を見つける,周囲に相談できるようになる

図9　実施フロー図

【架空ストーリー】

　中学生のイチローは,強制わいせつで一度警察に呼び出されてからは,もう二度と繰り返さないとこころに決めていました。毎日休まず学校に通い,勉強も部活動も頑張る日々を送っていました。

　しかし次第に,勉強が難しくて思うようにテストの点を取れなくなり,部活動も練習が厳しいと感じるようになりました。そして,「ちょっとくらい,やらなくてもいいだろう」と思って,勉強をしているふりをしてゲームをしたり,部活動をさぼったりし始めました。その結果,テストの点はさらに下がっていき,親にも「勉強しろ」としつこく言われるようになりました。

　そんな時には,「今日は宿題ないから」と親に嘘をついたり,親が寝たあとに隠れて夜遅くまでゲームをしたりしてやりすごしていました。すると,朝起きられず遅刻も多くなり,先生にも「やる気があるのか！」と注意されることが増えていきました。しかも,ある日,夜遅くにこっそりゲームをしているところを親に見られてしまい,きつく叱られて,ゲームを没収されました。イチローは腹が立つやら,悲しいやらで,やめていたはずのアダルト動画を見て気

持ちをまぎらわすようになりました。そしてある日，イチローは近所の小学生とすれ違った時に「少しくらいなら……」と，再び強制わいせつをして，警察に捕まってしまいました。

　このような架空ストーリーを読み合わせながら，何気ない日常生活の "あるある行動" や隠れている思考の誤りを探し出していく。そのうえで，ストーリーをもとにして子どもにサイクルを作成してもらうこともあるが，グループであれば子ども同士で話し合わせ，ディスカッション内容を支援者がホワイトボードなどに板書しながら図示して整理することもある（図10）。

　架空ストーリーの中に，子どもたちの実際の生活で起きている学校・家庭でのつまずきや，思考の誤りをちりばめておくことも一案である。それによって，より実体験に即した内容になり，自身の生活とリンクさせることができる。実際に，子どもたちはストーリーを読みながら苦笑したり，「これって自分のことだ」とつぶやいたりする場面があり，子どもの実感にも沿うようである。知的理解に課題がある子どもや，その時の感情や思考を思い浮かべにくい子どもにとっても，ひとつのストーリーをもとに図示しながらサイクルを作成することで理解を促すことができる。

　例示するストーリー自体をさらに簡略化させてもよいし，子どもがサイクル自体をイメージすることが難しい場合は，サイクルにある程度，文言を入れ込んでおき，空欄を埋めていく形で理解を促すこともできる。注意集中を保ちにくい子どもには，必要に応じて，興味関心のある漫画やアニメのキャラクターなどを登場させて，そのキャラクターが起こしがちな行動を示して引きつけていくこともある。

　サイクルを完成させたあとのディスカッションでは，「イチローの生活」の中で何が再発に影響したのかを考えてもらい，他の子どもや支援者と意見交換をする。意見の中から "手なずけ行動（架空ストーリーでは省略したが，性暴力をふるった場面でイチローがどのように行動したかをふり返ると，被害者の抵抗を抑える行動を見つけることができる）" や "維持行動"，性問題行動に近づいていく "入口行動" が出てくれば，それもサイクル上にピックアップする。それによって，その後のワークで子ども自身の維持行動を探して整理しやすくなる。

　子どもたちの意見をまとめる際は，例えば，「イチローのように怠けたり，嘘

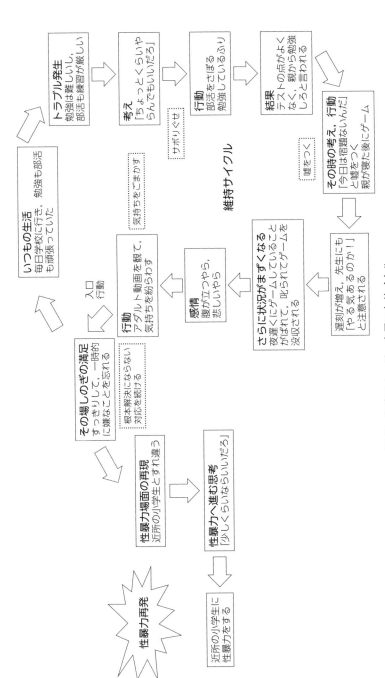

図 10　架空ストーリーを用いたサイクル

いつもの生活
毎日学校に行き、勉強も部活
も頑張っていた

トラブル発生
勉強は難しいし、
部活も練習が厳しい

考え
「ちょっとくらいや
らんでもいいだろ」

行動
部活をさぼる
勉強しているふり

結果
テストの点がよく
なく、親から勉強
しろと言われる

その時の考え、行動
「今日は宿題ないんだ」
と嘘をつく
親が寝た後にゲーム

嘘をつく

サボりぐせ

維持サイクル

遅刻が増え、先生にも
「やる気あるのか！」
と注意される

さらに状況がまずくなる
夜遅くにゲームしていること
がばれて、叱られてゲームを
没収される

感情
腹が立つやら、
悲しいやら

行動
アダルト動画を観て、
気持ちを紛らわす

気持ちをごまかす

入口
行動

その場しのぎの満足
すっきりして、一時的
に嫌なことを忘れる

根本解決にならない
対応を続ける

性暴力場面の再現
近所の小学生とすれ違う

性暴力へ進む思考
「少しくらいならいいだろ」

性暴力再発

近所の小学生に
性暴力をする

第 5 章　治療教育における重要な概念と実践　131

をついたりすることは，みんなの生活にもよくあること。一見，性暴力と関係がないようにみえるよくある行動だけど，生活の中で困っていることの根本的な解決にはならないよね。むしろ，自己中心的な思考がより強まったり，性暴力につながるような考え方に引きずられやすくなるかもしれない。だから，維持行動やサイクルに注意を払うことができれば，性暴力の再発を防ぐことにつながるね」などと伝えている。

自分の手なずけ行動，維持行動，入口行動を整理する

架空ストーリーをもとに，"どつぼにはまる"感覚を意識させてから，続けて，子ども自身の手なずけ行動や維持行動，入口行動をリストアップしていく。リストアップする際には，架空ストーリーをサイクルにまとめていく中で出てきた"あるある行動"をもとに考えてもらったり，目に見えやすく表にまとめたりして，子どもが言語化しやすいようにする。表を作成するだけでは，それがどう性暴力につながるかがわかりにくいので，グループセッションでの発表や個別面接において詳細化していく必要がある。日常生活のどういう場面で起きやすいのか，その行動を使うとどんなメリット・デメリットがあるのかなどを話し合う。

ここで，子どもがとっていた行動のメリットを話してもらうことは，その行動を手放しにくい感覚について周囲に共感してもらうことができ，子どもに聴いてもらえた感覚をもたらす。また，支援者にとっても，子どもの行動のデメリットばかり取り上げて，"正す"雰囲気になってしまうのを避けることができる。そのうえで，代わりの適切な行動があるかどうかを子どもと検討していく。

対話を通して自分のサイクルを作成する

鍵となる行動がリストアップできたところで，今度は"日常生活のサイクル（維持サイクル）"と"性暴力のサイクル（犯行サイクル）"をそれぞれ作成していく。同時進行で作成することもできるが，まずは性暴力当時の「日常生活のサイクル」を詳細化させると，当時の状況がより実感のこもった内容になるだろう。一問一答で回答したものをサイクルに埋めたあと，子どもと対話しながらホワイトボードを用いて，その場で子どもと一緒にサイクルを完成させていくのでもよい。

対話の中では，潜んでいる思考の誤りや維持行動を明らかにしていく。「その

場面であなたはどう感じた？」「その時どう考えて，どういう行動をしようと思った？」など質問を投げかけながら，徐々に"どつぼ"へはまる流れを見出していく。実際のサイクルは子どもによってさまざまであり，出発点は「普通の状態（少なくとも表面的にはだいたい OK な生活）」で共通しているが，そこからサイクルの流れや矢印が伸びる方向は独自のものになる。そして，当時の日常生活を把握したあとに，「ふだんはそれ（日常生活のサイクル）でやりすごしてきたけれど，立ち行かなくなったタイミング」を探る。それによって，犯行サイクルへと向かう矢印が見つけられる。

"どつぼ"から抜け出す方法を探る（再発防止計画へつなげる）

日常生活のサイクルと性暴力のサイクルの両方が作成できたら，そこから抜け出す方法を探っていく。本人は何気なく過ごしている日常であるため，「変わりっこない」と考えていることも多い。グループワークでは，当事者同士でサイクルを共有しながら意見をもらうことで，気づきを得ることもある。個別面接の場合や知的理解に課題のある子どもに対しては，ポイントをおさえる意味合いで，「自分のサイクル，はまりやすいポイントに気づくこと」「(ABC モデルを参考にして）切り替える思考や別の行動を考えること」「周りの人に相談することで助けになることを見つけること」を伝えてから，考えてもらうこともある。こうしてサイクルを通じて"どつぼ"を抜け出す方法を見つけ，次の再発防止計画を立てる流れへとつなげる。

保護者や家庭への支援

日常生活のサイクルは，子どもだけでなく，家族や学校などの地域生活のあり方と密接に関係している。子どもが"どつぼ"のループから抜け出すためには，子どもが述べる生活の状況と周囲から見た客観的な生活の様子を照らし合わせながら，具体的な支援策を探る。保護者や家庭への支援においては，まずは子どもが学んでいるものと同じ課題を見てもらったり，子どもの発表を聞いてもらったりしながら理解を促す。そして，当時の生活状況をともにふり返り，現在の生活の中で変えられるサイクルに目を向けることが重要となる。

田中　孝

（大阪市南部こども相談センター）

4．実践例のポイント

　児童相談所での実践経験から，サイクルの作成の流れと工夫について具体的に述べられている。図9のフローに示されているように，子どもがサイクルのイメージを持てるようにしてから，最初に〈行動〉を抽出し，対話をしながら日常生活のサイクルを詳細化し，サイクルを完成させたあとに，連鎖を断つ方法を考えるというふうに，スモールステップで行うことが有用である。

　子どもが自分のした性暴力についてふり返ることが困難なのは，恥ずかしいとかばつが悪いという心境のせいばかりでなく，当時の満たされない生活状況を思い返すのが苦痛だからという面もある。だれでも体罰やいじめを受けていたり，孤立してイライラしていた日々について考えるのは，避けたいものである。そのため，最初から直面化を促すのではなく，実践例のように架空事例を用いて，サイクルを作る練習から始めるのがよいだろう。子どもの状況に重なる情報を入れておくと，自分に似ているところに共感しながら取り組むことができる。悪循環による〈結果〉を「どつぼにはまる」という表現で説明するのもわかりやすい。だれかに「はめられた」のではなく，自分から「はまった」という責任の境界線も明確になる。

　架空事例のサイクル（図10）を見ると，「いつもの生活」でトラブルが発生したことをきっかけとして，思考の誤り（最小化）が無責任な行動につながり，自分から招いた結果に対して，さらなる思考の誤り（嘘をつく）で事態を悪化させていることがわかる。その場しのぎの対処法で満足して「いつもの生活」を繰り返していく維持サイクルから，性暴力の再発に至る連鎖に向かう分岐点がある。多くの場合，「アダルト動画を見る」といった行動がきっかけとなり，被害者との接点を作り，思考の誤りによって性暴力を起こす。

　「4つの壁」の学習で被害者の抵抗を抑えるための行動を理解していれば，性問題行動の連鎖の中の「手なずけ行動（グルーミング）」を見つけたり，書き加えたりすることができる。被害者が抵抗できなかったのは，同意したわけではなく，加害児が被害者の信用を悪用したり，相手を従わせるための言動（わいろ，脅し，暴力など）をとっていたことに気づくのも重要である。

　連鎖やサイクルを学ぶ目的は，維持サイクルにみられる「よくある行動」に思考の誤りが多用されていることに気づき，自分で早めにそれを修正して，よりよい人生を選択できるようになることである。再発防止につながるのはもち

ろんだが，他者のために取り組むというより，本人が「考えを見直したら，自分にとってよい結果が得られた（ニーズが満たせた）」と実感できることが変化への動機づけを高める。実践者が強調しているように，支援者が子どもの行動のデメリットばかり取り上げて，"正す"雰囲気になってしまうのは望ましくない。対話を通して本人の心情を理解しながら，子どもと一緒に「どつぼ」から抜け出す前向きな方法を探していきたい。

　親や施設職員と子どものサイクルを見ていくと，大人が知らなかった子どもの困難な状況（いじめられている，勉強や部活で自信を失っている，だれにも愛されていないと思っているなど）に気づくことがある。大人としては「そんなつもりではなかった」「励ますつもりだった」と思っていた言動が，子どもを追いつめていたと知るのは，少なからぬショックをもたらすものである。子どもを誤解させないように，大人がより率直なコミュニケーションをとろうと意欲を示すこともあれば，弁解や正当化に終始することもある。子どもが自己中心的で被害的な認知を見直していくのと同時に，大人も自身の対応をふり返り，子どもの〈行動〉や〈結果〉だけに着目するのではなく，子どもが〈認知・感情〉を見直すのをサポートしていけるように促す。家庭や施設での大人との関係性が改善することで，日常のサイクルが肯定的な循環となっていく。

VI　被害体験の整理，被害者の理解，手なずけを扱う

1．説明，謝罪，賠償，再発防止の責任を果たすために

　性暴力は，他者の境界線を破り，相手の安全を脅かす言動であるが，そうした行動の背景には，子ども自身が境界線を破られた体験や安全が損なわれている状況がある。しかし，たとえ子ども自身もトラウマを抱えていたとしても，それは性加害行為の免罪符（言い訳，正当化）にはならず，自分がした行動に対して責任をとらなければならない。責任とは，説明責任，謝罪・賠償責任，再発防止責任であり，反省や謝罪の言葉を口にしたり，転校や転居などで姿を見せなければいいというものではない。まずは，「自分がやった」と認め，何をしたのかを正直に開示し，どうして性暴力をしたのかを明らかにするという説明責任が求められる。そのうえで，被害者や周囲に与えた影響をふまえた謝罪・賠償を行い，再発防止の具体的な手立てを講じる責任を果たす。

自分がしたことに向き合い，相手に与えた影響を理解し，可能ならば被害者に謝罪（あるいは「被害者への手紙」などの課題）を行うことは，治療教育に取り組む子どもにとって苦痛や重圧を感じるものである。また，支援者にとっても，被害児のトラウマと加害をした子ども自身のトラウマをバランスよく扱うことは難しく，「いかに被害者が傷ついたか」を教え込もうとしたり，逆に「子ども自身が傷つけられてきたこと」ばかりにとらわれたりするなど，極端な対応になりがちである。

　ここで行うべきことは，加害をした子どものトラウマケア（トラウマ症状を軽減するための治療）ではなく，性問題行動の責任や被害者理解について考える際に，子ども自身のトラウマの影響を理解しながら取り組むトラウマインフォームドな治療教育である。トラウマインフォームドな視点で見れば，子どもが被害者の傷つきについて理解できないのは，共感性の欠如や発達特性などの問題というより，子ども自身のトラウマによる感情麻痺や否認の可能性が考えられる。そうであれば，トラウマの影響について心理教育を行い，安全な関係性の中で子どもが自分の気持ちを感じられるようになることで，被害者理解が深められるだろう。このように，子ども自身の「被害体験の理解」を通して，「被害者の理解」が進む。

2．トラウマインフォームドなアプローチ

　『パスウェイズ』第4版では，性問題行動のある子どもが抱えるトラウマについて，より一層注目され，トラウマインフォームドなアプローチがとられている。具体的には，性的虐待だけでなく，トラウマとなりうるできごとは多くあり，それによってさまざまな反応が生じるといったトラウマの心理教育がより詳しく書かれている。虐待を受けた子どもは，自分自身に否定的なイメージを持ちやすく，性に対して恐怖心や恥の感情をいだいたり，虐待による影響が性問題行動につながったりすることもある。トラウマの影響は，できごとの直後だけでなく，時に一生にわたる長期的な衝撃をもたらすものだが，適切なケアを受けられていない子どもは，それにどうやって対応すればよいかわからない。また，子どもの場合，年齢不相応な性的情報にさらされることもトラウマになるため，第4版では「性について，一番はじめに聞いたり経験したりしたこと」「その時に感じたこと」という課題も追加されている。

トラウマティックな体験は，深刻な影響をもたらすものだが，一方で，その体験のポジティブな影響を認識することも強調されている。つまり，トラウマの影響について知り，自分に何が起きているかを認識することで，自己理解が深められる。被害そのものはポジティブな体験にはならないが，自責感や否認を手放すことで，よりポジティブな人生を歩むことはできる。こうした被害体験の影響の捉え方は，ポジティブ心理学やグッドライフ・モデルに基づく「犠牲者とサバイバー」の課題でも扱われる。自分の傷つきを認めたうえで，自他を傷つけない人生を送ろうとすることは，サバイバー的な態度である。

3．セクスティングとグルーミング

第4版では，被害者の理解においても，性暴力の特徴や被害者に及ぼす影響がより詳しく説明されている。性暴力の心理教育として，スマホやネットを用いて性的メッセージや画像を送付する「セクスティング」の説明が加筆された。性問題行動では，セクスティングによって，性的な話題に対する相手の反応を探ったり，プライベートパーツの「自撮り」写真を送らせたりすることが少なくない。身体接触を伴わなくても，セクスティングは境界線の侵害になる。自撮り写真を求めることで，自分の性的な写真を送った相手に負い目を感じさせたり，脅迫やリベンジポルノといったさらなる性暴力につながったりすることもある。「メールしただけ」「何もしていない（触っていない）」と認識している子どもや保護者も少なくないので，非接触型の性暴力が被害者に与える影響の大きさを取り上げる必要がある。

性暴力について説明する際は，遊びや世話のふりをして被害児に近づき，相手の興味や好奇心を高めたり，相手を巻き込んで罪悪感をいだかせたりする手なずけ行動（グルーミング）も扱う。「4つの壁」の被害者の抵抗を抑えるものとしても学習するが，被害者理解の課題においても，再度，被害者がどう感じたかという観点から扱うことができる。

これらの学習においては，支援者自身がトラウマとその影響について理解し，性暴力の実態や被害者の置かれた状況を知っておく必要がある。性加害のメカニズムや治療教育について学ぶ際に，被害者の声を聴く機会を持つことが望ましい。さらに，支援者自身の性やトラウマに対する態度を認識することも大切である。性暴力の事案を扱う中で，支援者もさまざまな気持ちや葛藤が生

じるものであるし，支援者自身が何らかのトラウマを抱えている場合もある。支援者へのトラウマの影響について学んだり，セルフケアやサポーティブな組織づくりに努めたりすることも必要である。

　なお，被害者理解に関して，『パスウェイズ』にある被害者への共感を高めるスクラップブック作成の課題はなくなり，第4版では「健全な生活計画」に変更された。子どもは，誠実な態度で，健康で責任のある生活を送ることが求められる。他者への思いやりや配慮のある生活を送るには，治療教育の中で学んだ自分自身のトラウマの影響を理解し，被害者について知ったことを生かしていく必要がある。「健全な生活計画」のためのスクラップブックを作成することは，自他を大切にするサバイバー的な生き方の指針となり，「再発防止計画」にも関連するものである。

実践例

被害体験の整理と被害者理解，手なずけ
──児童相談所での親子並行グループの取り組み③

　性暴力を行った子どもは，はじめのうち，被害児について問われると，「相手も『嫌だ』『やめて』とは言わなかった」「笑っていたから，嫌がっていないと思う」などと話し，被害者がどんなふうに感じているかについての認識が希薄だったり，誤解していたりすることも多い。そうした態度は，加害児自身が性暴力に至るまでに，自分の怒りや寂しさ，無力感といった否定的な感情を麻痺させながら生きてきた中で，他者の感情に目を向けられず，他者との情緒的な交流が難しくなっていたことの影響も大きいと考えられる。

　治療教育の中で，自分の行った性暴力について開示し，自分自身の感情や認知に目を向け，否定的な感情にも気づいて表出するスキルが身についていく過程を経て，過去の自分自身のつらさや被害体験に向き合えるようになる。当時の状況についてふり返られるようになって，ようやく被害者の心情理解に取り組むことができる。

子ども自身の被害体験の整理

　性暴力を行った子どもの中には，家庭において虐待（身体的・性的・心理的虐待，ネグレクト）を受けたり，地域での性被害や学校などでのいじめにあったりするなど，何らかの被害体験を持っている子どもも少なくない。被害体験の影響から，無力感や強い怒り，恨み，孤立感などがありながら，そうした感情を抱えきれずに抑圧し，感情を麻痺させていたり，否定的な認知を強めたり，トラウマ記憶の侵入症状（フラッシュバック）に悩まされている子どももいる。しかし，過去の被害体験が現在の自分の生きづらさにつながっていることには，ほとんど気づいていない。そこで，子どもが体験した被害体験（虐待，いじめなど）についてふり返り，心理教育を行いながら，子どもが被害体験について正しい知識を持つことで，その影響に気づき，そこから回復できるようにサポートしていく。

　まずは，子ども自身にどんな被害体験があったかを共有していく。とはいえ，被害体験を話すことは，不安や恐れを引き起こし，回避も強まるものなので，子どもが「話しても大丈夫」という安心感を持てるようにすることが重要である。あらかじめ用意したシートの中に被害体験の例を記載しておき，その中から選んでもらう形にして，「実は，こういうできごとに遭う子どもは，けっこうたくさんいるんだって。あなたにあてはまるものはあるかな？」など，被害に遭うのはおかしなことではないというノーマライズ（一般化）をしていきながら，子どもが話しやすくなるようにサポートしつつ聴いていく。

　次に，子どもの被害体験に合わせて，それぞれの虐待やネグレクト，性暴力，いじめについての心理教育を行う。ここで子どもに伝えたいメッセージは，「あなたが体験したできごとの責任は加害者にあり，被害に遭ったあなたの責任ではない」「こうした被害に遭う子どもは，実は少なくない」「被害に遭うと，いろんな感情や認知が生じるのは当然である」「被害を受けてから時間が経過しても，さまざまな影響が残ることがある」などである。支援者が一方的に説明するのではなく，例えば，「家庭の中で暴力を受けると，どんな子どもでも『周りはみんな敵だ』とか『俺は何もできない』といったネガティブな考えになることがあるんだけれど，あなたはどうだった？」「そういう時って，腹が立ったり，悲しくなったり，すごく恐かったり，いろんな気持ちになる子が多いけど，あなたは？」など，子どもが被害の事実を否認せずに自分の体験に向き合い，被害を受けた時の感情や認知などを表出しやすくなるようにサポートすることが重要であ

る。また，被害後の長期的影響についても心理教育を行い，子ども自身が現在，どんな影響を受けているかを話してもらう。

　心理教育を行っても，自分の被害体験について，「でも，やっぱり自分の場合は，俺が弱いからこんなことになったんじゃないかと思う」など，強い無力感や自責感が語られることも少なくないが，支援者が「そういう気持ちにもなるよね」と子どもの思いを受け止めつつ，「本当にそうかな？」と投げかけ，一緒にじっくり考えることで，「やっぱり，やった方に責任があるんだな」と子ども自身が気づいていくことを支える。

　グループで取り組むと，ほかのメンバーが「そうじゃない。どんな理由をつけても殴るのはダメ。殴った方，やった方に責任があるんだと思う」とお互いに支え合ったり，違う視点を投げかけたりする様子がみられる。被害体験を語るということは，子ども自身もエネルギーが必要で，負荷もかかる場合が多いが，そういう子どもの心情にも配慮しながら，その都度，「その時のことを考えると，不安になって当然だよ」などと感情を照らし返したりしながら，安心感を与えつつ，表出を促していくことが重要である。

　自分の被害体験に向き合い，その影響について考えることで，傷つきから回復するために必要な支援を受ける姿勢，過去の体験や他者のせいにせずに自分の将来に責任を持つ姿勢を獲得していけるようになることを目指したい。

被害者の理解，手なずけ

　被害者の心情理解は，加害をした子どもが引き受けるべき"謝罪・賠償責任"につながる。被害者がどんな心情であるかを理解できなければ，相手のこころに届く誠意ある謝罪はできないし，何をすれば償うことになるかもわからない。そのことを子どもとも共有し，被害者の心情を理解することの作業の大切さを伝えていく。治療教育は再犯防止が大きな目的であるが，被害者の視点をどれくらい持てて，どれくらい共感的に理解できるかが，「さらなる被害者を出さない」という本人の動機づけにつながり，再犯防止への大きなポイントにもなる。先に加害をした子ども自身の被害体験を扱うことで，自分の体験をもとにしながら，被害者の立場や状態が考えられるようになっていく。

　被害に遭った子どもがどんな感情を持ち，のちのちまでどんな影響を受けるのかということを知るために，模擬事例による被害者の手記などを読み合わせて，

被害者はどう感じるのかということを学んでいく。性暴力に遭った被害者の身体的・心理的影響についての心理教育も，子どもが被害者の状態を理解するのに有効である。手記から読み取れる被害者の感情や性暴力による長期的な影響などを子どもに挙げてもらう。グループで取り組む場合は，それぞれのメンバーの着眼点が違うこともあり，それを互いに話し合うことで理解が深まることも多い。

　そうした学んだ一般的な知識をもとに，自分の起こした性暴力について理解を深めていく。直接的被害者についてはもちろん，子ども自身の家族など間接的被害者について考えていくことも必要である。そして，「性暴力の時」「その後，数日経ってから」「今現在」という時間の経過の中で，被害者に与えた身体的・心理的・認知的影響をじっくりと考えていく。そのうえで，「あなたが最初の時点で語っていた，被害者が『逃げなかったし，いやと言わなかった』のは，本当にいやじゃなかったからなのか？」を話し合うと，「今から思うと，そうじゃない。恐くて動けなかっただけかも」など，被害者の視点で話せるようになってくる。

　被害者の視点を持てるようになってくると，被害者がなぜ「いや」と言わなかったのか，被害者に「いや」と言わせないような働きかけを子ども自身がしていなかったかを，ふり返られるようになっていく。多くのケースで，被害者との関係性（年齢の差，関係の近さなど）を利用して，言葉や行動で相手に恐怖を感じさせるように圧力をかけていったり，相手が喜ぶようなものを与えたり，あるいは，与える約束などをして期待させたりするなど，相手によく思われるように仕向けたりしている。こうした行動を「手なずけ行動（グルーミング）」と呼ぶと説明し，「こうしたことは性暴力の時によくあるが，あなたの場合はどうだった？」と自分の性暴力のサイクルをふり返り，「『いや』と言わなかった被害者は，本当にいやではなかったのか？」という問いを改めて考えてもらう。すると，自分が被害者を手なずけていたから，相手は「いや」と言えなかったのだということが理解でき，被害者の心情の理解が深まることが多い。

　被害者への共感というのは簡単にはいかないこともあるが，上述したように，加害をした子どもが引き受けるべき責任につながるものでもあり，再発防止にも大きなポイントにもなるため，重要な部分である。共感とまで深まらなくても，認識として「被害者はこう感じるものだ」と知ることは不可欠である。

保護者や家族への支援

　保護者は，子どもを支える立場であるとともに，性暴力についての間接的被害者でもあり，さまざまな感情や認知をいだいている。保護者が自分の気持ちや考えを率直に表出できるようにサポートすることが重要である。そのうえで，保護者が否定的な感情や認知に留まるのではなく，必要な支援を求めて前進していく姿勢が持てるように，苦境に立たされたあとに「犠牲者」のままでいることと，そこから回復に進む「サバイバー」との違いを説明して，保護者や家庭がどの状態にあるかを気づけるように問いかけることも役に立つ。

　保護者に，子ども自身の被害体験の影響にはどんなものがあり，子どもが「サバイバー」として歩んでいくために保護者としてできることを考えてもらい，生活の中に取り入れられるように話し合う。被害者についての理解は，保護者として賠償責任を果たすうえでも大切である。子どもが学んでいる被害者理解の心理教育のシートなどを読み合わせ，保護者も被害者の心情について理解を深め，家族として謝罪・賠償責任をどのように果たすべきかを慎重に考えていく。その中で，保護者の自責感が強まったり，無力感に苛まれたり，怒りがわいたりすることもある。そうした感情の表出も促しつつ，具体的に保護者としてできることや，相手方の反応について話し合っていくことが重要である。

　きょうだい間の性暴力のように，家庭内での加害 - 被害があった場合は，とくに保護者の葛藤が大きい。保護者が加害児と被害児のどちらのことも，バランスよく考えられるようにサポートしていくことが必要である。

島　ゆみ

（大阪府東大阪子ども家庭センター）

4．実践例のポイント

　子ども間の性暴力が起こると，教職員はすぐに「被害者の気持ちを考えなさい」と指導したり，「相手の気持ちがわからないのは，発達障がいがあるからではないか」と決めつけたりしてしまうことがある。とりわけ，学校や施設のように教職員が被害児にも関わっている状況では，被害児の傷つきを痛ましく思うがあまり，子どもに被害者の心情理解を急かしてしまうのかもしれない。子どもが相手や周囲の状況や心境に無頓着であるようにみえると，治療教育の効果が見込めないと思ってしまう場合もある。相手への共感性がない，性暴力

の動機について「興味があったから」としか説明できない子どもに対して，支援者が「サイコパス」とか「ペドフィリア（小児への性的欲求）」などと名づける時は，たいていアセスメントが不十分であるし，性問題行動のある子どもの理解として不適切である。

　実践例にもあるように，治療教育の開始当初は，被害児への「認識が希薄」だったり，「誤解」していたりすることがほとんどである。それまでの子ども自身の育ちの影響も大きいので，まずは自分自身の感情や認知に気づき，表出するスキルを身につけ，支援者やグループのメンバーに受け止めてもらうという経験が必要である。子ども自身，虐待やいじめなどさまざまな被害体験がありながら，それが現在の生きづらさや性問題行動につながっていることは，ほとんど認識できていない。どんなできごとがトラウマとなり，それによってどんな影響が生じるのかという心理教育を行い，自己理解を深めるというトラウマインフォームドケア（Trauma Informed Care: TIC）のアプローチは，治療教育においても有用である。実践例では，TIC に基づく介入の具体的な方法や声かけが紹介されている。トラウマの心理教育を行う時間を別途設けるというよりも，治療教育の全体を通して，支援者が子どもの反応をよく見ながら，そこで起きている回避や過覚醒といったトラウマの影響を捉えることが大切である。「話したくない，思い出したくないという子もいるよ」「落ち着かないみたいだね」など，今起きている子どもの反応を捉えて受け止めながら，「おかしなことではない」と一般化・妥当化していくのが心理教育である。

　とはいえ，子どもの過去のトラウマ反応を支援者が妥当化すると，子どもの「トラウマがあったのだから仕方がない」「自分だってつらい」といった犠牲者的な態度や思考の誤りを強化してしまうのではないかと懸念する支援者もいる。実際，こうした子どもの反応に戸惑い，「そんなことを言うべきではない」と叱責したり，子どもの過去の体験には「それはいいから」と触れないようにしたりすることもある。実践例で述べられているように，子どもの過去の被害体験への自責感を軽減しつつ，子どもが自分の行動に責任がとれるようになることは，決して矛盾するものではない。TIC は，過去のトラウマ体験の詳細を聴いて整理するのではなく，今起きている反応をトラウマの影響をふまえて理解するものである。支援者が子どもの反応に巻き込まれないように，チーム全体で子どもを理解し，支援者自身の反応に自覚的になることが大切である。

保護者支援においても，保護者自身のトラウマに目を向けつつ，子どもの回復を支えていく役割を果たしてもらえるよう，TIC による介入が役に立つ。被害児とその家族に対する謝罪・賠償責任を負うのは，実質，保護者であり，間接的被害者でありながらも，社会的責任を果たすことが求められる保護者の負担は非常に大きい。また，わが子の性問題行動を否認，最小化する保護者の背景には，保護者自身の性被害体験などのトラウマがあることも少なくない。とりわけきょうだい間性暴力のように，家庭内で起きた性問題行動は，世代を超えた家族のさまざまなトラウマが影響しているものである。保護者のニーズに合わせた心理教育を行い，必要に応じて社会資源を活用しながら，家族全体が回復していけるように支援していくことが求められる。

Ⅶ　再発防止計画を作る

1．再発防止スキルを身につける

治療教育の最終課題といえるのが，再発防止計画の作成である。性問題行動の再発を防ぐうえで大切なのは，「もう絶対にしない」といった強い意志を持つことではなく，「もう絶対に…」などの思考の誤りを手放し，「また，やりそうになった時」のサインを早めに自覚し，具体的に手を打つスキルを身につけることである。そのため，この課題は，それまでの治療教育での学びをふり返り，改めて自分のニーズとリスクを特定し，保護者や支援者といった身近な人の助けを得ながら，安全な生活を送るための具体的な方法を考えるものである。保護者とも共有し，サポート体制を充実させていくことも含まれる。

もちろん，新たな被害者を生まないことは重大な目標ではあるものの，子どもは加害者にならないために生きていくわけではない。子ども自身が成長し，自立する力をつけることで，自他を傷つけない，よりよい人生を送ることができる。『パスウェイズ』第4版では，こうした子ども自身のポジティブな人生目標が強調され，治療教育におけるもっとも重要な目標のひとつとして「健全で責任ある生活スタイルを構築すること」を挙げている。

2．健全で責任ある生活スタイル

「健全で責任ある生活スタイル」とは，具体的にどんなものか。それは，

日々，思考の誤りを使っていないかを自問し，注意すべき不適切な思考や感情が生じていないかを自分に問いかけるものである。だれでも思考の誤りや不適切な思考・感情が浮かぶものであるが，安全・安心な生活を送るためには，それに対処していくことが大切である。加害行動への連鎖を防ぐには，ネガティブな維持サイクルから早目に抜け出す必要がある。日常生活のメンテナンスができるようになることは，性問題行動の再発防止に限らず，責任ある大人になっていくうえで欠かせないものである。

　こうしたポジティブな生活態度を身につけていくのは，治療教育の最後に慌てて行うことではなく，治療教育全体を通して取り組み続けるものである。例えば，グループで治療教育を行う際は，ほかのメンバーに関心を示したり，質問をしたりすることが促される。ほかのメンバーの成長や達成を助けるとともに，子ども自身もメンバーから積極的な関心を向けられることは，健全で責任ある生活スタイルの体験にほかならない。セッションのチェックイン（生活の報告）で，実際に起きたトラブルやポジティブなできごとを共有し，ルールの確認を行うことは，健全で責任ある生活スタイルを身につけていくためにある。治療教育を受ける間に，怒りや性的衝動への対処の練習を重ね，身近な大人のモニタリングを受けながら，やがてはセルフ・モニタリングができるようになることが目指される。他者への思いやりが示せるようになることも，よい関係性を築くうえで大切である。

　治療教育を終えるタイミングは，性問題行動の再発リスクが低下し，安全・安心な生活を送れるような環境調整が図られていることが判断の目安となる。だれであってもリスクはあるので，リスクが完全になくなることを目指すのではなく，何がリスクとなりうるかを本人や家族が理解し，具体的な対策が講じられているかどうかが肝要である。「警戒警報と傘」といった課題を通して，一般的な再発リスクだけでなく，その子ども特有のニーズや方法を整理していくようにする。

　とくに，プログラム修了後の環境的変化や新たなストレスなどによる「急性リスク」に注意を払う必要がある。治療教育によって，本人の認知・感情への気づきや行動コントロール力が高まり，親子関係も改善したとしても，進学や進級といった生活の変化，受験や対人トラブルなどのストレス，ケガによるスポーツの断念や身近な人の死去のような喪失体験などは，再発につながる急性

リスクになる。また，被害者となりうる相手と思いがけず二人きりになったり，ポルノにさらされる機会があったりする「高危険状況」についても，事前に想定したうえで，実行可能な対応を考えておく。ひとりでできるリラクセーション（情緒的コーピング）やルールを思い出す（認知的コーピング）といった方法に加え，他者に相談するといったソーシャルサポートの活用など，幅広い方法が身についていることで，リスクから身を守る大きな「傘」ができる。

　再発防止計画は，作成することがゴールではなく，子ども自身がそれを活用できなければならない。支援機関でのフォローアップとして，時々，計画を変更していく必要もある。また，保護者や教職員など身近な人の協力を得るために，再発防止計画を共有する。プログラムの修了式などで，健全な生活計画を含めた再発防止計画を発表し，継続的な取り組みへの動機づけを高めることが望ましい。

3．家族再統合の注意点

　なお，きょうだい間の性暴力の場合，治療教育の終結がすなわち家族再統合のタイミングとはならないことに注意が必要である。性問題行動のある子どもの成長や回復と家族の葛藤解決は，並行して進むものであるが同じではない。さらに，被害児の回復や権利の保障は，それとは別の問題として考えるべきである。きょうだいからの性暴力は，被害児に複雑な感情をいだかせ，混乱させる。多くの場合，加害者である兄を慕う気持ちや会いたい思いから，再会や再同居を望むものの，同時に，兄との暮らしが過去のトラウマ体験を想起させるリマインダーとなり，不調をきたすことへの不安を感じている。また，自分が被害を訴えたことで家族がバラバラになってしまったという罪悪感をいだいており，以前のような暮らしを願う家族の気持ちや圧力を察して，自分の気持ちが言えないこともある。いつまでも過去のできごとを持ち出してほしくないと思う一方で，性暴力の事実をなかったことにしてほしくないとも思っているものである。

　まずは，保護者が被害児の複雑な気持ちを理解できるように，きょうだい間の性暴力がもたらす影響について心理教育を行い，被害児に寄り添う関わりができるように支援する。加害行為をした子どもにもきょうだいへの影響を説明し，どのように3つの責任を果たし，安全な生活のために行動できるかを一緒

に考えていく。被害児が十分なケアを受けていることを前提とし，家族が安全に暮らせるための細かいルールを決めるなど，再統合に向けた具体的な準備をしていく必要がある。

実践例

再発防止計画──児童相談所での親子並行グループの取り組み④

再発防止計画作成がもたらすもの

再発防止は，治療教育に関わる者の共通目標であり，必須のミッションである。再発防止によって新たな被害を生み出さないことは，社会の安全になる。また治療教育を通し，加害児童の成長につながるのであれば，加害児童やその保護者のメリットにもなる。そして被害者の感情を考慮すれば，加害児童に再発防止を求め，その実行を可能にするものを作成させることは，関与する公的機関の責務といえる。

再発防止計画を作成するには，子どもがどのようなプロセスで性加害に至ったのか，これまでの治療教育を通し，ある程度理解しておく必要がある。そうでなければ，作られたものは，他人事で空疎，無意味なものとなってしまう。

つまり，再発防止計画は，新たに作り出すものではなく，これまで学んできたことの復習やまとめの延長として取り組むものである。その意味でも，治療教育の終盤，いや最後に取り組む課題になるといえよう。

性加害を起こしていた当時は，なぜ自分が性加害をするのか，どのようなメカニズムが働いているのか，本人も理解できていなかったと考えられる。しかし，治療教育の「維持サイクル」や「4つの壁」などにおいて，性加害は偶然（たまたま）でもないし，運が悪かったわけでもなく，いくつもの警戒警報を自分が無視し，自分が選択した行動だということを繰り返し学習する。したがって，これまでに学習した内容（ファイリングされたプリント）を見返し復習しておくことは，再発防止計画を作る土台や準備になる。

再発防止計画を作成する手順およびポイント

⑴ 再発防止計画について，「タローの例」（表10）や「天気の例」（表11）を

表10　タローの例

タローは，友達の家に遊びに行こうとしました。空には黒い雲がちらほらありましたが，早く遊びたいし，傘を持っていくのも面倒なので，手ぶらで出かけました。すると，すぐにぽつりぽつりと雨が降ってきました。「ちょっとくらい濡れたって大丈夫だろう」と，そのまま友達の家に向かいました。結果，土砂降りにあい，友達の家についた時にはずぶぬれで，家に入れてもらえませんでした。

〈タローの例を読み，以下の質問について答えてください〉

● 自分がタローだったら，どのように思いますか？
● ずぶぬれになってしまう前に，どうしたらよかったのでしょう？
● タローの例に類似する自分の経験したことについて書いてみましょう。

用いながら，再発防止計画の学習概要，ポイントについて伝える

(2) 性暴力に至るリスク（警戒警報）を抽出する

これまでに作成した「維持サイクル」や「4つの壁」を参考に，性加害につながる前兆となるリスク（警戒警報）を洗い出す。

警戒警報は，軽微な異変の段階から，そのまま対策をとらず放置した場合に，性加害に直結するような高危険なものまである。ここでは大きく2つ，生活上の小さな異変と，絶対回避すべき高危険状況に分け，具体的なリスク（警戒警報）を挙げる。

表12に，これまで子どもたちが挙げたリスク（警戒警報）についての例を示す。リスク（警戒警報）は子ども個々によって違うので，参考例とされたい。

(3) リスク（警戒警報）への対策（傘：再発防止計画）

上記(2)で挙げた警戒警報への対策をそれぞれ考え，具体的行動として落とし込んでいく。ポイントとなるのは，漠然としたものではなく具体的で，今までやったことがない初めてのことではなく，実行可能なことを選択することである。また，性暴力直前の「高危険状況」での対策よりも，軽微な異変に対し早めに行う対策の方が，性加害につながる悪循環が固定化・強化される前なので，離脱のためのハードルが低く，有効なものとなりやすい。

また，どんな対策でもよいわけではなく，状況やタイミングによっては実行できないものもあるので，複数の解決策を考えておいた方が現実的である。

再発防止計画は，作った本人だけが知っていて，モニター（関与）する保護者

表 11　天気の例を用いた警戒警報と再発防止計画の説明

　　毎日の生活は，天気と同じように，晴れの日や雨の日，暑い日や寒い日があります。
　朝は晴れていたのに，急に空が曇ってきて，土砂降りになることもあります。
　　天気予報で夕方雨が降ると言われたら，濡れないように傘を用意すると思います。寒
くなると言われたら，上着を用意しますし，暑くなるのなら，半そでにし，汗を拭くタ
オルを用意する必要があるかもしれません。また，台風が来るのなら，外に出かける予
定は延期した方が安全です。

　　自分の「こころ」も天気と同じように，その時の状況によって変化します。しかし，
「こころ」は目で見てすぐにわかるものではないので，その時の自分の状態を自分自身
が知ろうとしないと，いい対応を見つけることは難しくなります。
　　「なんでイライラするんだろう」「なんか落ち着かないけど，どうしてだろう」「最近，
嘘をついたり，ごまかしたりすることが多いけど，どういうことがあったんだろう」
等々，自分の「こころ」の状態を，少しでも知ることができれば，最悪な状況に陥る前
に，よりよい対応を考え準備することができます。
　　状況が悪化するサイン，つまり警戒警報に注意し，どのように対応するかを考え，準
備することが大切です。性加害を起こしてしまう時の警戒警報は，何でしょうか？
　　ここで言う警戒警報とは，間違った行動へと向かっていることを知らせるような，あ
らゆる気持ち，考え，行動のことです。自分の警戒警報に気づくことができれば，自分
の行動を変えるための，前向きな選択ができ，自分の行動や人生をコントロールできる
ようになります。

　　警戒警報に気づくことは，最初は難しく感じるかもしれませんが，それができるよう
になれば知らずにトラブルに巻き込まれなくなるでしょう。また警戒警報に気づけば，
土砂降りに備えて，傘を用意できますね。傘は，雨からあなたを守ってくれます。
　　性加害に向かってしまう「警戒警報」に気づいた時に，用意する「傘」とは，前向き
で健康な行動のことです。あなたが，性加害をして，人生の土砂降りの中に放り出され
ることから守ってくれるものが傘です。警戒警報に気づいて，よい選択をすることで，
過去のつらいできごと，間違った考え，嫌な気持ちなどを乗り越えることができます。
傘を使って，正しい選択をするのは，あなた自身です。

が知らないというのは望ましくない。子ども本人が実行することはもちろんだ
が，警戒警報のサインを保護者とも共有し，家族の協力や応援が得られるように
する方が，複数の目でモニターされ，手を入れられるので，セイフティネットと
して有効に働く。プログラムの修了時には，関係者を集めた発表会を持ち，再発
防止計画を共有し，さらに質疑応答する機会を作れば，子どもの視点だけでは埋
められないものが新たに加わり，ブラッシュアップされるだろう。
　表 13 に，これまで子どもたちが挙げた対策（傘）の例を挙げる。

表 12　性加害児童が語った警戒警報の例

① 思考・感情
- 何もかもうまくいかず，「どうせ無理だ」とあきらめ，投げやりになる。
- 学校の勉強がうまくいかず，親からうるさく言われ，どうでもいいと考える。
- 学校でからかわれ，嫌なことをされることが続き，無力感と絶望感にとらわれる。
- してほしいことや相談したいことがあっても言えず，言っても無駄だと考える。
- 注意されると「嫌な時間が早く過ぎればいいのに」としか思わない。

② 行動
- ルール違反が増える。嘘やごまかし，自分の非を認めなくなる
- 「ちょっとくらいなら大丈夫」と，やらないといけないことをしない。先延ばしする。
- 「たまにならいいだろう」とクラブや塾をさぼる。
- 友達とのケンカが増える。親とのいさかいが増える。
- ケガをして運動（部活）ができない。
- 親に頭ごなしに怒られて，何も言えない。大事なものを没収され，返してもらえない。

③ 高危険（やばい）状況
- 学校でいじめや無視が続き，孤立する。
- 部屋にこもり親との関わりを避け，ストレス解消の方法として性動画を見ることが続く。
- 女の子の胸を触ったらどうなるだろうと想像する。
- 家にいても落ち着かず，特に目的もないのに外出することが増える。
- 下校時に人けのない場所で，女の子がひとりでいるところに出くわす。

(4) フォローアップ：策定した計画（PLAN）の実行（DO）とチェック（CHECK）
そして改善（ACTION）

　再発防止計画は作って終わりではなく，日々実行すること，そして，うまく稼働しているかどうかをモニターし，うまくいっていない場合は，なぜうまく実行できないのかを考察し，現実に合うよう再プランニングする必要がある。これらのPDCA サイクルを繰り返し行うことで，より実効性の高い安全プランが作成できる。

　治療教育実施後のフォローアップ面接では，作成した再発防止計画の実施状況について，子どもと話し合いながら確認し，定期健診のようにメンテナンスしていくことが望まれる。

施設での再発防止の取り組み

　施設内で児童間の性問題行動があると，施設は問題発生から短期間のうちに，児童相談所や施設を管轄する部署から，問題発生の内容，考えられる原因，そし

表 13　性加害児童が語った対策（傘）の例

①気持ちをまぎらわせる
　● ゲーム，運動，寝る，音楽を聴く，漫画，お笑いを見る，好きなものを食べる。
②相手の言っていることをよく聴き，考える
　● 相手の言っていることをしっかり聴き，一つひとつ丁寧に考える。
　● 相手の言っていることがわからない時は，質問し理由を聞く。
③衝動コントロール
　● それはしていいのか，自分のためになるのか，落ち着いて考える。
　● 深呼吸やリラクセーションを用いる。
④相談する
　● 自分だけで判断する前に，周囲の信頼できそうな人の意見を聞く。
　● 自分の行動や発言がどう見えるか周囲の複数の人に聞いてみる。
⑤肯定的なセルフトーク（サバイバーの声）
　● 「俺ってけっこういいやつ。そんなことをするようなやつじゃないだろう」と言い聞
　　 かせる。
　● 「困った時ほど落ち着いて考えよう。自分でできることもあるし，相談するのもあり
　　 だ」と言い聞かせる。
⑥なりたい自分を思い出す
　● 自分が将来何になりたいのか，何をしているのかを考える。
　● 将来に向けて自分が積み上げたこと（やってきたこと）を一つひとつ思い出す。
⑦危機回避
　● 危ないと思った時は，とにかくその場から離れる。
　● 女の子がひとりでいる場面に遭遇したら，急いでその場から離れる。

て再発防止策を報告するよう求められる。

　一方，前述したように，子どもへの支援において再発防止計画作成は，性問題
行動発生のメカニズムや自分の課題について，ある程度理解できるようになった
終盤に位置づけられる課題である。つまり，施設が児童相談所などに提出してき
たそれまでの再発防止計画は，表層的・形式的なものにならざるを得ず，子ども
の問題について十分なアセスメントがなされたうえで作成されたものだったか疑
問が残る。問題の再発を防止するなら，個人の治療教育と同じように，そのメカ
ニズム解明のための多くのふり返りと考察が必要になる。

　具体的な手順としては，まず，性問題行動を理解するため，子どもの生育史や
保護者との関係性，職員や他の子どもとの関係性，そして施設で取り組んできた
支援について，職員それぞれが複数の視点から意見を出し合うケースカンファレ
ンスを行う。次に，性加害につながったと思われるサインや状況（警戒警報）に

ついて，複数意見を出し合う。特に，再発防止につながる死角（場所，時間帯）は，複数の目から意見交換し，共有する。警戒警報への対策（傘）について，職員でアイデアを出し合い，具体的行動として落とし込んでいく。このように職員で話し合い，相互に意見交換しチームで取り組むことが，再発防止に向けた子どものセイフティネットを強めていくと考えられる。

　再発防止は，子ども自身が警戒警報に対してどんなふうに対応するか，具体的で実行可能性のあるものでなければならない。作成することがゴールではなく，実行の継続が重要で，絵に描いた餅では意味がない。定期的に見直し，実情に合わせてブラッシュアップしていく必要がある。

　再発防止計画の一例として，「施設での再発防止計画（例）」（表14）と「タクヤの再発防止計画（警戒警報と傘）」（表15）を示すので，参考にされたい。

高下洋之

（大阪市立阿武山学園）

4．実践例のポイント

　再発防止計画を作成する目的は，社会の安全はもちろん，加害をした子どもの成長につながることで本人や家族のニーズを満たすことにある。また，被害者感情を考慮するなら，実行可能性な再発防止計画の作成は「公的機関の責務」であると述べられているように，児童相談所が性問題行動に対して，社会内の最前線で取り組んできたことがわかる。

　治療教育の最終課題である再発防止計画の作成は，これまでに学習した内容を復習することから始まる。「警戒警報と傘」の課題として例示されているタローの例や天気の例は，子どもにもわかりやすいものである。しばしば，子どもや保護者は「もうやらない」ことを証明するために，「何もしなくても大丈夫」と口にする。再発防止の準備をすることが「自信のなさ」や「後ろ暗いところがあるからだ」と言わんばかりに，何もしない方が自信のある態度だと考えていることも少なくない。リスクに備えることが，男性としての弱さを感じさせる面もあるかもしれない。そのため，天気の例を用いて，自分ではコントロールできない状況に対して備えるのは当たり前のことであり，だれもがふだんから行っているものだという心理教育をするのは，再発防止計画を立てるための動機づけを高め，課題をイメージしやすくするだろう。

表 14　施設での再発防止計画（例）

危険をもたらす状況	そのままにしてしまうと…	対応策
●子ども間で，物を盗る・盗られる等の境界線の問題がみられる。	●子どものイライラが高じる。 ●大人に相談しても解決しないと子どもがあきらめて，大人に困ったことを相談しなくなる。	●小さい問題と捉えず，問題解決のために子どもの話をじっくり聴く。 ●子どもとルールについて再確認する。
●職員の多忙さから，子どもの巡視（モニタリング）がルーズになっている。	●大人の見えないところでの子ども間のトラブルが増える。 ●職員が子どもを注意することが増える。	●職員間でモニタリング体制について話し合い，だれが，どの時間，どこを見るのか共通理解を図る。
●子ども間の暴言・暴力が増えている。 ●職員もそれが当たり前と感じるようになる。	●暴言・暴力のある子どもにどう対応しようが，変わらないというあきらめをいだくようになる。 ●子どもの暴言・暴力に過度に注目し，注意することばかり増える。	●荒れている子どもについてカンファレンスを持ち，子どもの理解と支援について話し合い，支援の共通理解を図る。
●家族との交流のキャンセルが続いている。 ●交流後の子どもの状態が悪い（イライラしている）。	●子どもの言動がきつくなり，周りに八つ当たりすることが増える（特に，週末・長期休暇前後）。	●児童相談所のケースワーカーと情報共有し，交流のあり方を見直したり，できることを一緒に考えていく。
●子どもが実習生に抱きつき，プライベートパーツを触ることがある。	●プライベートパーツを触っても OK と子どもが思う。 ●放っておくと，他児も同じことをする。	●実習生と子どもとの関わり方やルールについて共有し，報告・相談するよう伝える。 ●性行動のルールについて子どもと共有し，ルール違反があった場合，子どもとすぐ話し合う。

　「警戒警報」のポイントは，状況や環境そのものが危険なのではなく，「気持ち，考え，行動」という自分の反応が「間違った行動」につながると理解することである。治療教育で取り組んだ「ABC モデル」や「維持サイクル（悪循環）」の学習をふまえて，自分がとりやすい反応を整理する。それに対する

表15 タクヤの再発防止計画（警戒警報と傘）

危険をもたらす状況	警戒 警報		そのままだと…	傘（対応策）
	自分の考え、気持ち	周りに見える行動や変化		
① 集団でからかわれ、言い返すと、さらにやり返されることが続く（学校）。	うっとうしい・理不尽。イライラ、あせらか。怒りが強すぎて先のことなど何も考えられない（思考停止）。	機嫌が悪く、常にイライラ投げやりな口調。クラブを休みがち。集団での挑発、無視（思考停止）。②	誰とも話さなくなり孤立。性動画を見ることが増える。自慰と自傷で発散、いじめがエスカレート。	対人関係解決に動き出す 我慢しないで先生や親、小学校の時からの友達に話す。「サポートしてもらおう」という。音楽と漫画で気を紛らわせる。
学校でうまくいってないことを親に知られると心配をかけると思い、嘘をついてごまかすか本当さなくなる（家）。	話しても何も変わらない。話してどうにかなるから面倒。イライラ。親が色々と干渉しだし、気持ちに鈍感で思考停止な状態。	部屋にこもる。口数が少なくなる。親が色々と干渉しだし、もめることが増える。	親ともめることが増え、もっとイライラする。誰も分かってくれない、一人ぼっちだという考えがより強くなる。	「今の状況から脱出したいから、正直に話そう。この状況を変えられるのは自分次第」というセルフトークを使う。リビングにいる時間を増やす。
③ 家でも学校でも責められ、嘘をさく言われないよう、嘘をつくのが当たり前になる。	周囲と関わるのは面倒だ。人のことなんかどうでもいい。罪悪感、焦り。	表情が暗くなる。笑わなくなる。人を寄せつけないオーラ。	ずっとうまくいかず、悪循環から抜け出すのが難しくなり、性暴力のリスクが高くなる。	「自分の気持ちを正直に話さないと、相手に伝わらない。嘘は問題をこじらせる」というセルフトークを使う。

特別警戒警報‼ 性暴力に近づく絶対に避けるべき状況
- ●放課後ひとりでウロウロすること
- ●不快な感情を性動画、自慰で解消しようとすること
- ●人のことなんかどうでもいいと考え出しているとき

緊急対応策 いますぐ、自分を守る最善の行動を！
- ○学校から真っすぐ〈家〉に帰る（モニタリング）
- ○不快な感情は自慰ではなく、別の方法（音楽や漫画）で紛らわせる
- ○カウンセリングで自分の気持ちを正直に話す

日ごろからできる防災活動（いざというとき対応策が取りやすくなるよう準備しておくこと）3つ
1．1日1回、自分の気持ちを振り返り考える時間を作る（メモでもいいので日記をつける）。
2．ささいなことでも、日頃から親に話す。
3．学校で孤立しないよう小学校からの友達を大切にする（LINEする、自分から話しかける）。

①②③の順番で実施する。

「傘」は，「前向きで健康的な行動」と説明されている。何かを避けたり，あきらめたりするという回避的な行動ではなく，自分にとってポジティブな行動を選択する点を強調することは，グッドライフ・モデルの考え方に根差したものである。時に，再発防止計画は，危険回避に焦点を当てたものになりやすいため，子ども自身がよい方法を用いて満たされた生活を送ることが，性暴力から遠ざかるうえでもっとも重要であると認識する必要がある。

　警戒警報では，「性加害につながる前兆となるリスク状況」を取り上げる。できるだけ「曇り空」のうちに対処することが望ましいが，たとえ「土砂降り」にあっても，最後まであきらめず，少しでも安全な方法をとることが大切である。子どもたちが語った警戒警報の例を見るとわかるように，どれも子どもの日常で起こりがちな場面である。一般的な例を参照しながら，その子ども自身の生活で起こりうることを取り上げていく。

　介入策としての傘は，①早い段階で行うこと，②複数の解決策を考えておくこと，③家族や身近な大人の協力を得るもの，とするのがよい。ゲームをする，音楽を聴くなど，ひとつの方法に頼ろうとする子どももいるが，それがいくら有効な方法であっても，「学校ではできない」ようなら，傘として十分に機能しない。グループであれば，メンバーとアイデアを出し合うことができる。個別の場合，保護者や教職員の協力を得て一緒に計画を立てる宿題を出すなど，子どもがサポートを得やすくする工夫も必要だろう。

　また，実践例では，再発防止計画の作成後，PDCA サイクルを繰り返し，「定期健診のようにメンテナンス」することが紹介されている。施設内における子どもの性問題行動への対応において，しばしば再発防止計画が拙速に作成されていると指摘されているように，危機対応や治療教育が形式的なものだけで終わらないように，その目的や実践のポイントを改めて多機関で共有し，よりよい実践につなげていくことが求められる。

第Ⅱ部：参考文献

Kahn, T. J.（2001）*Pathways: A guided workbook for youth beginning treatment, 3rd edition.* Safer Society.（藤岡淳子監訳［2009］回復への道のり パスウェイズ：性問題行動のある思春期少年少女のために．誠信書房）
Kahn, T. J.（2002）*Pathways guide for parents of children and adolescents with sexual behavior problems, 3rd edition.* Safer Society.（藤岡淳子監訳［2009］回復への道のり

親ガイド：性問題行動のある子どもをもつ親のために．誠信書房）

Kahn, T. J.（2007）*Roadmaps to recovery: A guided workbook for children in treatment, 2nd edition.* Safer Society.（藤岡淳子監訳［2009］回復への道のり ロードマップ：性問題行動のある児童および性問題行動のある知的障害をもつ少年少女のために．誠信書房）

Kahn, T. J.（2011）*Pathways: A guided workbook for youth beginning treatment, Fourth Edition.* Safer Society Press.

Miller, W. R. & Rollnick, S.（2012）*Motivational interviewing（third edition）: Helping people change.* Guilford Press.（原井宏明監訳［2019］動機づけ面接〈第3版〉上・下．星和書店）

Print, B.（2013）*The good life model for adolescents who sexually harm.* Safer Society.（藤岡淳子・野坂祐子監訳［2015］性加害行動のある少年少女のためのグッドライフ・モデル．誠信書房）

高下洋之（2021）児童福祉施設内児童間性問題に対する職員への再発防止支援．大阪市社会福祉研究，44; 49-61.

Wagner, C. C. & Ingersoll, K. S.（2013）*Motivational interviewing in groups.* The Guilford Press.（藤岡淳子・野坂祐子監訳［2017］グループにおける動機づけ面接．誠信書房）

第 III 部

治療教育プログラム実施の
システムづくり

第 6 章

治療教育プログラムを開始する

Ⅰ 新しい取り組みを始めるのに不可欠なもの
──熱意ある職員のファースト・サークルができること

　多忙な日常業務の中で，上からの命令もないのに，なぜ新たな業務を増やさ
なければならないのだろう？　ここ十数年間で，児童相談所（以下児相），児
童自立支援施設（以下児自施設）において実施されている性問題行動に対する
治療教育プログラムは少しずつ増えている。なぜ，そんな給料以上のことを自
ら進んで行うのだろう？　各機関で取り組みが開始された時のことをふり返り
つつ考えたい。

Ⅱ 児童自立支援施設における個別治療教育プログラムを
開始する時

　日本の児童福祉分野で，初めて性問題行動への治療教育的介入が個別プログ
ラムとして開始されたのは，2005 年のことである。ある児自施設に性問題行
動を主訴として入所する子どもたちが増え始め，その対応に苦慮するととも
に，彼らの性問題行動を変化させ，彼ら自身のこれからの人生をよりよいもの
とし，同時に性被害児童を減らす方法を熱心に模索していた職員と，矯正施設
などで少年や成人の性非行・性犯罪行動変化のための個別・集団プログラムを
実施してきた大学教員とのコラボから，この試みは始まった（浅野，2018）。
　その後 20 年近くを経て，どの時代，どの地域においても，性問題行動が子
どもたちに与える悪影響の甚大さを憂い，何とかできる支援を行いたいという
現場職員の熱意から始まることに変わりはない。どうやら，だれに言われたわ

けではなくとも，何とかしたいという現場職員の熱意が治療教育を推進してきたことは特筆に値するように思う。

1．児童自立支援施設での治療教育プログラムの開始

　以下は，ある県の児自施設において，個別による治療教育を始めた職員たちの手記である。

実践例

児童自立支援施設において個別の治療教育プログラムを開始する

どのように性問題行動の治療教育が始まったか？

　広島学園（以下学園）の治療教育は，今からふた昔ほど前，混乱期にあった学園の立て直しのためにかき集められ，ともに勤務し，互いの仕事ぶりを知っていた職員3名の問題意識と協働に端を発している。

〔1〕学園指導員Aの話

　学園の中学校の保健体育教員であったAは，パワフルな非行児が日々覇権を競ってきても連戦連勝だったが，その中に非行をしたとは思えないほど一見まじめそうな，しかし走る姿は老人のようでスキップもできず，自分の体でありながら思うように動かせない子どもが混じっていることが気になっていた。その後，数年の児童相談所（以下児相）における児童福祉司としての勤務の中で，家庭の問題が根深い子どもがやがて学園へ入所することや，発達障がいなどについて学んだ。

　学園へ戻ると，これまでの非行児集団とはタイプが異なり，対人関係が極めて未熟な子どもがほとんどを占めていた。そのため，SST（ソーシャルスキルトレーニング）やアサーショントレーニング，感覚統合などを学びながら，女子寮でグループワークの実施を試みた。続いて男子寮勤務となると，性問題行動を主訴に入所する男児が増加しており，新たな取り組みが必要だと考えて上司へ相談した。しかし，「性問題行動を学園で扱い始めたら，児相は『学園で全部やってくれ』と施設任せになるのではないか。時期尚早だ」との考え方があり，話は進まなかった。

⑵ 児童相談所児童心理司Bの話

　学園勤務後，虐待対応で激変した児相へ戻ったBは，性加害をした少年の面接を『パスウェイズ』を読みながら手探りで始めることになった。目の前の少年は資質と環境に恵まれずとも愛嬌のある子だったが，心理司であるBのこころの中では「被害児のことを思うと許せないし，再発をさせてはいけない。でも，なぜこの子がこんなことをしたのか理解できない」という気持ちや，性問題行動を扱うことへの不慣れさと独特の不快感があった。スーパービジョン（以下SV）を受けるべきとわかっていたが，どこで受けられるのかわからないまま，結局彼は再犯し少年院へ行った。

　その後，Bは「もふもふネット」を知り，平成30（2018）年度研修に参加した。児相の触法相談では，校内暴力やバイク盗が消滅して性問題行動が半分以上を占め，児童養護施設での児童間性暴力の問題は待ったなしの状況になっていた。性問題行動で学園へ措置される子どもも増えていたが，児相から見ると学園はまだ「性非行は特別枠。本当は学園の対象非行児じゃないけど，事情はわかるからみますよ」とのスタンスだった。当時，学園は非常勤の心理療法担当職員がやっと配置されたばかり，生活指導でも性問題行動のある子どもをどう指導すればいいかわからない，といった過渡期だったのだろう。Bは，児相のことはさておき，「今後10年は，学園は性問題行動に正面から取り組む必要があるのでは」と感じていた。

　BはAに，一緒に「もふもふネット」の研修に行こうと声をかけた。そこで当時広島県にある大学に勤務していた毛利さんと知り合い，すぐに学園に見学に来てもらった。当時の園長は一目で毛利さんを信頼し，急転直下，学園は性問題行動に取り組むことにシフトした。

⑶ 学園心理士Cの話

　平成29（2017）年に児相から学園の心理療法担当職員として戻ったCは，性問題行動ケースの入所が増加しているが，学園主体でそれに対する治療教育が行われていないことに疑問を持ちつつも，治療教育以外の面接の比重が高いことや，施設が担うことで結果的に退園後の児相によるアフターケアが不十分になると心配していた学園の従来の考えも理解していた。平成30（2018）年，職員Aから「性問題行動に一緒に取り組もう」と声をかけられ，毛利さんとのご縁もあり，性問題行動への対応で実績のある大阪市立阿武山学園の視察をした。阿武山

学園の林園長（当時），岡本心理士（当時）から実際の取り組みと課題を拝聴し，一緒に見学したAとBから「とりあえず真似して，心理面接とSVを始めてみよう。Cさん，がんばれ」と励まされた。

　予算措置もされたため，平成31（2019）年度，毛利さんをスーパーバイザーとした学園と児相職員によるグループSVを月1回で開始した。担当職員に限らず，学びたい人が参加できる公開SVとした。初年度は，Cが1年間を通して1ケースのSVを受け，面接手法に加え，ケースワーク上のアドバイスを得た。1ケースのSVだったが，さまざまなケースに汎化できることがわかった（臼井，2020）。

　SVは，児相から趣旨を理解するベテランと意欲ある若手心理司数名が参加し，少人数でスタートした。

　このように，3名の職員の問題意識から始まり，幹部職員の理解を得て，さらにはスーパーバイザーにも恵まれて，開始することができた。

今後の課題：SVを生かして職員のスキルアップを続ける

　取り組みは緒についたばかりである。心理面接だけでどうにかなるわけではなく，生活指導による子どもの成長や家族への働きかけなど，すべてを連動させる必要があるが，なかなか簡単ではなく，互いに足りぬものを言い合って意見が相違することも多い。高じて険悪な雰囲気になることもある。それでも「性問題行動をやっていくのに役に立つ研修だよね」と感じた児相と学園の職員が，月1回SVに集まっている。お互いに忙しい業務を何とかやりくりして多機関多職種の職員が集う自己研鑽の場では，互いが誠実に取り組もうとしていることへの信頼や，各々の機関の強みと限界を知り協働していく素地とが生まれると思う。このSVもそういう場にしていきたい。

　SVで学んだのは，性問題行動は特異な非行ではなく，生きづらい子どもが何とか生きるために間違った選択をした結果であること，そんな子どもが生きるのに役立つ資源を少しでも持たせてやるために，子どもの内的資源，家族機能や社会資源をアセスメントし働きかけていくことが我々の仕事，ということである。非行のアセスメントで何が必要かということや，非行にみられる思考の誤りなどにどう向き合って成長を促すかといった面接スキルを，若い職員が学べる場は実はあまりない。これからの職員がこのSVを有効活用して，学びの場にしてくれ

たらとても嬉しい。

（元・広島県立広島学園）**楠富美子**

（広島県西部こども家庭センター）**山本知子**

（広島県立広島学園）**臼井直希**

2．治療教育プログラム開始にあたってのポイント

　開始の契機は，非行のある少年たちの様変わりを実感したこと，しかし「性」の問題を扱うことへの抵抗感と，どう扱えばわからないことが，障壁となったことが語られている。こうした抵抗感と障壁はおそらくどこにもあるものであろう。

　しかし，そこから予算を確保し，外部専門家と連携し，先行機関を参観し，勉強会やスーパービジョンを受ける機会を確保して，組織としての体制を作っていったことが語られている。

　最初は少人数であっても，方向性を一にする仲間たち（ファースト・サークル）の協働が，次第に周囲を巻き込んでいくように思われる。もし，新たなプロジェクトを開始したいと望むのであれば，その意義や方法を語り合い，意見を交換し，方向性を共有できる仲間を1人でも2人でも，作っていくことから始めるのが，意外に近道であるように思う。

　児自施設における個別の治療教育プログラムは，開始に際してのハードルが比較的低いようにも思われる。子どもがそこで暮らしていること，施設全体がうまく運営されていれば保護者の同意や協力も得やすいこと，現在の児自施設には，寮職員，心理職員が揃っており，児相のワーカーや心理職の協力も得られる可能性があることなどが好条件となる。

　加えて，現在では，個別の治療教育プログラムには，モデルとテキスト，ワークブック，研修教材などが比較的揃ってきている。日本に導入した際は，アメリカの実施方法を学び，翻訳し，取り入れた。当時のお手本は，フリーマン・ロンゴの『なぜぼくはここにいるのか？』というワークブックであった（藤岡，2006）。このワークブックは，自身の被虐待体験もかなり綿密に扱うので，施設内でのプログラムに適している。現在でも，施設内でのプログラム実施の際には，基本ワークブックのひとつとして取り入れられていることも多い。先行機関から学び，自機関に合うようにアレンジしつつ取り入れられるこ

とは，大きなメリットとなる。

　もう１点，性問題行動を持つ子どもの特徴を知っておくことも有益である。以下は，性問題行動治療教育プログラムを開始した児自施設の心理師による臨床的所感である。

プログラム開始にあたって感じるかもしれない子どもの特徴

　児童自立支援施設では，全国的に性問題行動を主訴とする入所児童が増え，対応に苦慮してきた。当園も同様の壁に当たり，プロジェクトチームを立ち上げ，10 年にわたって性問題行動治療教育プログラムを実施してきたところである。

　その実践の中で，治療教育においてはカリキュラムの構成や内容以上に，子どもが治療教育に主体的に取り組むスタンスを作っていくことが鍵だと捉えている。当園の場合は，入所の時点で，プログラムの履修については親子ともに同意を得ることにしている。とはいえ，治療教育のスタート時には多かれ少なかれ，"やらされている""やらないといけない"と感じているものである。そこから，プログラムを受けることが"自分のなりたい姿に近づく""自分の未来のためになる"にシフトし，主体的に取り組めるようになるかどうかで，治療教育の沁み具合が変わってくる。

　今回は，これまでの実践を振り返りながら，治療教育の序盤でよく出会う子どもたちの具体例を挙げ，未熟ながら試行錯誤し対応してきた過程について，まとめてみたい。

"いい子"モード

(1) 子どものイメージ

　治療教育への動機や目標について尋ねると，教科書通りの言葉は述べるものの，深みに欠けるようなタイプ。治療への不安や抵抗から過度に後悔や自己卑下を並べて防衛している子どももいれば，"きちんとやらねば"という意識が強すぎる子どももいる。そして，治療教育には真面目に参加するものの，コミット感に欠け，面接者側も「このままでいいのかな……」と不安を持ちつつも，するっ

と進んでしまう。

　こうしたタイプの子どもたちは，"いい子・できる子"としてのふるまい自体が，性問題が起こったメカニズムにつながっていることがよくある。すなわち，自分に自信がなく，それゆえに期待に応えようと，自分の意志や感情よりも相手に求められる答えを探してしまう。できる自分でなければ認められない，ボロを出せば非難される，と背伸びをして頑張ってしまう。そうやって無理している自分の感情も否認し，その結果，うまく消化できないまま，性問題に至ってしまう。

　(2) 序盤に工夫していること

　プログラムに対する期待や不安，恐れを丁寧に扱い，安心して話せる関係を作ることを目指している。治療への参加を是認し，間違いを保障し，時には面接者の自己開示も入れながら，優等生でありたくなる心性も含めて取り扱う。合わせて生活場面でも，誠実さや真面目さは評価しつつ，ひとりで抱えず相談する体験を重ねてもらう（往々にして，大人からの期待を取り違えてひとりで頑張りすぎていることもある）。他人から求められる像に合わせることを続けているだけでは，自分の加害の責任を負うことはできない。

　加えて，"いい子で頑張っている自分を認めてほしい"という意識は，裏返せば"この回答をすればそれ以上突っ込まれないので，向き合わなくてすむ"という子ども・面接者双方の回避にもなりやすいので，気をつけたい。

"被害者"モード

　(1) 子どものイメージ

　加害行為については悪かった，と認めつつも，相手にだって悪いところがあった，あの状況だと仕方なかった，親や支援者はこんなに悪かった，あるいは自分だってされてきた……等々を主張する。被害者思考のループにはまっているともいえる。

　もちろん，大半のケースで加害に至った背景には被害がある。当園でいえば，入所児童の約8割が被虐待経験を有しており，約3割は他施設からの措置変更による入所である。そもそもが周囲の大人に振り回され，パワーバランスの中で育ってきた子どもも多いため，こうした認識に陥りやすいのも頷ける。

　しかし当然ながら，被害を受けたことが加害を正当化する理由にはならない。

被害者思考に留まっているうちは，自分はかわいそうというストーリーに囚われ，どちらが悪いかの白黒思考に固執し，自己憐憫に陥っている。そこから真に被害を引き受けるということは，人生の出来事について責任の所在を正しく理解し，自分のつらさや苦しみに正面から向き合うことであろう。

(2) 序盤に工夫していること

こうしたことを真正面から突き付けようとすると，「お前も否定してくる」とスムーズに入っていかないものである。そのため，序盤のうちは本人のストーリーを否定はしないものの，"あなたはそう考えているんだね"と面接者と境界線を引くことを意識している。人にはそれぞれ異なる考えがあることを徐々に浸透させ，別の視点を投げかけてみたり，時には討論したりできるようになることを目指している。

感情に向き合えない

(1) 子どものイメージ

性加害児童の大きな特徴のひとつが感情の認知やコントロールの弱さであり，これらは治療の大きな目標となる。「大丈夫っす」が定型で，感情を否認したり知性化したりして，向き合うことを避けてしまいやすい。背景として，これまでの被害体験から感情を麻痺させて生きてきた子どももいれば，強くあらねばという男性的な観念の強い子どももいる。

(2) 序盤に工夫していること

拙い出し方であっても自分の感情や意見を表明できることを尊重すること，徐々に感情を耕し，ネガティブな感情を扱えるようになることを目標にしている。ワークブックに加え，感情教育や感情コントロールについての種々の書籍やツールも役立つ。それでも感情の動きが乏しい子どもに対しては，試行錯誤の中で，箱庭や描画，イメージといった非言語のツールを取り入れたこともある。とはいえ，感情に向き合う恐れや抑圧は強く，思うようにいかないことはよくある。実生活で多様な感情体験をすること，生活担当職員と衝動性や怒りについて取り組むこと，面接者と一緒に感情を抱える関係を体験すること……さまざまな相乗効果を経て，ゆっくりとしかし着実に醸成していくようなイメージである。

いずれにせよ，治療教育のスタートにおいては，子どもの安心感を高め，本音

を話せるような関係性になることに重きを置いている。面接者としても，まずは治療に参加していることを称え，はじめから修正せずに，よく言うセリフや価値観，引っかかりやすいポイントについてキャッチしておく。子どもと対話できる周波数をチューニングしていくようなイメージである。

　プログラムが進めば，治療者と自身の認知の歪みやサイクルを検討することになるが，その際に“教える・それに従う”“説得する・される”のではなく，“一緒にできごとを眺め，検討する”関係性になることが大切である。すなわち，お互いに意見を出し合い対話できるということは，相手との違いを認め，尊重することそのものであり，その積み上げが，まさしく支配－被支配の関係やパワーの問題を脱却することにつながるからである。こうした関係を体感することこそが，プログラムの構成や内容以上に意味のあるやりとりだと信じている。

　なお，今回は子ども－治療者の関係に絞って述べたが，当園では，生活担当職員，保護者，ケースワーカーといった，全体の枠組みを含めて「性加害治療教育プログラム」だと捉えていることも，つけ加えておきたい。面接場面での二者のやり取り以上に，生活場面で自信をつけること，密な人間関係の中で肯定的な関係を体験すること，認知の歪みに気づきソーシャルスキルを身に付けること，適切にフラストレーションを解消すること……こうした日々の丁寧な積み重ねが再犯防止には欠かせない。子どもを取り巻く環境が有機的に連動できるような枠組み作りも，治療教育をスタートさせる重要なポイントとなるだろう。

（大阪市立阿武山学園）

橋本めぐみ

　児自施設における個別プログラムを開始する際には，大阪府立修徳学院（2008）の「子どもの性問題行動の理解と支援に向けて」が参考になる。実際にプログラムを開始した経験をもとに，以下のような次項が書類の様式なども含めて掲載されている。①プログラムの目的，②児童の選定，③実施の枠組み作り，④アセスメント，⑤リスク・アセスメント，⑥カンファレンス，⑦保護者の同意，保護者面談，⑧保護者支援，⑨本人の同意と動機づけ，⑩初回面接，⑪ワークブックの構成，⑫面接の進め方，⑬各章のポイントと宿題のねらい，⑭記録とスーパービジョン，⑮許可外出，家庭や地域への復帰，⑯監督のポイント，⑰ワークブック修了時，⑱アフターケア，⑲行動化，再発。本報告書は，

平成 19（2007）年度大阪府すこやか家族再生応援事業に対して作成されており，当時各児相，児自施設に配布されている。

　翌年の報告書には，導入したプログラムのモデルとなったオクラホマ大学（当時）のボナー博士の講演録が掲載されており，プログラムの基本の理解を助けてくれる。これも各児相，児自施設に当時配布された。

Ⅲ　児童相談所における治療教育プログラムを開始する時

　日本における児相の性問題行動への治療教育プログラムが開始されたのは，2008 年のことである。その前年に，筆者は仲間たち（ファースト・サークル）と，オクラホマ大学とシアトルの開業ワーカーであるカーン先生のところに見学と研修受講のために渡米し，それをモデルにプログラムを立ち上げた。

　社会内でのプログラム実施には，施設内での実施とは少し異なる配慮も必要とされる。「公的機関で性について話して，帰り道で再犯するのが恐い」という実施者のためらい要因もよく聞かれる。アメリカでの研修はそうした懸念も払しょくさせるものであった。

　モデルとして日本に導入する際ポイントとなったのは，以下の点である。①グループを第一選択肢とする，②随時，卒業し，新メンバーが加入するセミ・クローズド方式で実施する，③本人と保護者のグループを並行して実施する，④教材としては，カーン著『回復への道のり』3 部作を翻訳出版して使う。オクラホマ大学とカーン氏のクリニックのモデルにかなり忠実に，児相でのグループによるプログラムを開始した。

　とはいうものの，児相でのプログラム開始にあたって，いきなりセミクローズド・グループ方式にすることは，少しハードルが高いようにも思う。それまでの児相の体制からしても，まずは個別方式の方が取り組みやすいかもしれない。

1. 個別プログラムの開始

児童相談所における個別プログラムの開始

平成 18（2006）年 4 月に筆者が児童相談所で働くようになった頃から，性問題行動のある子どもを担当することがたびたびあった。当時は 1 人だった男性の児童心理司は 11 人（令和 5 ［2023］年 5 月現在）と増えたが，1 人あたりが担当する性問題行動のある子どもの数はむしろ増えてきている。ちなみに本県では，子どもの性別によって同性の児童心理司が担当となることが多い。

性問題行動のある子どもを担当する際の主訴は，触法，ぐ犯など，さまざまであるが，アセスメント後，必要な心理教育を行いつつ，再発予防プランを作成し生活実態をふまえ，さらなる改善プランを検討していくという流れが一般的である。

以前は，心理教育で『回復への道のり──ロードマップ』をテキストとして利用することが多かった。対象の家庭にはワークブックを購入してもらい，一緒に読みながらワークに取り組んでいた。ワークブックを忠実に進めていき，修了した時点で簡易なセレモニー（修了式等）をして終結するというのが一般的だったと記憶している。当時も一部のケースでは，子どもの事情に合わせ，ワークブックを使用しながらも個別性を重視し，自前のワークシートを作成して面接に臨むことがあった。当然ながら，自前のワークシートは対象の子どもをよく理解していないと作成することができず，ワークシートを作成したケースはより面接が深まると感じることが多かった。しかし，児童相談所という 1 日に数ケースも面接と会議を行い，合間に面接記録や会議資料を作成する中で，虐待通告があれば緊急に人を集めて対応する現場では，1 日が終わるとその日に何をしたかさえ思い出せないようなことも多く，なかなか個別のワークシートを作成するなどの思うような支援ができずに葛藤していた。

そのような折，性問題行動のある子どもをより理解し，実際にワークブックを行ううえでのポイントをもっと詳しく知りたいという思いから，複数の児童心理司が大阪で行われている「もふもふネット」の性加害行動臨床実践研修を受講す

るようになっていた。平行して，少年鑑別所や少年院などに有志で訪問し，見学や情報交換を行った。令和元（2019）年度に入ると，もふもふネットや矯正機関の職員からよく聞いていたグッドライフ・モデルを本格的に実践できるようにしたいと考え，一緒に働く男性児童心理司を中心に声をかけあい有志で勉強会を実施するようになった。

　現在，子どもとのセッションにおいては，グッドライフ・モデルに基づいて作成した性問題行動に関する簡潔なワークシートを用いながら，その場での相互コミュニケーションを重視したアプローチをとることも多くなっている。

佐藤慎也

（大分県中央児童相談所）

2．実践例をふり返って

　『回復への道のり』3部作の翻訳出版は，性問題行動への治療教育的取り組みを促進するうえで，やはり大きな役割を果たした。とりあえず，これに沿って学習していけば大きく外れることはないという安心感につながる。とはいうものの，実践してみるとなかなかどうやればよいのかよくわからない，本当にこれで子どもがよくなっているのか，再犯を防げなかったということが出てくる。そこで，もっと内容を理解しよう，勉強しよう，研修やスーパービジョンの機会を求める，という動きが内部から出るかどうかが次の分かれ目になるように思う。現在では，日本語でも研修やスーパービジョン，書籍や教材は限られているとはいえ，探し求めれば得ることができる。

　英語ではあるが，ATSA（Association for the Treatment & Prevention of Sexual Abusers）| Making Society Safer や子どもの性問題行動に特化したNSSBY（National Symposium on Sexual Behavior of Youth）Home - National Symposium on SBY（ncsby.org）のホームページで最新の情報を集め，研鑽を積むこともできる。

　プログラムやワークブックが用意されていることは入口として入りやすくさせるが，やはりその内容を十分に理解し，治療的関係を維持することに習熟してこそ，初めてその真価を発揮できる。性問題行動への治療教育プログラムが実践されるまでは，児相で心理職スタッフが継続的な治療的関係を作り，維持するような業務は，実際には行われていないのが一般的であった。ある意味，

児相の心理職スタッフの新たな職域として展開する可能性を秘めていると考えている。

3．グループ・プログラムの開始

こうした実践を積み重ね，令和に入ってからは，グループ・プログラムも開始されるようになってきた。

実践例

児童相談所におけるグループ・プログラムの開始①

当所では，令和3（2021）年度から性問題行動を抱える児童およびその保護者を対象とした集団心理療法（名称：「NJ Meeting」）を実施している。“NJ”は，Naritai Jibun（なりたい自分）の頭文字をとったものである。そこには，子どもたちが「なりたい自分」について話し合うことを通して，性問題行動の再犯防止だけでなく，子どもたちの自立と成長につながってほしいという願いが込められている。構想自体は平成31（2017）年度からスタートした事業であり，再犯を繰り返し，個別対応のみでの変容に限界を感じるケースがあったこと，保護者への支援に力を入れる必要性を感じたことから，グループの立ち上げに至った。

新型コロナウイルス感染症拡大の影響もあり，令和3年度にようやく実施までこぎつけたが，まん延防止等重点措置によりスタートが遅れたため，大幅な内容の修正が必要となった。子どもグループ，保護者グループを並行で，全14回の実施を予定していた「NJ Meeting」は，全7回に短縮した形となった。それでも，ようやく最初の1歩を踏み出せたと感じている。

湊本詩織
（元・熊本県中央児童相談所）

児童相談所におけるグループ・プログラムの開始②

　東京都多摩児童相談所は，東京都が運営する児童相談所としてはもっとも人口規模が小さい児童相談所であるが，性問題行動の件で関わる家族は例年一定数おり，各ケースの担当者が個別で治療教育を実施していた。しかし，治療教育の進め方は担当者個人の経験に依ることも多く，所全体で性問題行動をどう捉え，どう対応するかのコンセンサスが得られていたとはいいがたい。さらに，治療教育は子どもへの対応が中心で，性問題行動の再発を防ぐためにキーパーソンとなる家族への支援は，今後の生活の仕方について相談に乗るなどのケースワーク上の支援がメインになることが多かった。また，子どもや家族との面接を進める中で，「性問題行動についてだれにも言えない」「家族だけで抱えなければならない」という孤独感や不安が語られることもあった。そうした性問題行動の対応の課題について職員同士で話し合う中で治療教育グループの実施の機運が所内で高まり，試行的に実施することとなった。

（1）立ち上げの準備

　グループの立ち上げに際して，まず性問題行動をどう捉えどう対応するべきかグループの担当者内で共通認識を持つことを目指した。そのため，性問題行動に関する外部専門機関の研修を受講し，その内容について担当者内で共有しながらグループの方向性を決めていった。さらに，同じ分野で先行して治療教育グループを実施している他自治体から，グループの構造や内容，運営の仕方について教えてもらう機会を作った。そこでは具体的な内容が学べただけではなく，自分たちが今できることの限界を知り，今後のグループの発展的な目標を持つことができた。また，自治体は違えど，児童福祉という同じ分野で実際にグループを実践している人たちから直接話を聞けたことで，新しいことに挑戦する動機づけが高まった。こうした作業を通じて，グループの方向性や構造，内容を決め，それをもとにグループで使用する治療教育用のスライドやテキストを作成した。この作成の過程においても，内容や伝え方について何度も担当者間で話し合いを行った。また，性問題行動の治療教育グループを実施することを所内全体に周知するためにグループの名称を所内公募したところ，職種を越えて多数の応募があり，

関心の高さがうかがえた。

(2) グループの内容

グループは全6回，1回60分の枠組みで，親子別々のグループを隔週で実施した。参加者は4家族で，グループにはニックネームで参加した。スタッフは各グループ3名で，ファシリテーターは男女の中堅職員が務め，ベテラン職員がグループの一員として参加し，必要に応じてファシリテーターを補助した。

子どもグループでは，回数が限定されていることもあり，グッドライフ・モデルをベースにしながら治療教育のテーマを「境界線」と「応答性」に絞って一貫性を持たせるよう工夫した。スタッフ，子ども同士の応答的なやりとりをもとに，感情，認知の三角形（認知−感情−行動のつながり），4つの壁などの心理教育やワークを実施した。自身の加害内容についてはグループ内で共有せずに，個別のワークで扱うに留めた。

親グループでは，親自身が抱える思いを共有しながら，子どもとの応答的なやりとりや，どう子どもをモニタリングするかについて話し合った。教育的な要素よりも，「子どもの性問題行動を初めて聞いた時」などのテーマに沿って自身の気持ちを吐露したり，他者の考えや気持ちを聞く体験を重視した。

グループ修了後は，親子それぞれのグループ参加時の様子をふまえたアセスメント結果を担当児童福祉司と児童心理司に伝え，今後の個別面接で扱ってほしい内容について助言した。

(3) グループを実施した感想

親，子グループのどちらも最初は緊張感があったが，徐々に「性問題行動について考える仲間」として親，子，スタッフの間で一体感が生まれた。子どもグループでは，グループ内で自身の加害行為について語れそうな雰囲気もできていた。さらに，グループ修了時のアンケートには，「もっと話したかった」という親の意見が複数あった。グループの中で自身の思いを話せるだけの安心感を醸成できたためとも考えられるが，その背景にはスタッフ自身が打ち合わせやふり返りなどでお互いに支え合ったり，他自治体でも同様に取り組んでいる仲間がいるという支えがスタッフの安心感となって，グループを安定したものにできたからだと感じている。

ひとつの児童相談所でグループを実施するにはマンパワーの限界もあり，回数や中身を限定せざるを得ない面がある。そのため，この試行グループでは心理教

育や気持ちの共有を中心に進めていたが，参加者はその先に進む準備ができてい
たように感じる。今回，試行グループを実施する中で，性問題行動やグループ
ワークに関する職員の知識やスキルの底上げを図ることができた。そこで，今後
は回数や1回あたりの時間を増やし，グループの中で実際の加害行動を扱うよう
バージョンアップしたいと考えている。

駒村樹里

（東京都多摩児童相談所）

4．実践例へのコメント

　どちらのケースも熱心な職員がファースト・サークルを作り，組織全体を巻
き込む形で体制を整え，プログラムの構想を立て，既存のプログラムを参考と
しつつ，自機関のニーズとリソースに合わせて内容と教材とを作成し，研修と
工夫を重ねて実施に至っている。コロナ禍などの困難があっても挫けずに粘
り，生き生きと楽しんで仕事に取り組んでいる様子がうかがえる。専門職とし
てのやりがいといったものさえ感じられる。

　児相では保護者対応は従前から重視されており，保護者への支援が結局は子
どもの支援に直結することへの納得が得られやすく，いずれも子ども本人と保
護者のグループを並行して実施するという構造になっている。

　また両グループとも，回数限定の，最初から最後まで同じメンバーで実施す
るクローズド方式で行われていることも興味深い。アメリカモデル同様，児童
福祉領域での実践のモデルのひとつとなった少年院，刑務所など矯正領域での
グループも回数限定のクローズドで実施されている。その方が，グループの凝
集性を高めやすいし，特に試行段階では，やってみて，ふり返って，やり方を
改善していくという手順を踏みやすい。とはいえ，常にそこにグループがあっ
て，新しいメンバーが入ってきて，以前からのメンバーが新メンバーのモデル
になり，以前からのメンバーも新メンバーから多くの新たな刺激を得ることが
できることから，セミ・クローズド方式には捨てがたいメリットがある。いず
れ，参加したい人，参加する必要がある人がいたら，いつでもそこに参加可能
な治療教育グループがあるという状態に社会がなっていくことを理想として考
えている。

　とはいえ，グループの企画，運営，実施は，プログラムの内容を教え，伝え

ることに加え，グループのリスクを管理し，利点を生かすという，知識，スキル，経験を必要とする。日本の心理臨床教育では，あまりグループ療法は教えられていないようにも思う。

　性問題行動に対するグループに関しては，大阪府すこやか家族再生支援事業の平成20〜21（2008〜2009）年度報告書『性問題行動のある子どもへの援助（在宅児童）』に詳しい。治療グループ参加までのステップとして，①相談受理，②心理アセスメント，③処遇方針の決定，④グループ参加への促し，⑤グループの枠組み，⑥グループ開始までに子どもに事前に学習させること，⑦治療契約について——遵守事項の説明と同意書の作成について，またグループの運営と進行については，①保護者グループ (a)グループへの導入，(b)学習内容，(c)グループ運営のコツ，②子どもグループ (a)グループへの導入，(b)学習内容，(c)運営上の工夫，③子どもグループと保護者グループの連携，④処遇効果評価，⑤アフターケアについて，具体的に詳述されている。この報告書も発行時，各児童福祉機関に配布された。

　性問題行動には限らないが，非行・犯罪行動に対するグループ療法の企画・運営・進行については，藤岡（2014）に詳しい。特に，「治療教育プログラムの実際」(pp. 48-106) には，児自施設でグループ・プログラムを立ち上げる際のポイントが詳述されている。

第**7**章

治療教育プログラムを継続する

　車は，走り出すまでに要するエネルギーが最大ではあろうが，走り出してからも，走り続けるにはメンテナンスとエネルギーの継続的供給が不可欠である。本章では，開始したプログラムをいかにして継続させるか，10年以上プログラムを続けている機関からの報告をもとにおさえておく。

Ⅰ　児童自立支援施設における個別プログラムの継続

1．治療的環境を整える

　前章でも述べたように，児童自立支援施設（以下児自施設）では個別プログラムは比較的実施しやすい。児自施設内では，「本件内容，地元，家族といったプライベートに関しては話してはいけない」というルールが設定されていることが多く，施設内の非行感染を防ぐという意味もあって，たとえ職員が介在するグループ内ではあっても，子どもたち同士が非行内容などについて話すことは忌避される傾向が強い。アメリカでは施設内といえどもグループが主流ではあるが，日本では，プログラムを継続している児自施設は個別による実施である。

　児自施設における取り組みの強みは，なんといっても生活まるごとに関わることができる点である。治療教育で学習したこと，考えたことが，日常の寮生活の中で試され，実行される。逆に，寮生活で起きたできごと，ほかの寮生たちとの関わり，保護者との関係，職員との関係など，その場その時の現実から多くを学び，体得できる。そうした生活環境まるごとから学ぶ施設の基盤として，施設全体が子どもたちの成長のための安全・安心かつ成長を促す環境を作っていくことが不可欠となる。そうした治療的環境において，機能が異なる職員が連携・協働することは基盤となる。

加えて，子どもたちが，いずれ施設の外に出て，自身の生活を作っていくことを目標としているのであれば，社会における「帰る先」は，施設内での生活と同等かそれ以上の重要性を持つことになる。保護者との相談・関わり，あるいは児童相談所（以下児相）のケースワーカーによる家族関係・帰住先の調整が鍵となる。

児童自立支援施設における個別プログラムの継続

　児童自立支援施設（以下児自施設）は，児童福祉法第44条に基づき，不良行為やそれをなすおそれのある子どもや，家庭環境上などの理由によりケアや支援が必要な子どもに対して，その子どもの健全育成を図ることを目的とした施設である。

　児自施設でも，全国的に性問題行動を主訴とする入所児童が増え，対応に苦慮してきた。当園も同様で，従来の支援方法ではカバーしきれないような壁に当たってきた。例えば，性問題行動のある子どもは，表面上大きな問題なく日課を過ごせてしまうこと，一方で背景にある歪んだ認知の修正がされにくいこと，施設内や家庭内の性問題行動による入所は退園後の措置変更が必要となることが多いが，そのためには再犯リスク低下の担保が必要であること等々。そういった悩みからプロジェクトチームを立ち上げ，児童相談所（以下児相）の協力を得て10年にわたってプログラムを実施してきたところである。

　当園では，子ども−治療者の治療教育だけでなく，生活担当職員（寮職員），保護者，ケースワーカーといった全体の枠組みを含めて「性問題行動治療教育プロジェクト」だと捉えている。子どもを取り巻く全員が一緒に取り組むことが，治療の重要なファクターとなるからである。

　児自施設は，そもそも子どもが自身の課題に向き合い成長することを目的とした施設であるので，比較的枠組みが作りやすい面はあるが，当園なりにプロジェクト全体を進めるにあたっての仕掛けとして考えてきたことを紹介し，子どもを取り巻く環境を治療教育に巻き込むうえでのポイントについて考えていきたい。

施設で実施するメリット

　入所施設でプログラムを実施する大きなメリットは，通所に比べて24時間子どもの生活の様子を見ることができ，生活も含めて治療的な変化を促せることである。面接場面での二者のやりとり以上に，生活場面での肯定的な体験と課題への取り組みは，再犯防止のために非常に重要である。活動の中で自信をつけ，さまざまな感情体験をすること，密な人間関係の中で肯定的な関係を体験し，信頼することを学ぶこと，トラブルがあれば自分の認知の歪みに気づき，ソーシャルスキルを練習して身につけていくこと，困ったことがあれば寮担当に相談し，適切にフラストレーションを解消すること……そうした日々の丁寧な積み重ねが，子どもが再犯に陥ることなく前向きに力をつけることにつながる。また，生活場面で出てきた課題は，そのまま治療教育で維持サイクルを作る時にも使うことができ，プログラムを実施する心理士としても，チームとして関わっていることは大きなバックアップになる。

　これまでの実践の中では，ケース全体を通して「子ども・心理・生活担当職員・ケースワーカーが一緒に」連携することが肝になると感じている。"性のこと"となると支援者側もタブーに感じ，時には面接が生活場面と切り離されて丸投げされたようになりやすいが，それではプログラムは成立しない。児童の個別面接・生活支援，そして保護者支援が有機的に連動することで，面接の深まりも，子どもの成長具合もぐんと変わると感じている。その有機的連動を達成するための枠組みとして，以下のような工夫を行っている。

(1) 入所にあたって

　入所前には児相で十分に治療教育の必要性を導入してもらい，子ども自身の課題を明確にし，入所式（入所初日の面談）で課題に取り組むことを示してもらう。また，性問題行動には3つの責任（説明責任，謝罪・賠償責任，再発防止責任）があることを伝え，子ども・保護者双方にプログラム実施についての同意を得ている。本プロジェクトの立ち上げ時点から，児相にも協力を依頼しており，心理司による当園では賄いきれないプログラム実施と，ケースワーカーによる保護者支援や退園後の支援を中心に応援していただいている。

(2) 生活内での教育

　入所後すぐに，生活担当職員によってバウンダリー教育（身体的・心理的距離感，プライベートパーツのルール等）を実施している。心理職ではなくあえて生

活職員が実施するのは，施設全体がバウンダリーを大切な理念として取り扱っていることを示すためである。

　当施設には性問題行動を主訴として入所した子どもが集まっていることもあり，生活内でも再犯を防ぐための環境づくりに気を配っている。例えば，物理的な環境（死角や物理的な境界線の整備等）や健全な集団づくり（子ども間での不適切なパワーバランスの抑止，職員の適切なパワーの行使，相談しやすい職員との関係づくり等）などである。

　⑶ プログラム（治療教育面接）の実施時期

　当園では，入所後すぐにプログラムを実施するのではなく，おおむね入所後半年以降に始めている。これは，生活を基盤としてプログラムを実施するため，まずは生活が安定することが大前提であること，加えて生活場面でのアセスメントが大事になるからである。

　また，プログラムの修了と施設の退所が同時期になるようにスタートしている（多くは中3進級時からスタートし，卒業・退園時に修了するイメージである）。これは，プログラムの中で再犯防止計画を立てる際，実際の退園後の生活をイメージし，より現実的な計画を立て，また退園後の支援者につなげていくためである。

　⑷ プログラムのスタート，実施頻度

　治療教育スタートの際には，子ども・寮担当・ケースワーカー・担当心理士（場合によっては保護者も）が集まる会を設定し，再度治療目的を共有し，動機づけを高める。おおむね1年間，毎週〜隔週で面接を行っており，長い取り組みになる。息切れせずモチベーションを維持するためには，周りの応援を子どもが感じられることが大切である。ここで子どもに関わる人が全員でチームになると，面接で進展が滞った際も，周りからの応援が得やすくなる。

　⑸ 治療教育面接の実施

　個別の治療教育面接は，週1回〜月2回，1回60分〜90分を1年間と，集中的・継続的に面接を実施している。『パスウェイズ』や『ロードマップ』といったテキストをベースに進めていくが，実際には子どものニーズに応じてオーダーメイドに課題を組み立てている部分も多い。特に，施設内で生活している強みを活かし，生活の様子や本人の陥りやすい思考や行動パターンについて，プログラム担当者と生活担当職員とで綿密に共有し，本人の課題を明確化している。児相

の心理司に面接をお願いしている際にも，面接前後で電話をしたり情報共有する時間を取ったりと，それぞれのケースで工夫している。その中でも思考の誤りの課題や，具体的な再犯防止計画などについては，寮担当にインタビューさせるような宿題を取り入れ，面接が生活と連動し般化することをねらっている。

　子どもの面接と並行して，保護者が複雑な思いを乗り越え，いかに治療教育に積極的に協力してもらえるかが，児童の変容と再犯リスクの低減の鍵になる。施設入所に到るケースでは関係構築の難しい場合も多いが，児相と連携した家族支援は欠かすことのできないものである。

　⑹ スーパービジョン体制

　当園では，プロジェクト立ち上げ当初から外部専門家を招いてグループスーパービジョンをお願いしている。毎月１回，そのケースに関わる担当心理，生活担当職員，ケースワーカーが一堂に集まり，各担当からの報告を行う。スーパーバイザーからは，それらの情報から子ども本人の見立てはもちろんのこと，家族の歴史やパワーバランスを読み解き，多角的・専門的な視点でコメントいただけるので，ケース理解を深め，今後の方向性を考えるのに非常に役立っている。

　ややもすると担当者個々人のがんばりになって，足並みがずれたり相手の批判に陥りがちであるが，スーパービジョンの機会に毎月関係者が集まることでチームとして動けること，さらに管理職も参加し当施設全体のプロジェクトとして確立していることが治療教育の大きなバックアップになっている。"性"という秘密裏になりやすい事柄を，プロジェクトとして施設職員全員が知っていることで，面接場面だけでなく生活全体が性問題行動を抱える子どもの支援につながっている。

　⑺ 修了時

　修了時には発表会として，子どもが考えたことを発表する場を設けている。心理士と二者で深めた内容（性問題行動に至った経緯，維持・犯行サイクル，再発防止計画等）を，改めて子どもを支えてくれる人たちと共有し，サポートチームを作ることで，退園後につなげる効果をねらっている。別の施設や里親などへの措置変更になる子どもも多いため，本人の課題と成長を新しい職員と共有することは，今後の生活におけるお互いの安心につながるだろう。退所後も，生活が軌道に乗るまではアフターケアでもサポートしている。一言で言えば協働関係を築きながら進めることが大切，ということではあるが，改めて考えると，こうした

仕掛けや枠組みが，治療教育を効果的に進める骨組みとなっている。

橋本めぐみ

（大阪市立阿武山学園）

2．実践例のポイント

　施設全体の治療的環境を整えるという意味で，枠組み作りの工夫として，児相の協力も得ての入所時の動機づけ，プログラム実施の同意から始まり，施設全体の生活を通しての教育の充実，そして出園後に向けてプログラムが開始されている。

　施設内では，なんといっても密に実施できることが強みとなる。毎週90分，おおむね1年間の面接というのは，現在の日本では，リソース上，ほかではなかなか実施困難といえるかもしれない。

　特に施設内で実施する場合，守秘義務とその限界をどのように設定するかは肝心である。通常の秘密保持の原則と自傷他害のおそれというその限界を前提として，治療者から見た本人についての所見を必要な他職員と共有し，有機的連携による処遇を展開していくことは，より大きな効果を期待できる。あるいはプログラムで知りえた内容について，担当寮職員と共有するという秘密保持原則の限界を当初から設定することもありうる。子どもが寮職員と良好な関係を築いている場合には，その設定の方がよい効果をあげることもありうる。いずれにせよ，どのような秘密保持の原則とその限界にするのか，各機関の方針としてよく協議し，決定することが肝要である。

　保護者を巻き込んでのプログラム修了のセレモニーやアフターケアについても，児自施設ならではの丁寧な処遇が可能である。ちなみにこの児自施設では，毎月，プログラム担当心理職，寮長・寮母，児相ケースワーカーが集まって，プログラム受講中の子どもについて外部大学教員によるグループスーパービジョンの機会を設けている（坂東，2020）。異なる視点を統合的に子どもの処遇に生かすことができ，方向のぶれない一体化した教育を提供でき，同時に職員の研修としても実践的であり，極めて有益な機会となっていると考えている。

　開始した治療教育を継続していくには，こうしたシステムを整えていくことが不可欠であろう。そのためには，職員による方向性の共有，施設長や幹部職

員の理解と資金・職員などの調達，継続的研修とスーパービジョンなどの土台を整備してくことが道筋となる。

Ⅱ　児童相談所におけるグループ・プログラムの継続

1．スタッフの育成

　児相が社会内で，子どもと保護者を対象としたグループ・プログラムを毎週実施するには，多忙な業務の中でいかにしてスタッフを確保し，スタッフの技量を維持・進展させていくかが大きな課題となる。

　次の事例は，10 年以上，社会内で子どもと保護者のグループ・プログラムを実践している児相の報告である。グループの構造や内容などは，開始時と大きな変化はないが，多忙な児相業務の中で，公務員の性として毎年といってよいほどスタッフの異動があるという隘路に，どのように対応して継続してきたかがうかがわれる。鍵は，スタッフ体制の組み方と，研修制度にあろう。

実践例

児童相談所におけるグループ・プログラムの継続

大阪府・大阪市における実施の経緯

　大阪府と大阪市においては，「在宅性暴力治療教育グループ」として，平成 20 (2008) 年度より大阪府事業，平成 25 (2013) 年度より大阪府・大阪市の合同事業として，性暴力を行った子どもとその家族を対象に治療教育グループを実施している。

治療教育グループの構成と参加の流れ

(1) グループの構成

　子どもグループと保護者グループを並行で，週 1 回，90 分間（17 時半〜19 時）のセミ・クローズドの形で実施している。参加家族数については，グループ内での発言の機会を確保することを目的に，8 家族程度を上限としており，グループへの在籍期間は，おおむね 1 年程度である。必要に応じて，適宜，子どもや保護

者とスタッフとの個別面接も実施している。

　グループにおいては，グループネームを使用するほか，参加者間の個人情報の交換は禁止しており，プライバシーに配慮した体制を敷いている。

　(2) グループの対象児童

　グループに参加できるのは，大阪府・大阪市のいずれかの児童相談所（以下児相）が関わっている在宅の子どもとその保護者に限っている。治療教育グループへの参加を希望する場合には，子どもや家族のアセスメント結果をふまえ，事前に担当児相と治療教育グループのスタッフとのカンファレンスを実施して，グループ参加の適否を検討している。グループへの参加が適さないと判断した子どもや，施設入所中の子どもについては，担当児相などによる個別の治療教育を行う場合が多い。

　また，子どもの年齢は，立ち上げ時には小学校5年生から中学3年生程度を対象にしたが，実際，小学生と中学生では発達差が大きいため小5は I 期生のみ，まれに小6もあるが中学進学目前の時期の受け入れに限っている。現在の平均は中2～3年となっている。知的な理解力については，おおむね小学校5年生程度を必要としている。知的障がいなどの発達の特性がある子どもについては，グループ内での工夫や配慮によってカバーできるかどうかなどを検討する。特性に応じた工夫や配慮を受けながら，グループに参加することによる効果が見込まれる場合には，参加することが適当であると判断している。

　(3) スタッフ体制

　グループスタッフは，大阪府と大阪市の児相の児童心理司・児童福祉司の中から，毎年度はじめに担当するスタッフを任命してグループを作り，シフト制で毎回担当するスタッフを決めている。したがって，各回を担当するスタッフの顔触れは異なる。加えて，地域の大学教員もスーパーバイザーとして参加している。地域の大学との連携・協働は，スタッフの技量の担保と向上に有益である。

大阪府・大阪市におけるスタッフの育成

　(1) グループスタッフ向け研修

　グループスタッフについては，人事異動などによる入れ替わりがあることに加え，各スタッフの所属する機関が大阪府と大阪市の各児相にまたがっていることから，年に3～4回程度，スタッフの育成と連携を兼ねた全スタッフを対象とし

た研修を実施している。

　また，グループスタッフとして参加している外部のスーパーバイザーのほか，年に5回程度，別途スーパーバイザーを迎えており，個別ケースやグループ運営にかかるスーパーバイズを受けている。

(2) 児童相談所職員向け研修

　研修については，グループスタッフ対象のものだけではなく，大阪府・大阪市の児相職員に向け，グループスタッフを講師とした性暴力治療教育にかかる研修を実施している。性暴力の基本を取り扱う研修に加え，より専門的な研修として，その時々のテーマを設定しながら，外部から助言者や講師を招いた形でも実施している。

　治療教育の基本やグループを通じて積み重ねた知恵を共有して，児相全体の技量の底上げをすることに加え，研修準備や実施に際して，グループスタッフがこれまでの取り組みを整理し見直し，より効果的なグループ運営に還元することを目的としている。

大阪府・大阪市におけるスタッフの連携

　グループスタッフは，大阪府・大阪市の児相の職員で構成されており，スタッフの所属が分散していることから，グループ運営にかかる情報共有と連携については配慮を要する。

　グループ実施日には，グループ修了後に当日参加したスタッフによるふり返りのカンファレンスを実施している。カンファレンスの内容は，次回の参加スタッフへの申し送り事項やその他の連絡事項も含め，全スタッフ間で共有される。

　また，スタッフ研修や外部のスーパーバイズを受ける際には，全スタッフが参集することから，このタイミングで全スタッフによるミーティングも設定し，おおむね1カ月に1回程度のペースで，その時々の懸案事項の協議や情報共有を行っている。

　さらに，大阪府と大阪市の代表者によるマネジメント会議も別途開催し，グループ運営全体にかかる協議などを行っている。

丸山奈緒

（大阪府中央子ども家庭センター）

2．実践例のポイント

　都道府県と政令指定都市の児相は，部外者から見ると，あまり区別がつかないが，なぜかあまり協働していないどころか，どちらかといえば冷たい関係にあることも多いようにも思う。この事例の継続成功の鍵のひとつは，府が始めた事業に市が加わる形で協働事業となったことであると考えている。それによって，対象児童の安定的供給が可能になり，同時にスタッフも大勢でチームを組めるようになった。さらには，地域の大学との協働があって，グループ運営や研修，スーパービジョンなどの機会も豊富である。グループを実施するには参加する子どもの数が少ないとかスタッフが足りないという声を耳にすることがあるが，ひとつの機関に留まらず，地域で協働運営していくことが地域社会にとっても大きなメリットがあるように思う。児相や児自施設，大学や病院だけではなく，地域の少年鑑別所や少年院，少年警察，心理士会，福祉士会など，各地域の実情に合わせてネットワークを構築していくことは有益であろう。子どもと家族の福利という視点に立てば，その価値を共有し，協働できる相手はたくさんあるだろう。

　本実践例においても，継続の危機はいくつかあった。設立当初の鍵となるスタッフがほとんどいなくなり，大幅に入れ替わった頃である。子どもの再犯が続いたり，グループの凝集性が低下した時期があった。とはいえ，それを契機に研修方法を再考察し，外部講師ではなく，グループを担当する児相職員が講師を務めるより自発的な研修を実施し，また学会などでの職員による発表も実施するようになった。その頃からさらにグループスタッフのまとまりが強くなり，このチームに参加することが処遇の腕を磨き，次につながるという意欲を感じる若いスタッフが増えたように，スーパービジョンをしていて感じた。いずれにせよ，開始時のファースト・サークルから，いかにして自発的な研鑽，改革を行う凝集性の高いスタッフ・グループに成長していくかが鍵となると考えている。

　もう一点，社会内でグループを実施する際も施設内同様，いかにしてグループの境界線を作り，守るかということも肝心である。対象児童の年齢，性別，障がいの有無など，対象者の選定については，各実施機関とグループに合わせて基準を決めていけばよいし，「ここ（グループ）での話はここだけのこと」といったルールやグループネーム（ニックネーム）の使用も，実施者と参加者

たちが安心できるように設定していけばよい。できるだけ定期的に，決まった場所で実施することは大切である。

　グループの企画，運営，実施方法については，性問題行動に関する理解と同様，深め広げていく必要がある。

Ⅲ　再発・再犯について

1．黄色信号をキャッチする

　性問題行動への臨床的対応を行っていると，再発・再犯の問題を避けることはできない。「世間」には，一度性問題行動を行った者は，一生「治らず」，性犯罪者だと思う人もいれば，逆に「もうするなよ」と言い聞かせれば，あるいは治療教育プログラムを実施すれば，すぐにやらなくなる，と考えている人もいる。どちらも現実的ではない。そもそも個々の子どもによって再犯リスクは異なる。数回の面談で性問題行動を手放す子どももいれば，2年間にわたって関わり続けても再犯の危険性が高いままの子どももいる。治療教育開始時の再犯リスクのアセスメントとそれに応じた介入プランの作成については，第Ⅰ部を参照されたい。

　再犯リスクの高い子どもの場合，あるいは治療教育的介入に際しても環境上の再犯リスクが低下しないどころか高まる場合，再犯の危険性は常にある。再犯の危険性はあることを認識しておくことはまず必要なことである。

　とはいえ，性問題行動は，再犯は被害者を出すので，防ぐべき重要な課題であることも間違いない。ポイントは再犯に至る前に，このままいけば再犯につながるという「再発」の時点で把握し，なぜ再発しているのかを扱い，再犯を防ぐことである。第5章で述べた維持サイクル（日常生活での無責任な生活パターン）から犯行サイクルにつながる行動を，黄色信号としてキャッチし，赤信号になる前に手当をする。例えば，過度のマスターベーションが犯行サイクルへの入口になっていることはしばしばみられる。日常生活に何らかのストレスがたまり，それに健康的に対処できずに，マスターベーションによって一時的に解消した気になっていることは，そうした犯行サイクルを持つ人にとってはすでに再発しているとみなされ，喫緊の対応を要する。再発の時点で適切に介入するには，子どもが，支援者や保護者との関わりの中で，再発（危ない行

動）があったことを正直に話せ，支援と介入を求めることができることが前提となる。正直に再発を明かすことができ，対応できれば，それは本人が性問題行動を手放していくうえで，極めて重要な転換点，成長の機会となしうる。

2．黄色信号を見落としてしまった場合

しかし，残念ながら黄色信号を見落とし，再犯に至ることも当然ありうる。第一になすべきは，何を，どこで，なぜ見落としたのか，支援と治療教育のやり方について見直し，対応を改善することである。筆者がスーパーバイザーとして関わる児相のプログラムでも2回ほど再犯を体験した。1回目は，プログラム開始後比較的まもなくであり，2回目はプログラムを10年以上継続した頃である。1回目の再犯ケースについては，父親をプログラムに巻き込むことができておらず，父親からの暴力が続いていたことが再犯の直接的原因と考えられた。2回目のケースについては，まだプログラムに参加したばかりではあったが，動機づけと親子の関わり方の変化，そして支援者たちとの信頼関係が十分にできていなかったこと，ひいてはプログラムを運営するスタッフチームのまとまりとプログラム実施の仕方についても巻きなおしが必要であるという検証結果に至り，再研修を行った。

再犯が起きると，子どもや保護者，あるいはプログラムや治療教育への不信感が生じ，継続への危機が生じることもありうる。再犯については，「被害者を出さない」という目的に向けて，再犯防止のために，自らを省みて最善を尽くすことと同時に，再犯はありうる，むしろそれをチャンスに対応を再考するくらいの考えでいることが大切であるように思う。再犯後もその子どもの人生は続くのであって，そこで終わりではない。再犯についての理解や覚悟を，直接の支援者たちだけではなく，組織全体で研修などを通じて共通認識として持っていくことも，制度継続のためには重要である。

社会内処遇の場合は，子どもの生活を見ているのは保護者であるので，保護者との協働が子どもの行動変化や再発防止のための情報収集にとって鍵となる。施設内の場合，子どもの行動を見守っているのは寮の職員たちである。職員全体の信頼関係，大切な情報の共有，そして何より性被害・性加害の防止に向けて，施設全体の方針を全員が理解し，共有し，再犯をだれかのせいにするのではなく，組織全体の対応の仕方を再考し，改善する機会にすることが望ま

れる。

　加えて，再犯防止だけを目的に治療的教育を行わないことが大切であると筆者は考えている。性問題行動の変化をターゲットにしつつも，その子どもの成長をより大きな目標として見続けることが不可欠である。ふだんの暮らしの中で，生き生きと暮らしているか，よい人間関係を持っているか，責任ある行動をとっているか，嘘や隠し事をせずに素直に話せているか，そうした行動や状態の見守りがポイントとなる。第2章で述べたYNPSによる定期的評価なども，子どもと環境の変化に敏感になり，介入プランを見直し，再犯の有無による評価だけではない，子どもと環境の肯定的・否定的変化に気づいていくことに役に立つ。

第8章

保護者支援を組み込む

I　児童相談所における個別の保護者支援

1．親プログラムの実践

　子どもに対する治療教育を実施している機関では，何らかの保護者への支援も並行して実施していることが多い（性問題行動ユニット，2018）。子どもの監護者として保護者との接触は不可欠であり，加えて子どもの暮らしに対する親の影響力の大きさが実感されているからであろうか。

　まずは，子どもの性問題行動に個別プログラムで対応している児童相談所（以下児相）の保護者への個別対応の実践，あるいは施設で暮らしている子どもたちにとっての保護者となる施設職員への支援・対応についてみていく。なぜ保護者との協働が重要であるのか，どのように関わるのかについて，実践的に述べられている。

実践例

児童相談所での個別による保護者支援

保護者支援について

　子どもは児相で学習する時間よりもずっと多くの時間を家庭や学校で過ごしていることを考えると，性問題行動のある子どもに月に1回，1時間から2時間程度プログラムを実施するだけでは十分とはいえない。また，性問題行動のあるなしにかかわらず，児相に来るぐ犯や触法の子どもたちの中には，面接場面では模範的なやりとりを行えるが，さまざまな背景により実社会ではそれほど行動の変

化につながらない子どももいる。そのため，児相に来所していない時間帯に，子どもがどのようなことを考え，どのような行動をしているかを支援者が把握することも再発防止には重要である。

　保護者は，わが子の問題発覚時点では事実を受け入れられないことも多いが，警察の聴取，学校との話し合い，被害者の反応などに接するにつれ，次第に子どもの性問題行動と向き合わなければいけないと感じるようになってくることが多い。そのような状況で，どのように子どもと接すればよいかわからなくなり，混乱に陥ってしまう保護者も少なくない。このような改善意欲が高く，道筋が見出せない保護者に対して丁寧にカウンセリングを行い，事態の整理や必要な助言などを行うことも大切であるが十分とはいえない。保護者のニーズは子どもの性問題行動の改善であり，より具体的にどのように対応すればよいかを知りたいのであり，そのことに適切に踏み込むことが必要となる。

　前段の理由から，対象となる子どもを持つ保護者に「家庭において，どのようなことを意識して子どもと接し」「適切に子どもを監督するとはどのようなことなのか」などを学習してもらうことがある。具体的には，『回復への道のり──親ガイド』などを参考に保護者向けの心理教育（以下「親プログラム」）を行う。親プログラムの内容はケースによって異なるものの，『親ガイド』での第2章「最初の反応」，第3章「よくある質問」，第5章「治療を理解する」，第9章「適切な監督によって治療を効果的なものにすること」などを中心に一緒に学んでいくことが多い。さらに，子どもの行動の背景にあるニーズに目を向けて，保護者と協働して支援できるのが理想である。保護者から子どもの行動パターンや思考パターンを聞き取ることも多いが，保護者に学習を行ったケースはスムーズにこのやりとりが可能となる。このように，児相と保護者が協働して子どもの行動を把握すれば，再発が起こりそうな状況などがあれば早い段階で行動の修正をかけ，より丁寧に家庭での見守りを行ってもらうよう依頼することができる。

　また，きょうだい間での性加害・被害などのケースにおいても，必要なタイミングで適宜，心理教育を加害・被害両方の視点から行ったりもしている。

　ちなみに，保護者への心理教育については，ほぼすべてのケースに必要と感じている。場合によっては，子どもにプログラムをするよりも効果があると感じている。子どもは保護者が児相の指導に取り組む姿勢をしっかりと見ている。保護者が児相で学習した内容を子どもに確認したり会話の中で取り上げたりするな

ど，性問題行動の改善に向けて真摯な姿勢をとり続けることは，子どもの姿勢の変化のきっかけになる。子どもに知的障がいや発達障がいなどの特性がある場合，保護者が児相と協働し，子どもの特性に合わせて環境を調整したり，適切な養育を意識したりすることが，性問題行動を防止する現実的な対応となることは少なくない。しかしながらマンパワーの問題で，親プログラムを行うことができるケースが限られているのが現状である。

　なお，性問題行動を主訴とした場合，ピアグループは保護者にも子どもにも効果は高いと考えているが，現時点では，職員のスキル，個人情報の扱い方，犯罪の学習機会を提供してしまうなどの問題もあり，課題を整理しているところである。

社会的養護の現場での性問題行動について

　近年，感度の高まりとともに児童福祉施設（以下施設）等での性問題行動の発覚も増加傾向にある。以前なら，遊びの一環として注意指導で終了していた内容であっても，性問題行動のアンテナが高くなった施設等からの報告を受け，児相が組織として対応を検討する機会が増えており，施設全体への支援を目指す土壌が児相にも育ちつつあるように感じる。

　施設等の職員は入所している子どもの保護者となり，子どもの成長を信じ，日々寄り添い支援を行っている。だからこそ，施設内で性問題行動が生じた時に職員が受けるインパクトは大きく，組織全体が影響を受けることも少なくない。

　ちなみに，施設等では，「同性間」の「遊びに見せかけた形」での性問題行動が発生しやすい印象がある。職員の目が届きにくいトイレや風呂場で性問題行動が起こっていることが多く，子どもは職員の行動や施設内の死角などをよく把握していると感じている。

　施設等の職員の一生懸命子どもを支援している姿には，同じ支援者として頭が下がるばかりである。しかし，少し客観的な立場から見ると，子どもに巻き込まれてしまっていると感じることもある。子どもが大人に対して大小さまざまな秘密を持つことは発達上当然のことである。施設等職員が子どもとの間のバウンダリーを尊重しつつ，大人が子どもを集団として適切に温かく見守ることができるシステムがあれば，と考えているところである。

　『児童養護施設等において子ども間で発生する性的な問題等に関する調査研究

報告書』(2019) によれば，施設等には，育った環境や被虐待などの逆境体験によるトラウマなどを要因とする，さまざまな問題行動を起こすリスクを抱えた子どもが一定数入所していると考えられている。そのような子どもたちのためには個々の子どもに必要な支援を試行錯誤しながらも把握し，大人（施設職員だけでなく，児相，学校，拡大すれば地域住民なども含む）はチームとして連携していく必要がある。現在大分県では，施設職員，保健師，助産師，教員，心理専門職など，多職種が立場の垣根をいったん取り払って，ざっくばらんに性加害，性被害，性教育などについて話し合うことができる会を有志により立ち上げたところである。この会がどのような方向に向かうかは現在のところ不明であるが，少しずつ，子どもの性問題行動の周辺にいる大人たちが連携を強化し，この難題に立ち向かっていくことができればと考えている。

佐藤慎也

（大分県中央児童相談所）

2．親への対応の難しさ

　児相では保護者との接触の機会が多く，かつ強制的措置も取らざるを得ないこともあるためか，保護者からのネガティブな感情や非協力的態度を向けられることもある。それに対して，子どもに寄り添おうとするあまりか，あるいは特に若い職員の場合，自身の親への感情を混同させてしまうこともあるのか，職員側も親にネガティブな逆転移感情を向け，親を子どもの問題行動の原因として見てしまう傾向も生じうる。社会性の高い親は，極めて上手に自己の行動を正当化したり，都合の悪いことは隠せるので，親の言うことを鵜呑みにして，現実を見誤ることもあるかもしれない。いずれにせよ，特に経験の浅い，若い職員にとっては，親への対応はかなりの困難を伴うことも多い。

　逆に，親が子どもの性問題行動に困り果て，職員がベテランで頼りになるような場合，親は職員に依存的になり，「言われた通りにしますから，どうすればよいのか教えてください」という姿勢に終始してしまうことも起こりうる。被害と加害の臨床は，攻撃的あるいは依存的の両極端な態度を引き出しやすい。

　その中で，親を問題の原因とみなすのではなく，回復の資源と位置づけ，かつその置かれた立場に理解と共感を示しつつ，必要な情報を提供して，親自身の力を発揮できるようエンパワーしていくような対等な協働関係を作っている

ことが，子どもの回復にとっては，ほぼ必須となる。

とはいえ，いくら誠意を持って協働の申し出をしたとしても，「親が責任を持ってみていくので支援は不要」との主張を繰り返す場合もそれほどめずらしくはない。特に性問題行動が発覚した当初は，子どもたちはふだん「よい子」であることも多いこともあいまって，「この子がそんなことをするはずがない」という親の反応は，ある意味当然のことである。加えて性問題行動というと，ケンカしたとか，盗んだということ以上に親の恥の感覚を刺激することも多いようだ。事件が表沙汰になれば，親族や友人とも話せなくなる，近所のスーパーにも行きづらいといったように，親自身の人間関係や生活状況にも大幅な制約がかかるようになる。

公的機関として「無責任なことはできない」ので，無理やりにでも介入するという考え方もありうる。すぐにでも重大な再犯を起こす危険性が高いといったことから，強制的介入が必要という判断であれば，司法制度に任せるという考え方もある。そうでないのであれば，まずは親との関係を切らずに次につなげるというやり方もありうる。飲酒問題への対応では，「飲酒はやめられる。自分には治療は必要ない」という人に対して，「それでは今日一日飲まないでいてみてください」として，飲まない日が続けばそれで OK であるし，飲んでしまったら「やめます。やめられます」という問題でもないのかもしれない，と治療への動機づけができる。同じように，性問題行動に関する情報を提供したうえで，保護者と本人の意思を尊重することがよいという考え方もできる。それで問題が生じなければそれでよいし，何かあったら改めて来談できるチャンネルを確保しておく。相手の気持ちや考えを軽視して，一方的，強制的に介入しても，あまりよい結果は得られないように思う。

性問題行動を起こす子どもたちは，意図や気持ちのやりとりや，対人関係における葛藤調整のためのコミュニケーションが苦手なことがしばしばみられる。性問題行動というのが，そもそも自身の欲求や感情の一方的押しつけであるので，むべなるかなである。そうした子どもたちは，親を始めとする大人たちや周囲の人たちとの関係の中で，やりとりや調整ではなく，一方的で，押しつけるか押しつけられるかという関わりしか体験できていないことも多い。

こうした状況では，まず保護者に支援者との考え，気持ちの率直なやりとりと合意を形成しながら協働して課題解決をする経験をしてもらい，そうした関

わりを子どもたちとも心がけてもらうことが重要になる。子どもたちだけではなく，まず親が本音や望みを支援者に話すことができ，聞かれ，支援者たちの持つ情報や考え方にも耳を傾け，力を合わせて双方の欲求の充足を探り，実現のための行動を起こしていくことが望まれる。再び被害者を出さないこと，子ども本人の幸せと成長，これらの目的は，両者の協働作業を促すには必須の土台となる。

　そうした関わりと支援は，親だけではなく，親代わりとなる施設職員に対しても必要である。直接子どもと関わっていると，ほかのだれよりその子どものことを気にかけ，愛していても，それだけに子どもの境界線内に踏み込んで支配的にふるまってしまう危険性も出てくる。児童福祉施設には，逆境体験を抱えた子どもたちが多く在籍し，集団生活という境界線を引きにくい生活環境の中で，性的境界線の侵害を含むさまざまな暴力の被害と加害が起こりやすい。安心・安全と回復を目指す施設内において，かえって暴力的体験をさせてしまうことは痛恨の極みとしかいいようがない。子どもたちにとってももっとも身近で責任ある親や施設職員に対し，関わりながらも少し冷静に介入することができる児相職員や地域の人々などがサポートし，エンパワーすることが望まれる。

II　児童自立支援施設における個別の保護者支援

　児童自立支援施設（以下児自施設）では，子どもが施設内で生活していることもあり，施設を出たあとに向けて，保護者とはより綿密に意思疎通を図り，協働していく必要がある。以下はそうした実践の一例である。入園時から保護者，児相と組んで，子どもの成長と回復を支えていく体制を作ることの重要性が強調されている。

児童自立支援施設での個別による保護者支援

児童自立支援施設の治療教育における家族の役割

　児自施設において，子どもの性問題行動治療教育プログラム（以下プログラム）を効果的に進めていくうえで重要なのは，枠組み作りである。性問題行動という本人にとって受け入れがたい過去に向き合う必要があるプログラムを，子どもの方から進んで行うということはめったにないため，施設と児相と家族の三者がタッグを組みチームとなって，子どもがプログラムを行う動機づけを高めていけるようにすることが肝要となる。たいていの子どもは，自身の起こした性問題行動によって施設入所となったことについて「家族に申し訳なかった」という思いが強く，家族からの励ましは何よりも効果がある。

　筆者の所属した児自施設においては，プログラムをスタートする前に，家族側からプログラム実施についての同意を得るが，それに留まらず，家族側に子どもを励ます立場に立ってもらい，面会や外泊時にそのことを伝えてもらったり，性問題行動が発生したメカニズムを分析するために，児相の担当ケースワーカーが定期面談を通じて，子どもと両親の生育歴を語ってもらったりするなどの積極的な協力を求めている。そして，プログラム修了後には，子どもが，施設職員や児相ケースワーカーとともに，性問題行動が起こったメカニズムと再発防止計画を家族の前で発表し，施設退所後は，家庭における子どもの再発防止を支える中心的な役割を，家族側に担ってもらうこととなる。

　ただし，家族側との協力体制がいつも得られると限らない。児相に対する不信感が強い場合や，被害児に対する配慮が乏しかったり非協力的だったりする場合においては，三者でタッグを組むことが難しくなり，プログラムを進めていくうえでの大きな障壁となりうる。こうした障壁を乗り越えていくためにはどうしたらよいだろうか？　これまで関わったケースからいくつか例を挙げてみたい。

施設措置をめぐっての不信感を訴える家族への対応

　子どもが施設へ措置される過程において，何らかの家族側が望まないような動きがあったために，児相との関係がこじれた状態になり，施設入所後もその関係

を持ち越してしまうことがある。家族側は子どもの生活での変化を通して，施設側とは信頼関係を結びやすく，比較的対立構造は避けられる一方で，児相側に対しては，折に触れて攻撃的な言動を繰り返しやすい。その際に，保護者を「モンスターペアレンツ」のようにわかり合えない相手として捉え，腫れ物に触るような態度や構えた態度をとると，敵対関係が解けないまま膠着しやすい。

　そうした場合，児相側がその当時の動きについて，たとえ家族側の誤解や行き違いだとしても，怒りの感情の奥にある傷つきを認め，「こちらの思いとしては○○であったが，結果として傷つけてしまったことは申し訳なかった」と真摯に向き合っていく姿勢は，家族側のわだかまった状態を，前へ向かわせていくきっかけになるだろう。

「被害児への配慮」に抗議する家族への対応

　子どもがプログラムを終え，施設退所後の家庭復帰を考える際，居住地が被害児の家庭と同一エリアであれば，被害児の心理的影響に配慮して生活圏が重ならないよう，転居もしくはエリア外の親族宅への引き取りといったことが児相側から提案されることが多い。その提案に際して，「そこまでして被害児に配慮しないといけないのか」や「もとの家に戻せない法的根拠があるのか？」といった抗議が感情的になされる時がある。その際に，被害児への配慮という観点から，支援者が「被害者と生活圏が重ならないようにしなければならない」という考えにとらわれてしまうと，性加害をした子どもの家族を何とか説得しようという意識が強まりやすい。それにより一層家族側の反発が大きくなり，子どもの再発防止に向けて一緒に考えていくスタンスがとれなくなっていく可能性が高い。

　この場合，転居や親族宅への引き取りが家族にとってもたらす影響を考えていく必要がある。例えば転居については，経済的な負担やきょうだいの転校といった問題がある。親族宅への引き取りでは，親族に対して家族側が何らかの心理的葛藤を抱えていて頼りにくい，といった問題が存在しているかもしれない。いずれにせよ，家族にとっては大きな変化を迫られ，簡単には決断できない問題である。そのほかにも，児相からの提案が，家族にとっては行政からの一方的な強制措置のように捉えられる可能性があることや，事件後の被害児の家族側との話し合いの過程がどうだったかも，念頭に置く必要がある。

　上記の家族側の背景要因を考慮したうえで，子どもの再発防止という，児相お

よび施設だけではなく，家族にとっても共有できる大目標を確認する。子どもが被害児の心理的影響を考えながら安定した生活を送れることこそが，再発防止の観点から重要であることを強調し，転居せず被害児が近くにいるエリアに留まった場合と，被害児のいるエリアから離れて生活した場合のメリットとデメリットを，子どもと家族，そして施設と児相とで一緒に考えていけるようにする。最終的に，家族と子どもが納得のいく決定ができるようにすることが大切であろう。

支援者として家族と関わるために必要な視点

上記に挙げた例のように，家族の陰性感情に出会うと，支援者に「わかってくれない家族」という意味づけがなされ，腫れ物に触るモードもしくは説得モードとなって，いつまでたっても家族との協力関係が築きにくくなる。その場合，家族に対しての意味づけをいったん脇に置き，家族の立場になって，どうしてそういった言動が起こるのかをアセスメントして，その部分を手当する必要がある。まずは，施設と児相とでカンファレンスを重ね，家族に対するスタンスを揃えて一緒になって家族へ関わることで，家族から発せられる陰性感情に圧倒されずにすむ。家族の子どもを思う真っ当な気持ちを軸にして話し合いを進められるようになれば，対立と批判の場が再発防止に向けた話し合いへの場へと変化していけるようなるだろう。

もちろん一朝一夕には良好な関係性には展開しないものではあるが，どのような展開になっても，家族は，子どもの回復のための最大の資源であるという視点を，支援者があきらめずに持ち続けることが大切である。

岡本光司

（大阪市南部こども相談センター）

児自施設にスーパービジョンなどで関わり始めた頃，入園当初から「親元には帰せない」という結論ありきで，子どもと保護者に選択の余地なく通告し続けるという対応を見ることがあった。確かに，引き取りと子どもの養育には困難な状況があったが，親子ともども再同居を望んでいた。だからこそ児相側も「家には帰れない」ことを強調する必要があったのかもしれない。

とはいうものの，もっとも大切なのは，家に帰るかどうかではない。どこに帰るのかを決めていくプロセスこそが重要である。「わかった」ように思えて

も，家族についてはなかなかわかるものではない。親元に帰る場合のメリットとデメリット，家庭ではなくどこかほかの施設に行くとしたらどの施設なのか，そこに暮らすことのメリットとデメリット，施設に入所する場合のその後の家族との関わり方等々について，きちんと説明し，本人と保護者からも家に帰るとしてのデメリットへの対応，公的機関が気づいていないメリットや資源の開発などの対話を通して，双方が納得できる形で決定をしていくことが重要である。

　上記実践例では，保護者と児相の関係がこじれている場合の施設の仲介機能が述べられていたが，保護者との関係をこじらせる可能性があるのは，むろん児相だけではない。施設に入所している場合，子どもがそこで生活しているので，保護者は施設職員に対して不満があっても言いにくいという状況もありうる。さらには，ほかの機関の「悪口」を言うことによって，こちらの出方を試していたりすることもあるかもしれない。ある意味，「不満は言ってもらってなんぼ」であるので，自分や所属機関への攻撃と捉えすぎずに，状況把握と現実の改善を目指す契機にすることが望まれる。子どもも親に対して攻撃的にふるまったり，あるいは言いなりになって本音を言えないという関わりがありうる。パワーの差がある場面では起こりうる状況に対して，どのように対応していくか，職員がモデルとなるような対応ができるよう心がけたい。

Ⅲ　児童相談所における子どもとの並行グループによる保護者支援

　最後に，親子の並行グループによる治療教育を実施している児相の実践について，見ておく。これはシステムを作り開始するまでのハードルは高いかもしれないが，動き始めればかえって子どもたちと保護者，そしてスタッフの力を最大限に活用でき，大きなメリットがあるシステムであると考えている。

親子並行グループを中心とした支援

大阪府・市合同の在宅性暴力治療教育グループでの実践

子どもの性問題行動の再発防止には，保護者が子どもを適切にモニタリングしながらサポートすることが不可欠であり，その中で子どもが非暴力の価値観を学び，対等な関係性を理解する必要がある。そのためには，保護者のコミュニケーションのあり方が子どもにとってよいモデルになることが望ましく，家庭内の「支配・侵害」といった機能不全の関係性を，「対等・尊重」といった健全な関係性に保護者自身で変えていくことが求められる。

参加者決定と導入時のポイント

在宅性暴力治療教育グループに参加する家族は，児相がアセスメントした後に，グループスタッフとカンファレンスを行って決定する。グループの参加条件（グループを卒業するまでの約１年間，毎週１回のグループに保護者と共に参加可能であること）を満たし，性問題行動の程度，保護者の監護能力，再犯のリスクなどを勘案して判断される。

保護者は自分の子どもが起こした性問題行動によって，ショックや怒りの感情を抱えて傷ついている間接的被害者でもある。グループに初めて参加する際には不安や混乱，緊張や怒りを抱えたままの状態でのスタートとなるため，グループでは新しいメンバーを一番重要なメンバーと位置づけ，安心して参加できるように支えていく。

親子並行グループならではの変化と成長

初回のセッションは，先輩メンバーそれぞれが事件当時をふり返り，その時の状況や気持ちを語ることで，同じ悩みを持つ保護者のグループであることを実感し，参加した保護者が「ここなら話せる」と思えるようになることから始まる。

保護者は当初，子どもの見守り（モニタリング）を監視と捉えがちで，どこまで"見張れば"いいのか迷い，その答えを求めてグループで質問することが多い。こういった質問に対して先輩メンバーは，子ども自身が再発防止の責任を果

たし，疑われるような行動をしないように，保護者は監視ではなく見守ることが必要であると自分たちの経験を通して説明していく。

　安心なグループで，先輩メンバーが自分の変化をふり返り，自分たちの問題に向き合って正直に語る姿を目の当たりにすることで，参加まもない保護者も性問題行動は特別なニーズのある子どもだけの問題ではなく親の関わり方にも課題があることに気づく。グループの中でそれを受け入れて変えていこうと実践している先輩たちがモデルとなることで，自分たちの進む方向が見えてくる。

　その後は継続的なセッションの中で，「4つの壁」を乗り越えて性問題行動が起こるメカニズムを学び，ほかの家庭の様子や意見を聞いて，自分の親子間や夫婦間のコミュニケーションのあり方，自身の育ちや養育観をふり返り，過去の逆境体験や被害体験などから身につけた対人関係パターン（暴力・威圧・従属）が，子どもに影響を及ぼす加害的な関わりになっていることに気づいていく。

　グループでの学習や話し合いによって，新しい価値観や養育観を取り入れて家族（親子・夫婦）間の適切な関係性を見直し，ロールプレイなどを通してこれまでとは違うやり方に挑戦していく。ただし実際のところ，学習を通して得た知識で子どもとのコミュニケーションを変えようと試行錯誤はするものの，これまでのやり方（威圧や支配）は簡単に手放せるものではない。

　保護者グループと並行して，子どもグループでもコミュニケーションのあり方について学んでいる。子どもたちが保護者に対してアサーション（自己主張）したり，ネゴシエーション（交渉）したりし始めるタイミングで保護者側の受け入れ準備が整っていれば，家族のルールがお互いの了解のうえで見直されて，よけいなストレスを抱えなくてすむようになる。ただし，子どもの主張が一方的な要求になっていたり保護者側の準備が整っていなかったりすると，両者の歯車が噛み合わず，保護者の悩みや親子の葛藤は深くなる。子どもの変化の過程についての情報提供や発達・成長に関する心理教育も有用である。

　グループには，苦しむ保護者に対して自然にほかのメンバーが助言し，アファメーション（肯定的な声かけ）をして支えていく機能がある。メンバーに支えられることで変化へのモチベーションが高まり，保護者としての自信の回復が後押しされ，ひいてはほかのメンバーを支えたいという気持ちにつながっていく。

　保護者が子どもの話を聞き，気持ちを理解するといった肯定的な関わりができるようになっていくと，子どもは受け入れられたと感じ，適切な自己主張ができ

るようになる。そうすると，子どもの方から保護者にわかってほしかった当時の本当の気持ちが突然吐露されたりする。保護者がそのことを過小評価したり，なかったことにせず，子どもが感じたままの気持ちを共感的に聴くことができると，親子のコミュニケーションがさらに活発になり，お互いが相手を尊重し合える対等なやりとりができるようになる。

家族機能の回復を目指して

家族が安心して気持ちを伝え合えるようになると，それに伴って肯定的・共感的な交流が増え，「対等・尊重」といった健全な関係性が育まれ，家庭内のバウンダリーが明確になる。そのプロセスの中で，保護者が本来の役割を果たせるようになると，家族相互の信頼関係が再構築され，機能不全の状態から回復していく。

こういった回復過程を経て，約1年間にわたるグループの卒業が迎えられる。

濱村浩一

（大阪市中央こども相談センター）

毎週1回約1年間，子どもを連れて原則両親で児相に通い，さまざまなことを学びつつ，自分たちのこともふり返るとなると，現実として参加できる保護者は，子どもへの関心が高く，生活もある程度安定していることがほとんどである。社会経済的に高い層もめずらしくない。伝統的非行のある少年たちの家族は，親自身が日常生活を送るのにいっぱいいっぱいで，家族成員はバラバラで，子どもは放任されていることが多い。一方，児相の親子並行グループに通所できるような家族は，それとは異なり，むしろ親子の密着，過保護・過干渉が問題となる場合が多いように思われる。子どもが家庭や親の保護・支配下から抜け出せず，友達や異性との横の関係に移行できず，友達と深く関われない，あるいは一方的な関わり方になってしまう。社会が全般的に豊かになり，子どもの数が少なくなるにつれ，そしてそこにスマートフォンやインターネットなどによって性的な刺激が簡単に入手できるようになるにつれ，伝統的な非行のある少年よりも，一見不自由のない，ほかの非行のない，「よい子」の性問題行動が増えてきているのも無理もないことなのかもしれない。

社会的構造の変化という背景があるとは思われるものの，子どもたちが家か

ら離れて友人たちとの自分の世界を作っていくのが難しくなるのは，個々の事情もありうる。ひとつは，子どもに発達障がいなどの，他者との関わりやコミュニケーションをとるのに困難が生じやすい状況があって，それが親の過保護なども引き出していることがある。あるいは，より多くみられるのは，家庭内に何らかの緊張感，特に対人関係に関わる緊張感が存在する場合である。例えば，両親の不和，少なくともコミュニケーションや協働関係の乏しさである。飲酒やギャンブル，浮気といった問題があることもあるし，単身赴任などによるワンオペ育児もありうる。父母と祖父母との不仲であったり，家人の病気や失業などやむを得ない事情で，子どもの安心・安全感が損なわれることもある。理由は何であれ，基本的には，両親の関係とコミュニケーションを改善し，保護者の力をエンパワーし，子どもたちが安心して，親から自立し，ほかの人たちとのよい関係を作っていけるよう支援することが目標となる。

　子ども本人や保護者から家庭のありのままの様子が語られ，それに対応して改善でき，両親が子どもの成長に向けて力を合わせることができると，子どもの回復と成長も目覚ましい。注意を要するのは，実際には父が妻子を段ったりしているが，ある意味当たり前のことと洗脳されているのか，あるいは家庭の恥として隠されるのか，夫婦や親子間の暴力的・支配的な関わりが，なかなか見えてこない場合である。その場合は，両親とその親（祖父母）の関わり方が，はっきりと暴力的・支配的であることもあるし，地域社会での有力家系であることへの高すぎる誇りとか，長男の尊重，あるいは嫁への圧力，といった形で表されることもあるが，いずれにせよ男尊女卑的，封建的価値観がその家族の文化として流れていることがあり，出身や居住地の文化にも目を配る必要があるかもしれない。遠回りに思えるが，保護者の生い立ちや，価値観，信念などを聞き，扱っていくことが必要になることもありうる。

　児相のプログラムは，夕方とはいえ，平日に実施されるので，仕事を理由に父親の参加が難しいといわれることも多い。それでも両親がいる場合は，父親の参加の重要性を最大限強調し，両親での参加を促すことが大切である。その理由としては以下のようなことが挙げられる。

- ●男性（父親）が参加することでグループの視点はより多様なものになる
- ●ほかの夫婦の関わり方を見ることで，自分たち夫婦のあり方を見直す機会

となる

- グループの同性のバックアップを得て，パートナーに対してこれまでとは異なる関わりを持てるようになる可能性がある
- 母と息子の密着が課題となるが，父母の関係が改善されれば，母親は息子にしがみつく必要がなくなり，子どもは安心して外の世界に出られるようになる
- それまであまり持てなかった父との関わりを息子が持てるようになることは，男性モデルとして有益である

第Ⅲ部：参考文献

浅野恭子（2018）子どもの治療教育黎明期の話．性問題行動ユニット報告書『えんたくの実践とその可能性』．pp.76-85.

坂東　希（2020）コミュニティへの復帰—ネットワークを作る．In：藤岡淳子（編著）司法・犯罪心理学．pp.271-281，有斐閣.

藤岡淳子（2006）性暴力の理解と治療教育．誠信書房.

藤岡淳子（2010）性的問題行動のある子どもへの援助（在宅事業）．大阪府すこやか家族再生応援事業平成20・21年度報告書.

藤岡淳子（2014）非行・犯罪心理臨床におけるグループの活用．誠信書房.

Kahn, T. J.（2001）*Pathways: A guided workbook for youth beginning treatment, 3rd edition.* Safer Society.（藤岡淳子監訳［2009］回復への道のり　パスウェイズ：性問題行動のある思春期少年少女のために．誠信書房）

Kahn, T. J.（2002）*Pathways guide for parents of children and adolescents with sexual behavior problems, 3rd edition.* Safer Society.（藤岡淳子監訳［2009］回復への道のり　親ガイド：性問題行動のある子どもをもつ親のために．誠信書房）

Kahn, T. J.（2007）*Roadmaps to recovery: A guided workbook for children in treatment, 2nd edition.* Safer Society.（藤岡淳子監訳［2009］回復への道のり　ロードマップ：性問題行動のある児童および性問題行動のある知的障害をもつ少年少女のために．誠信書房）

大阪府立修徳学院（2008）性暴力治療教育プログラム実施の手引き．平成19年度大阪府すこやか家族再生応援事業報告書.

大阪府立修徳学院（2009）子どもの性問題行動の理解と支援に向けて．平成20年度大阪府すこやか家族再生応援事業報告書.

性問題行動ユニット（2018）性暴力行動に対する治療の介入の現状と課題．「多様な嗜癖・嗜虐行動からの回復を支援するネットワークの構築」

臼井直希（2020）広島学園性問題行動再発防止プログラム．非行問題　226; 92-105.

座談会

性問題行動の
治療教育

性問題行動の治療教育——20年をふり返って

座談会参加者（敬称略）

（同志社大学心理学部）**毛利真弓**

（大阪大学人間科学研究科）**野坂祐子**

（一般社団法人「もふもふネット」代表理事）**藤岡淳子**

編著者らが日本での性問題行動の治療教育に着手して，すでに 20 年が経つ。その間，性問題行動の治療教育はどのような経緯をたどり展開され，育ってきたのか。治療教育を通してどのようなことが見えてきたのか。治療教育の現状はどうなっているのか。20 年をふり返り，ここまでをふまえたうえで新たな理解を得るために，本鼎談が企画された。

＊性問題行動に関わるようになった経緯

毛利：私は少年鑑別所や刑務所で，性犯罪に限らず，犯罪を行った成人や少年の面接，改善指導のためのグループワークをやってきました。その後大学で勤務しつつ，この「もふもふネット」（以後「もふもふ」）で刑務所を出た成人のグループをやっています。また児童自立支援施設の性問題行動に関するスーパービジョン（以後 SV）と，刑務所の犯罪再犯防止プログラムに関する SV をやっています。

もともと矯正施設で勤務してきたので，子どもの性問題行動の治療教育の中心となっている児童相談所（以後，児相）などの福祉の先生方とは背景が違っています。児相の先生たちはとても優しくて子どもたちを守り育てる感じですが，私はどうやって正直に話してもらうか，嘘をつかせないとやっているので，厳しくなるなと感じます。私自身も，バランスの取り方を学びながら進めているところです。

野坂：性暴力の被害と加害に取り組むために仲間と始めた活動を土台として，藤岡先生が「もふもふ」を立ち上げました。それまで私は，性犯罪や DV の被害者，犯罪の遺族などのトラウマケアをする被害者臨床に携わってきました。ここにおられるお二方とは異なり，非行や加害に対する臨床のトレーニングは受けてこなかったので，やりながら学ばせてもらってきました。

加害者臨床に関わるようになったのは，性問題行動のある少年とその保護者に被害者のことをしっかり伝えるという治療教育の方向性に納得できたからです。また，実際に臨床をする中で，加害

をした少年や家族もトラウマや生きづらさを抱えていることがわかりました。少年自身も，家庭や学校，地域でさまざまな被害を体験している。そして，わが子が加害をしたことで家族もまた傷ついている。加害者臨床に，被害者支援で学んできたトラウマの理解や支援が役立つと思ったんです。

　正直に言って，当初は，加害をした少年の保護者の気持ちや考えにまったく共感できず，児相で実施している保護者グループのスタッフをしながら，腹が立つことの方が多かったです。「被害者にだまされた」とか「うちの息子の将来を台無しにされた」といった言葉を聞くと，率直な話し合いではあるものの，すごくびっくりしたし，あきれたし，あまりに腹が立って夜中にガバッと目が覚めることもありました。

　でも，何年かやるうちに，こうした気持ちは親としては当たり前で，口に出すかどうかの違いはあっても，その立場に置かれればそう思うものだと感じるようになりました。また，そんなふうに率直に言い合えた方が，その後，よくなることもはっきりわかってきました。最初から「被害者に申し訳ない」と言って思考停止に陥っていると，だいたいよくならない。変化のポイントを目の当たりにして，私自身が変わってきたところがあります。

　今は人が変化するということがすごく面白いなと思っています。性問題行動はトラウマの影響も大きいので，トラウマインフォームドな視点で見るのが役に立

つとも感じています。なので，被害と加害の両方に関わることには，さほど違和感がありません。現在は，児相でやっている性問題行動のある少年と保護者のグループに SV の立場で参加しつつ，2 カ月に 1 回はみんなで藤岡先生から SV を受けるという体制でやっています。ほかには児童自立支援施設で実施している治療教育の SV や刑務所での性犯罪再犯防止指導の SV，特別支援学校のスクールカウンセラーをしています。

藤岡：私も，少年院や刑務所など，法務省の矯正局で心理や教育の仕事をしていました。少年刑務所で性犯罪をやった男性のグループをやり始めたのがこの問題に関わり始めた発端です。最初は世の中にこんなに性犯罪者がいるんだと驚かされました。また，性犯罪者はほかの犯罪者とはちょっと違って，知的で学歴も高く，まともな感じの人たちだということも，思っていたのとはずいぶん違っていました。

　留学していたアメリカからちょうど帰ってきたところで，アメリカでは性犯罪者のグループ治療などが盛んになり始めていた頃なので，向こうの本を読んで勉強して，じゃあ実践してみるかと始めたのです。

　その後，少年院でもグループと個別治療を始めました。それから法務省をやめて大学教員になったところに，当時，大阪府立の児童自立支援施設にいた心理士の浅野恭子さんが施設の性問題行動の子に困っていて，少年院で治療ができるんだったら自立支援施設でもできるだろう

かと尋ねてこられました。彼女とアメリカの書籍を勉強して一緒に訳しながらプログラムを始めました。おそらく日本の児童福祉施設では初めてだと思います。当時は「性暴力」という言葉を使うだけで怒られました。資料などでも「暴行」と「いたずら」に修正させられたり。

　そこから仲間が少しずつ増えて，一緒にアメリカに見学に行くと，社会内でグループ，それも親と子どもの両方のグループで治療教育をやっていて，これはもうやるしかないと，かなりの見切り発車で，さっき野坂さんが言っていた大阪府の児相で親子のグループのプログラムを始めました。

　ちょうど性問題行動の子どもが増えて，とても困っている児相なども増えていたという社会の変化もあったためか，わずか20年間で児童福祉の領域ではここまでよく広まってきたなという感じがあります。けれど広がったものだから，私たちで翻訳して出版したテキストなどを使っても，よくわからないままやって，よくならなかったとか，そんな混乱も生じました。10年目の時にふり返りをしたら，アメリカの正式なやり方に比べると回数も職員の研修も，職員数もSVも少ないまま実施しているという課題が明らかになりました。

　その後，私はSVをたくさんやるようになって，野坂さん，毛利さんもSVをやっています。

＊「もふもふネット」の特徴
毛利：「もふもふ」は被害と加害，両方扱ってるのが特徴ですね。

藤岡：本書は児童福祉が中心ですが，「もふもふ」は成人も家族も扱っています。

野坂：大阪っていう地域性も大きいかもしれませんね。性やトラウマについてすごく熱心。虐待の相談件数が多いので，必要に迫られてというのもあるでしょうが。地方都市で地域が狭いため，連携しやすい面もあります。

毛利：大阪は新しいことに開かれている感じもありますよね。

＊社会の変化と性問題行動の可視化
毛利：私が法務省に入る前に勤めていた養護施設でも，けっこう性問題行動がありました。当時は「そういうこともする子」ぐらいの認識で，それに対する手当をしようという考えは希薄で，みんなが否認してるという感じでしたが今は違います。その頃から今に至るまでに，何が影響して性問題行動が認識されてきたのか，また社会にどういう変化があったのでしょう。

野坂：かつては子どもの性問題行動を「性暴力」とは捉えていなかったですよね。だから，被害者の体験も「被害」とは認識されていなかった。子どもの性被害は，大人も「ちょっと触られただけ」と思っていたし，「本人も気にしていなさそうだから大丈夫」と軽く考えられていた。これは被害なんだと，社会が認めるようになってきた動きはありますね。

藤岡：あとはこの20年で，性に対する社会の価値観や態度がすごく変わったこ

とがあると思います。例えば通学中の痴漢にしても，かつては被害に遭う中・高校生は，防犯意識が薄いと責任転嫁されたり，被害者たちが黙る歴史があった。大人が被害を知っても対処せず，知らず知らずのうちにみんなで痴漢犯罪を伝承させていた。そうしたことが明らかにされ，声が上がるようになった。こうした時代の流れがあったからここまで一気に被害が認識され，法律も変わったんだと思います*。

野坂：そうですね。新聞記事でも，性暴力の特集が増えましたし，被害当事者の言葉も紹介されるようになりました。2019 年には全国でフラワーデモも始まり，社会の意識も変わりつつあります。私の親の世代だと，たとえ性被害だと認識していても，被害に遭うのは「みっともないこと」で「だれにも言えないこと」という価値観が一般的だったと思います。とはいえ，今でも被害者へのスティグマは根深い問題ですが。

＊治療教育が広まった理由

毛利：私の勝手なイメージかもしれませんが，以前は関係性の中で行う精神分析のように治療者の力量次第だったのが，認知行動療法的なことが広まって，被害とか加害への対応はパッケージ化されたプログラムができたことが大きいのではと思います。パッケージ化の弊害もあるけれど，そういうものが導入されてきたことも，治療教育が広まるきっかけになったと思います。

藤岡：その点は大きいと思います。心理

の世界でもエビデンスベイスドが強くなり，CBT を使えば再犯率はこれだけ落とせるというデータが出てきて，それに基づいて治療パッケージが作られてきて，テキストがあって，その研修を受ければやれる，みたいなのはありますね。

毛利：法務省などで効果があると認められたことで，一定の方向を向いた気がします。その前はずっと内省させて，両親にしてもらったことふり返って泣かせるみたいなのをやっていましたから。それが悪いわけじゃないけれど，みんなに効果的なわけじゃないので，学問としても体系づけられてきたことは大きいと思います。

野坂：児童福祉では，2000 年に児童虐待防止法ができたことが大きいですね。「相談所」としてさまざまな活動ができていた時期から，児相の主たる業務内容が虐待対応に特化されたことで現場の余裕がなくなったと聞いています。面接時間の確保も難しい状況で，性問題行動への対応は治療教育プログラムがあるために，その弊害もありつつも進展した部分

---

* 2017 年に性犯罪に関する刑法が改正され，明治以来の強姦罪が強制性交等罪に改められた。大きな改正点としては，厳罰化，非親告罪化となったこと，親などの看護者による子どもへの性的虐待が処罰の対象になり，また被害対象者の性別が問われなくなったこと等が挙げられる。また，2023 年 6 月，強制性交等罪を不同意性交等罪に変更し，不同意の事由の拡大，性的同意年齢の 13 歳から 16 歳への引き上げ，公訴時効期間の延長などの刑法改正が成立した。

があるのでしょう。

藤岡：そもそも虐待防止法ができる前には，虐待なんて日本にはないですって言っていた時代があった。日本は子どもを大事にする国だから，虐待なんかありませんとか言って。

　個人の権利を尊重しましょうという社会の合意ができつつあるんじゃないですか。少なくとも身体暴力でも性暴力でも，子どもも女性も含めて一人ひとりの権利を尊重しなくてはいけない，という合意ができてきた。

＊性非行少年のまじめという病

野坂：20年をふり返ると，やっぱり非行のあり方そのものが変わってきている点が挙げられますね。かつての非行への対応は，大人が愛情を持ってしっかり叱ると少年も反省して非行を卒業するっていうパターンだった。ここのところ増えてきた性非行少年のあり方は，それとは異なります。反省を口にしても，実は，感じていない。そもそも反発することもなく何も言わない。ニコニコしていてほかの非行はなく，むしろ「できる子」というような。今までの非行臨床では通じなくなっている。

藤岡：そうですね。もふもふで法務省の委託で少年院を出た子たちの学習指導もやっています。そこには性非行や万引き癖とかアディクション系の子もいるし，昔ながらの交番に玉子を投げたみたいな少年もいるので，そうした非行少年と性犯やアディクション系の非行少年を一緒に見ていると，こんなに違うんだなというのをつくづく感じます。昔ながらの非行少年たちは大人の言うことなんか聞いてたまるか，どうやって手を抜くかということをまず考えているんですよ。平気でさぼるし，遅刻はするし，言われたことはやらないし，でもなんとなくかわいい。一方，アディクション系の人は時間きっちりに来るし，さぼらないし，まじめに勉強する。彼らは親とか大人社会のいいなりというか，それに添うために頑張って頑張って，頑張りきれなくなった時に性非行したり，万引きしたりしてしまう。

　昔ながらの非行少年たちは情に絡ませながら型をはめて，こら，ちゃんとやれ〜とやっていると，ちゃんとなっていくんですけど，性犯の子にそれをやっていくと，彼らがやられてきたのと同じことを繰り返してしまう。一生懸命，よい子の型にはめようとするだけだとかえって悪くなってしまう。むしろこの子たちは枠を外して自由な感じや，ほかにも目を向けること，少しくらい怠けたっていいんだよって教えるべきだと感じますね。

毛利：勉強ばかりしているとバカになるよってね（笑）。

藤岡：本当に全然違うタイプだと思うんですよ。

毛利：昔もそういうよい子はいたと思うんですけど，どう違うんですかね。

野坂：昔はよい子だったら，それなりにそれが報われる社会の余裕もあったのではないでしょうか。でも今は頑張っても，大学を出ても仕事がない時代。いろんな頭打ちがあって，ほんとにしんどい

だろうなって思います。加えて，性の刺激の量も昔と今では全然違うってこともありますよね。

藤岡：刺激の量は違うね。

野坂：頑張った人がそこそこ報われていた社会と，頑張っても全然報われなくて何かに依存するしかない社会とでは，ずいぶん変わってしまったのかも。

藤岡：昔は頑張っていればゼロより上がっていく感じがありました。性非行少年の親はそんなひどいことはしない。むしろ衣食住はちゃんと足りている。子どもに期待して，本人の情緒的なニーズとかは無視して，親が心配だからとかの理由で，勉強しなさいとか，親のニーズ，親の希望を押しつけてしまう。子どもはそれに沿わないと持ってるものを失うって感覚じゃないですか。

「ないものを手に入れる」じゃなくて，「持ってるものを失う」みたいな感じなのかなと思います。

野坂：そのうえ，持たされているものがすごく大きい。親の期待とか。そして，同じようなことが親にも起きていますね。親も「こうでなきゃ」って。性加害が起きている家族の親御さんたちの生まじめさは本当にすごい。

藤岡：一所懸命だよね。

野坂：生まじめで一所懸命で。そうした親の必死さが子どもを追いつめることがあると思います。強迫的というか。

藤岡：そう，性問題行動は，基本強迫的なんだと思いますよ。まじめに性犯罪するんですよ，コツコツと。

達成感あるんじゃないですかね。悪い

ことをやれているという背徳感もあるだろうし。まじめにやろうと思えば思うほど，ほんとは悪いことだってやりたいよね。やっぱり時代や社会を反映してるんだと思いますね。

野坂：まじめであることが病なんだという認識が必要ですよね。児相の対応を見ていて，性問題行動のある家族のまじめさの病を見過ごしているなと感じることがあります。児相からの呼び出しにも応じない家庭に比べると，性非行の少年の家庭はまじめで熱心なので，リスクをすごく低く見積もってしまいがち。さらに，わが子を「正さなければ」とまじめな親に対して職員もまじめに頑張るので，ますますひどくなっていく。みんながまじめをよしとしているから，あのまじめさの病は意外と問題化されにくいですよね。

藤岡：日本社会では，まじめなことがいいことだという価値観がありますからね。

＊自分の気持ちを考えない／わからない問題

毛利：いい言い方をすればまじめだけど，見た目が整っていればいいという方に関心が向いていて，結局は自分の本当の気持ちがわかることや，その気持ちをちゃんと伝えられることとか，ちゃんとケンカするってことをやってきていないんです。性問題行動を起こした子どもの親の夫婦関係もそうですが。

私は犯罪を行った成人男性の処遇経験の方が長いのですが，そこから感じるの

は，よくそんなに自分の気持ちを考えず
に生きてきたなと。まあ，気持ちを抑え
ざるを得なかった生い立ちがあるんで
す。でも，それを表現することをよしと
しない社会がありますから。つらいとか
もそうだし，怒った時に怒ってるんだと
相手に伝えることも，トラブルになるか
ら黙っておく。表現することの方が実は
エネルギーがいりますから。でも，周り
からまじめだと認められる態度をとって
いれば，そこそこやっていると認めても
らえる，かりそめの鎧をまとっている感
じがして。

　いったんそれをはがしたら，親御さん
も子どもも，自分の整理されていない気
持ちがグチャグチャのままだったり，中
身が空っぽだったりする。いい年齢に
なっても，自分は何に苦しんでいるの
か，なぜこの人に腹が立っているのか，
自分でも自覚できないでいる気がしま
す。まじめなのが悪いということではな
いけれど，まじめという見てくれで中身
を覆い隠してしまう問題があります。そ
うしていれば踏み込まれることもないで
すから。

藤岡：本来なら，わかり合えない他人同
士がお互いの気持ちをやりとりして，2
人で協同作業して親密な関係を作る。そ
してセックスしたりして2人とも楽し
い。

　でも，そもそも親子関係がそうじゃな
い。友達との関係もそうじゃないんです
けれど。特に親はガーッて一方的に言っ
て，息子はそうですって表面的には従っ
ていてその枠で頑張る。そして自分が一

方的にやられたように，今度は被害者に
対して一方的に自分の欲求や感情を押し
つける。とにかくやりとりが下手な感
じ。そう考えると，被害者加害者対話み
たいなことがもうひとつの関心としてあ
るんですが，実は同じことだったんだと
今，思うんです。

毛利：それぞれの気持ちの話をして…。

藤岡：そう，結局は自分が何を感じ，何
を考えているかを知っていくことは，ほ
かのだれか違う人と気持ちや考えをやり
とりして，自分はこうだったんだ，そし
て相手はこうなんだって，違う存在だけ
どお互いにやりとりしてどこかで協同し
ていく。結局，同じことだったんだな〜
というふうに思う今日この頃です。
TC**もそうですよね。

＊中身を耕す

毛利：治療プログラムをきちんと進めて
いくことができれば，本当は日々の自分
の気持ちを感じ取って言えるようになっ
たり，自分，今やばいなって思ったりと
か，自分ってこうなりやすいなという傾
向をわかって対応できるようになってく
る。これって要は中身を耕すということ
で，それが最終的には再犯防止に大切な
気がするんです。

　「こういう考え方は再犯するのでやめ
ましょう」「1回だけならいいやはダメ
だよ」「こうなったら危ないから人に相

**Therapeutic Community＝治療共同体の
　略称。編者らが刑務所で実践しているプ
　ログラム。

談しようね」とか，具体的な行動を教えるのも大事で，端的にわかりやすいわけですけど，本当の意味で中身を耕すことにはつながらない。俺ってこういう理由で犯罪したんだなとか，その子の成長のレベルでの理解でいいんですけれど，自分はこうだったからこうしてしまったけれど，こんなふうにできるようになればいいんだな，というような理解がないまま，あれしちゃダメこれしちゃダメ，こうしろ，ああしろで，それこそ塗り固められてしまいます。

　だからまずはこちら側が彼なり，彼女なりがどういうパターンで犯罪しているかをわかったうえで，その子と一緒にパターンを確認しないとダメですよということをSVではしつこく言っています。そういう意味では思考の誤りだったり，犯行のサイクルだったりという理解は深まってきているけれど，実はその核にある，「自分の気持ちをわかる，話せる，交渉できる」といった能力を伸ばせるようになっていくと，プログラムといわれるものも，より根の深い効果的なものになっていくのだと思います。

藤岡：だからSVやる時にはそっちがポイントになるんです。公務員はまじめだから，正したい病みたいなのがすぐ出てきてしまう。あなたはここでどうしてこう反応したんだろう，それはあなた自身が感じたことなんじゃないかなって，自分自身の逆転移みたいなところ，人との関わり方の癖みたいなところをSVでは耕すつもりでやっています。

毛利：支援者もそう（まじめに形を整え

ようとする）だと，もうマスターベーションはしませんからって子どもが言い出して，もう一生しませんっていう話になってしまう（笑）。

　支援者側もマスターベーションはいけないんだよと教えたつもりはないんだろうけど，本人に何がどうしていけないのか，どういうやり方がいけないのかを伝えておらず，マスターベーションに注意しなさいみたいなことを言うので，子どもに一生やりませんと言われ，えっ，どうしよう，いつから再開させたらいいですか，みたいなことになってしまいます（笑）。

　「いやいや，自分のことなんだからあなたに任せますよ，だけどこういうリスクがあります，こうなったら注意ですよ」っていうような，取説ではないけれど，それを渡せばいいんだけれど。お互いまじめだとマスターベーションしなければいいですよねって，本当になってしまうんです。それだとその人を変えていくことじゃなくて，末端の葉っぱを切り落とすだけの話で終わってしまう。そういうことはよく起きてるな，という気はします。

野坂：性問題行動のある子ども自身の気持ちや考えを一緒に耕していくのが大切だと，私もすごく思います。まずは自分自身が思っていることを見つけてそれを耕したり，表現できるようになっていくということが欠かせないのに，支援者が「お前の気持ちじゃない，相手（被害者）の気持ちを考えろ」という方向にもっていってしまう。

毛利：それ，すごくあります。

野坂：もちろん，最終的には被害者を含め，他者の気持ちがわかるようになることが大事なんだけれど，そのためには自分自身のこころがちゃんと耕されていたり，自分の話をしっかり聞いてもらえたりする機会が必要です。

　親が「こうでなければならない」と押しつけたように，支援者もまた別バージョンの雛型を押しつけてしまっている。再犯しないでどう生きるかを本人が考える前に，「再犯させてはならない」という支援者の課題が治療教育の目標になってしまうと，本人は蚊帳の外に置かれる。だから「マスターベーションをさせるかどうか」みたいな質問が出るのであって，肝心の本人が考える機会を奪ってしまっています。

＊性に対する態度の世代変化

藤岡：その流れの中には，性に対する態度というのが，世代によって，社会によって変わってきているのもやっぱり大きい気がします。親の世代は，性的なことやマスターベーションへの忌避感がある。子どもがそのことばっかり考えていたり，マスターベーションの道具を買おうとしたりするのも嫌なわけです。

　だから性的な欲求自体は健康的なもので，食欲と同じなんだってずっと言っているんです。別にセックスしなくても死にはしないけれど，大事な人生の一部を失うわけです。食べることだって食べ過ぎや悪いもの食べるのは体によくない。健康にいい食欲の満たし方を学ぶのと同じで，性的な欲求の適切な充足だとか，そういうのをちゃんと身につける必要があるわけです。

　最近はセクシャルプレジャーといって，性の権利や安全が守られることで得られる快の感覚が重視されるようになってきています。そこに加えて健康によくて，自他を傷つけない対等な協働的な性的欲求の満たし方を，暴力的なものとは区別していくのが必要だと思うんです。

野坂：性欲につながる性の部分をもっと普通のことだと思えるようになるのと同時に，でも性暴力の欲求って本当は性欲じゃなくて，暴力欲とか支配欲とか，ほかの欲であるということももっと知られたらいいですね。未だに，なんでも性欲が原因とみさなれるところがあります。

＊境界線を侵害しないことを教える

毛利：今，野坂先生がおっしゃったように実は性暴力に至らないために大事なのは，対等な関係をちゃんと常にチェックしながら保つこととか，境界線を侵害しないことなんですよね。これは別に性だけじゃなくて体の暴力もこころの暴力も，そういうことを日々教えるだけでも，相手の境界性を暴力的に侵害しないことが身につくと思います。性の話に抵抗がある親でも，それならば話せるでしょうが，親自身が境界線の感覚がないまま過ごしてきていて，あれするな，これするな，それだけの対応になってしまっている気がします。

野坂：親が境界線を破っているからね。

毛利：そうそう，親が実際それを破って

いて，全然わかっていないから，たとえ子どもに言ったとしても説得力がなかったりしてしまう。

性の話は苦手でも暴力や境界線の話とかならできるのかなって，今聞きながら思いました。もちろん，そういう性の本とか使いながら一緒に話し合えればもっといいな，とは思いますけれど。

＊性の同意について学ぶ前に

野坂：最近は，性の同意に関する情報や書籍もたくさん出ていますよね。これこそ，この20年の変化だと思います。だけど，性の同意について学ぶ前に日常のやりとりでの同意がわからないといけない。性暴力について知るには，暴力とは何かを理解する必要がある。性欲の話だけではなく，人にはさまざまな欲求があるといったことなど，もっと一般的なところから理解していった方がいいですよね。性の同意は大事だけれど同意の一部でしかないし，むしろ子どもの発達段階から見れば応用編ともいえる。性の同意が知られるようになったのはよいけれど，そこから始めるのはどうかな。ふだん子どもの同意なんてまったく無視されているのにね。

藤岡：嫌だったけど，ノーと言えない（笑）。

性というのがジェンダーと絡んでコントロールと支配と密接に構築されているからじゃないかな。それこそ産めよ，増やせよとか，武家社会とかにもつながっている。

野坂：自分で決めるものではなくて，他者がコントロールするもの。

藤岡：そうそう。

野坂：社会的な制度がある，と。

藤岡：そう，それが個人の性になってきてるところが変化ではあるけれど，まだまだ家のものとか，男のものとか，支配の道具として使われていて，それがすごく根強いと思います。

高校生くらいの男の子5人のグループを担当して，その中の3人は子ども相手に加害をしているんです。この子たちに思考の誤りに気づいて修正する課題をやっていて，子ども相手のセックスはいけないとか，あるいは男の子が童貞だからと年上の女性が無理やりセックスした場合，それはいい体験だからいいとか。そういう話をしてどう思うかを聞くと，みんな「それはダメだ」と言うんですよ。

だけどよく聞いてみると法律でダメだからとか，ダメなものはダメだからとかで，結局なぜダメなのかというのは考えてない，わからないんですよ。とにかくダメと言われているから二度としません。以上，終わり。みたいな感じ。そうこうしてるうちに発達障がい系の子が，「そうは言っても，男の友達が年上の女性にやられちゃったって言ったら，羨ましいな～ってみんな言いますよね？」って言い出して（笑）。

そうしたらほかの子もそうだよ，となったので，じゃあ，一体どう考えるの？　と聞いていくと，意外に根深く，男女の社会のパワー構造や男とはどうあるべきとかも含めて，頭に入っちゃって

るんですよ。

　ところでなんでダメだと思いますか？

毛利：パワーがある人が，相手の意志と関係なくやったらダメ。

藤岡：結局そういうことだよね。性のことって彼らは思っているけど，そうじゃなくてパワーの話だということなんです。

＊ジェンダー格差と男子の被害体験

野坂：童貞の男の子に年上の女性が無理やりセックスをするっていう設定で男性がイメージしているのは，「きれいなお姉さん」とのセックスでしょう。男性の性被害を考える時の想定自体が，すごくポルノ化されている。なかには「ラッキーな経験」っていうのもあるのかもしれないけど，自分の好みでもないバイト先のおばちゃんに無理やりってこともありうるはずなのに，そういうことはまったく考えない。その脳天気さがジェンダー格差だと思うんです。女性として生きていく時の「嫌な目に遭う」ことの現実的なイメージとは違うわけです。

藤岡：性被害を受けた男の子の話もけっこう聞いています。中１の時にちょっと不良に入りかけて，中２の女子の先輩２人に襲われた。遊びに行って酒飲まされて，そしたら２人に襲われて，無理やりやらされた。先輩たちにお前，黙ってろよ，人に言ったら私たちがやられたって言うからなって言われたらもうだれにも言えないって話を聞きましたね。結局，その後その子は家出してきた女の子をみんなでレイプして少年院入ってきたとい

う話をすると，みんなシーンってなるわけです。

野坂：男性である自分がそういう目に遭うという想定がないですよね。

藤岡：ない，ない。彼らも話を聞いて，もう少し身に染みて納得したと思います。なかに性暴力じゃないけれどいじめられ経験がある子がひとりいたので，やっぱりいじめられる，やられる方の気持ちがすごい大事だよという話になりました。

　知らない男の人や大きい人に近寄られたりしたら，それだけですごい恐いと言い出す子も出てきたから，私もやおら立って，隣に座っていた男子にずかずか近寄っていって，どう？　って聞いたら，当然「イヤです」って答えが返ってきました。だから続けて，知ってる人でも，別に触ってもいなくても嫌だと感じるわけだから，電車に乗っている女子中学生に，知らない男が近づいて，しかも胸やお尻やパンツの中まで手を入れてきたら，それはもう超イヤに決まってるんじゃないかと話をしました。

毛利：男の子たちに強くあることを奨励する教育もありますよね。被害に遭う子だっているけど言えない。

藤岡：だれも聞かないもの。

毛利：だから事実，被害を受けることがあるとはわからないまま，幸せなイメージだけ持っている。そんなひどいことは起こらないんだと。

野坂：想像したくもないんでしょうね。

＊みんなで議論していくのが大事

藤岡：グループの話の中で「認知の歪みってなんで出るんですか」という質問も出ました。男性がひどい目に遭って，苦しい思いをするのを考えるだけでも不安を引き起こすから，その不安を見たくない時に自分に都合のいいように考えるのが思考の誤りなんだって話しました。現実に受け入れがたい否定的な気持ちとか恐れとかがある時に，思考の歪みが生じて，それを見ないようにする。思考の歪みは現実を見ないようにすることなんだ，そんな話をみんなで議論していくのがとても大事だと思う。

野坂：施設でも性教育を熱心に取り組んでいるところが増えていますし，性教育の本もたくさん出ていますが，「これはいけない」「相手は嫌がっているよ」と教えるものが多い。今のグループでの話のように，みんなの本音が出てきて，「どうしてそんなふうに思うのか」っていうことが議論されるわけじゃない。先ほど毛利さんも言っていたように，それを考えることがむしろ大事。どこに着地するかはさておき，率直に議論することがすごくいいことだと思います。

毛利：性教育でも，正解言わせたあとに，ほんと？　とか，こういう考え方ない？　って言って，ちょっと突っつくだけでも違うのに，はい正解，で終わるんですよね。そもそも大人側もそういうディスカッションの経験がないですよね。正解を導き出すまであれこれ議論するのに，支援者側も耐えられない。自分にも答えがなくて，〇〇すべきでやって

いると，さっきの発達障がいの子の発言みたいなのが，多分よけいな質問に感じちゃう。

藤岡：一緒に考えればいいだけなのに，教えなきゃって思っちゃうんですよ。それ面白いね〜って言っていればいいんです。

毛利：自分で考えて生きるのがいいんですね。自分で答えを出すことなんだから。

藤岡：答えがわかったら教えて〜でいいんですよね。

毛利：答えは私の中にはあるけど言わないよって，自分で考えてって言うのもいいわけですね。

藤岡：私，それ得意。だって自分で言うこと忘れた時は，はい，だれだれさ〜んってふるので（笑）。

毛利：大事ですよね。彼らも支援者から答えをもらえると思っているから。考えてみてとか，逆のことを言われたりすると，え〜っ？となって自分で考えなきゃいけなくなりますから。

藤岡：いわゆる銀行型の教育，先生や銀行が知識やお金を全部持っていて，それをおろすのをただ受け取った人は貯めていくだけの教育がまだまだ根強くて，みんなが同じように持っていて，それをやりとりしていく対話型の教育はまだまだですよね。

野坂：教育する側が，いろんな意見が出ることを面白いと思えるか，ややこしくて混乱するからよくないって思うか，どちらかでしょうね。私もTCやグループを体験して，いろんな意見がある方が豊

かな経験になるっていう実感があるから，変わった意見が出た時に面白がれるけど，その経験がないと「どうやってまとめよう？」と焦ってしまって，面白いとは思えないかも。

＊グループの中で起こること

毛利：被害の話に戻るけど，成人の受刑者のグループをやっていると，それこそ子どもの時に神父にやられたとか，生理中の従妹にやられて経血べったりつけられたなどの体験がたくさん出てきて，それを聞いていくと，被害体験がない人の気持ちも揺れて，賦活される。そして性とは関係ないけれど，自分は妻に対してこういうことをしていたとか話し出す人もいます。自分もそういう目にあったって被害を語ってくれる人もいますし，俺はこういうことをしたけど，彼が受けていた思いを相手にさせていたのかもしれないって話す人も出てくる。

　これって同意はこうで境界線はこうですって頭で学ぶより100倍豊かになる。みんなの気持ちが揺れ動く。俺は相手にあんな思いさせていたんだ〜って。仲間であるその人が苦しんでいるからこそ共鳴してわかるというか。やっぱり話ができて，聞けて，感じる場があることは大きい。

藤岡：治療教育をグループでやることの意味ってありますよね。

毛利：集団が広がるといいなって思います。教えるというだけではなくて，場があって率直に言えてという時間も，そのカリキュラムの中に入ってるとベストで

すね。まだ先の話かもしれませんけど。

藤岡：グループでやってますと言っても，結局銀行型教育でやってるだけのグループも多いですから。対話だよね。対話をいかに作るか。

毛利：個別でもですね。

野坂：個別でも対話が大事だよね。でもグループの方が，対話による経験が深まるかなぁ。

藤岡：同年代のグループだと，より対等な関係で話せると思うんだよね。先生とかセラピストとか，大人とかじゃなくて。

　性問題じゃなくて対話の話になっちゃった。私たちのブームが対話だから（笑）。

野坂：性問題行動についても，治療教育プログラムをやったから治るというわけではなくて，その中での対話の力がすごく大きい。

藤岡：会社とか家庭とかもそうだと思うんです。

＊加害者の妻や母

毛利：話が戻りますが，男の人たちは男性に関してのいろんな教育を受けて，弱いところを否認して幸せの妄想をする。その裏で女の人は弱い立場に立たされて，嫌な思いをしている。それは事実だと思うけれど，私の勝手なイメージでは，女の人が弱い立場を利用していることもある気もするんです。こんなこと言っちゃダメですか？

藤岡：言って。

毛利：なんかこう，割れ鍋に綴じ蓋にな

るっていう構造もある気がするんです。見てると男が悪いように思うけれど，セットになってる女も悪いのではと思ってしまう（笑）。

　私は男の人が支援の対象だから，彼らの味方になってしまうんでしょうけれど。都合のいい時は女の人が経済的にも情緒的にも依存しておいて…みたいな。もちろん，どっちもどっちなんですけど。それで男性側も俺が養ってやっているとなって，結局両方自立の仕方を間違っているような。

　それもフェミニストからしたら，女性が社会的に弱い立場に置かれてるんだからしょうがないという話なのかな，とも思いますが。その領域は理解が浅いのであまり発言したらいけないなって思ってるんですけど。

　加害者の妻や母親たちを見ていて，女性のあり方についてどう思いますか？

野坂：女性の場合，自分が積極的に選んだわけでもないけれど，気づいたらそういう生き方になってしまったみたいな感じはあると思います。まぁ，女性に限らないけれど，主体的に人生を選ぶよりも，受け身的に応じて生きていく人はいる。でも，割れ鍋の方なのか綴じ蓋の方なのか，どちらにせよ自分が相手との関係性で何かペタッとはまっちゃってるんだなと気づけると，その人の人生は変わりますよね。

　先ほど対話で被害者も回復すると言いましたが，何度も被害に遭ってきた女性が「好きでしてるわけではないけれど，自分はそうやって被害に遭いやすい生き方になっているのかも」と対話の中で気づき，それは自分で変えられるんだと思えると生きやすくなる。ずっと被害ばかりを訴えている人は，もちろんそれも回復に必要なプロセスではありますが，行き詰まりやすい。

藤岡：見えなくなっちゃうのも症状なんじゃないのかな。

野坂：だからこそ見えやすくするのに，いろんな人の話を聞くことが大切になってくる。他者の生き方を知ると，自分の生き方が見えやすくなるから。

藤岡：男性とか女性とか関係なく，人間として自分が何を感じているのか，何を考えているのかをちゃんとリフレクトする力，それを言語化する力が必要で，それができる人とどういうふうにやりとりできるかっていうところなんじゃないかな。それができてない人同士くっついてしまう。性犯やっている男の人の中には，実はすごい頑張って頑張って嫁の要望に応えようとして，疲れ果ててボコッてなってる人もいるんです。

毛利：子どもが性問題行動を起こした母や夫が加害した妻は，事件の当事者ではないけど，関係性的には加害者にすごく影響している。彼女たちは大変だと思うけど，自分の問題よりも先に息子が…ってなってしまって，本当は自分も親としてどうだったのかとか，相手と対等な関係を築けるようになるのかとか，自分に目を向けることが大事。

野坂：男性が自分の被害者性に気づきにくいのと同じで，女性は自分の加害者性に気づきにくいっていうこともあります

ね。母親の支配って，ものすごいじゃないですか。「こんなにしてあげたのに」とか「あなたのために」とか言うのは，すごく支配的だと思いますが，本人は全然それに気づかない。周囲も。それが愛情だと思っているから。

＊親との付き合い方は難しい？

藤岡：だれが加害者だ被害者だって言っていてもしょうがないと思います。自分が加害者になることもあれば，被害者になることもあるわけで，どんなふうにそうなるのかを，もう少し引いて考えたいなって思います。

毛利：そうですね。ただ，支援者側に役割を固定する意識が働いてしまう気がするんです。例えば，性加害を行った子どもの親を指導する人は，子どもの回復の資源としてしか親を捉えていないとか。そうではなくて親と支援者がしっかり対話して，親自身もちゃんとやれるようになってきたら，息子にこうすべきだって話だけじゃなくて，親として，男性／女性として，息子／娘としての自分自身のことも考えられるようにする方が，みんなのパワーが強まるのにって思うんです。子どもにはいろいろやってるけど，親には生育歴も聞いてないことが多いです。指導の仕方や境界線の話だけ教え込んで終わって，全力を尽くせてないっていうか，突っつくべきところを突っついてないなって思うことがありますね。

藤岡：一昔前は，子どものことは子どものことだから，親のことをとやかく言わないように，という行政としての方針みたいなものはあったと思う。児相の先生が子どもが可哀想って思っちゃうから，親を批判するのがポピュラーだった時期もありました。

それに対して今は，親は回復の資源というのに移行してきた経緯があります。じゃあ子どもにやるみたいに，親がどう育ったか祖父母の代までちゃんとおさえて，親のサポートもきちんとできるといいんだけど，なかなか親の扱いって難しいみたいなんですが，どうしてなんだろう（笑）。

野坂：親支援が難しいと感じる若手の支援者は多いんじゃないかな？　あと，年長者になるとやっぱり変わりにくいっていう印象もあるでしょう。変わらないという思い込みかもしれないけど。

毛利：ここ（「もふもふ」）に来てワーッて怒る男親はいないけど，児相とかには怒鳴ったりする親もいると聞くので，それは職員は萎縮してしまいますよね。反対に親がオロオロしてる場合でも，何とかしなきゃと援助モードになって本質を見誤ったりしてしまう。

親はそれこそ長く生きているから思考の誤りがけっこう強固で，何か言ってもああです，こうですって返されて，反論して議論になっちゃったりもするので，そのへんの難しさはあるんだろうなって感じます。でも藤岡先生はそれもレクチャーして納得させることできますから（笑）。

藤岡：レクチャーが得意なのは大事だよね。その場その場で相手の引っかかってるところに気づいて，そこはこういうふ

うに考えるといいですよ，と説明できるのはすごく大事だと思う。

毛利：整理して納得してもらえますよね。

藤岡：信頼もされるし。

野坂：保護者に限らず，相手からバーンと感情をぶつけられた時にこちらも感情で返すと，火に油を注ぐ事態になってしまう。だから支援者が落ち着いて「こうなんですよ」と知識や情報を提供する心理教育はすごく大事ですよね。

藤岡：大事ですね。さっきの話に戻るけれど，支援者も自分でどうしてそうなのかをちゃんと考えて理解していれば，説明できると思うんですよ。言われたことに自分が考えたこととして答えればいいだけだから。それがただ，こうだと覚えてるだけの説明だと，言い淀んじゃうのかなって思います。

＊理解することで思いやりが生まれる

野坂：加害者に対するお二人の臨床をそばで見ていると，すごく愛がありますよね。言葉かけや接し方など。

毛利：愛があるようにみえるだけです（笑）。

野坂：とても親身だなって思うのと同時に，境界線をはっきり引いているのが印象的です。「いや，知りません」とか「あなたの人生です」とか。加害行動のある人は境界線がないから，こちらは相手を受容しながらも常に境界線を示すことが大切。相手が求めてきたことには応えるけど，責任をこちらに委ねてきた時には「それはあなたの責任」と明確に返すやりとりが素晴らしくて，すごいなと思っています。

藤岡：私からすると，被害者に対する野坂さんの親身はすごいなーと思う。私にはこんなこと言えないみたいなことがいっぱいです。

毛利：巻き込まれずに，きっと線引きはちゃんとしてるというバランスですよね。

藤岡：あるいは理解だね。理解は思いやりだもんね。理解することによって思いやりが生まれる。

野坂：最初に，性非行少年の親が被害者の方を非難するというエピソードを話しましたが，それも気持ちの面では私は受け入れがたいけれど，親の立場を理解すれば親の心情を思いやることはできる。私が優しくなったわけではなくて，単に理解できるようになっただけ。やっぱり知識は思いやりを持つうえで欠かせませんね。

毛利：これはちょっと妄想ですけど，児相の先生たちの話にあてはめた時に，理解をするっていうのも大事だなあと思いました。児相の先生たちは，何とかしてあげようとすることが多いですよね。それこそ親が怒鳴りこんできたら，まずその場を収めようとする。再犯しないために，支援者が一番努力するっていうか…。人としてはいい支援者なのかもしれないけど，でもすべての人の力をあまり伸ばせてない気がする時があります。

野坂：わかります。本人以上に支援者が頑張っているみたいな感じですよね。

毛利：そうそう。

222

藤岡：本人に頑張らせなくちゃダメで，先生が頑張っちゃダメなんですよ。

毛利：サポートする雰囲気はもちろん必要ですけど，最後決めるのは親だし本人だし。そういう構えがあれば，怒鳴りこんで来ても，なに怒ってるのくらいで対応できる。でもこの場を収拾しなくちゃ，それができないと治療者として周りに実力がないと思われる，という恐怖があったりするわけですよね。

藤岡：結局，自分のことしか考えてない。

毛利：支援者がね。でもそれは個人の問題じゃなくて組織の問題だったりするのかなって思ったりもします。

＊責任を本人に返す

藤岡：心理職でも病院臨床をやっていた人が，グループのリーダーをやると，話したくないことを話さなくていいですからねとかっていうよけいな一言を最初に言うんですよ（笑）。

私はそんなことを言わずに，とにかく正直に隠さず話すことが大事ですってことしか強調しません。だけど，多分重篤な精神障がいのある人とか自我レベルの低い人を相手にしてると，実は話したくないのに，ついつい話しちゃって，あとで不安定になる。そんなぜい弱な人を何とかしてあげなくちゃいけないという構えが身についているんだと思うんです。犯罪者，特に性犯罪者はむしろ話したくないことは話さない，隠すぐらいの自我の強さがあって，その我の強さを人に押しつけて，言いたくないことはどうせ言わない。

ちょっとやり方さえ覚えれば十分やれる人たちなので，ちゃんとやりなさいと責任を全部本人に返していくのがすごく大事だなと思っているんです。そこは違うんだと思います。

毛利：でも，支援で最初に学ぶのはそういう態度ですよね。言いたくないことを言わなくていいですよってまずは受容して，何でも話せる相手になるのを目指しますよね。それは大事ですけど。

藤岡：やっぱり，ちょっと対象者の質が違うと思うんです。ある意味，人を傷つけてもかまわないぐらいの我の強さですから。

野坂：対象者の違いもありますし，さらに治療教育っていうのは，心理的支援ではなく教育という目的がある活動だという違いもあるのでは。治療教育では「話してスッキリした」というカタルシスで終わってはダメですよね。自分がした行動への責任を取ること，それができるようになるために自己理解を深め，こころを耕していく過程が不可欠です。心理的支援と治療教育の目的は異なるという点が，まだ十分理解されていないのかもしれません。「つらかったです」で終わっても，治療教育にならないですから。

毛利：それが加害とつながっていると思いますかっていう話ですね。

野坂：そう。温かく話を聴いてもらって「なんかスッキリした」とか「新たな居場所ができた」とか言っても，加害行動の変化にはつながらない。

藤岡：実は，加害する人たちもそれでは

満足してないことも多いと思うんです。いっぱい話させた挙げ句，なんだ何もないじゃないかって思うみたいです。何か自分がつかんだ，取得したって思いたいわけです。ちゃんとお土産を持たせるのは大事だと思いますね。

野坂：実際，お金と時間を使って通うわけですからお土産がないとね。

藤岡：なきゃ来ないしね。

毛利：施設にいる子どもも同じで，やっぱりお土産は必要ですか？

藤岡：面接室に来て話をする時に，この人と話したらためになるなって思われるのは大事だと思います。やっぱりそこは教育が入りますよね。さっき銀行型とかの話をしたけれど，対話型の教育だけど価値や生き方を伝えていく感じです。

毛利：対話型の教育にならずに，指導に入ることが多いですよね。でも SV してると，だんだん対話がちゃんとできるようになってくるなって感じます。

野坂：それはそうね。

毛利：やっぱり皆さん一所懸命ですごい能力がある。腑に落ちたら，メキメキ変わっていく。それはすごいと思います。

藤岡：びっしりノートとって，前回先生にこう言われたから，こうしてみましたっていうふうに，すごいまじめなんですよ。

野坂：支援者も，腑に落ちたら変われるという体験をする。それこそ対象者と同じですね。腑に落ちることなくして変わらないのは，大人も子どもも一緒。まずは支援者がそういう体験をして，子どもにも「わかった」という体験をしてほしいですね。

＊暴力を減らすこと，力を適正に使うこと

野坂：暴力を減らすのは，加害者だけが取り組む問題ではないですよね。みんなが暴力を使っているから。親もそうだし，時に支援者も。暴力の問題は，社会全体で変わろうとしないと変わらないって思います。

藤岡：私も加害者だけ変わればいいってことではないと感じています。そのために「もふもふ」をやっているようなところはあります。それは野心がちょっと大きすぎかもしれませんが。暴力はそう簡単になくならないけど，減らすためには力について適切な使い方を学ぶことが大事です。親もそうだし，会社の上司や学校の先生もそうです。加害者は性暴力をふるって，お前はダメだって言われるのですが，その前に親や教師や仲間から，本人が暴力的な扱いをされています。それをより弱い方に落としているだけなんです。力の行使がない社会はないと思うので，社会全体，一人ひとりが力をどうやって適正に使うかってことをもっと意識して練習する機会が欲しいなあと思います。

　話し合うこと，対話が大事だと思っています。自分の欲求や感情を，まず自分が気がつかなくちゃいけない。そして気がついたものを相手にも伝わるように伝えなくちゃいけない。それをちゃんと相手も聞くっていうことです。自分が持っている答えが正しいと押しつけるのは結

局暴力につながってしまうわけで,「これが正しい」と押し通すパワーを持っていない側は泣き寝入りすることになってしまいますから。

　今,世の中で行われているそういった話し合いの場合,双方が自分の正しさだけを押し通しているので,話し合っているように聞こえても実際には何の変化も起こしていない。そうではなくて,この人の思っている真実とこっちの人の思っている真実,両方をいったん自分の外へ出して,そのあわいでもう一回話し合って,新しい何かが作れたら,どっちが正しいじゃなくて,別のもっと適切な解決法が見つかるんじゃないかなと思います。それが対話であり,そういうのを体験できる場を作るっていうのが,今の関心です。

毛利：学校の教育でも,そういうことをやってもらいたいです。個々が自分の権利について小さい頃から自覚できていて,同じものを相手も持っていて,そのやりとりをみんなが自然にできるように学べる場がないと,定着していかない。弱い者がSNSで声をあげるっていうやり方しか日本はできない。SNSは大事だと思うんですけどね。なんかそれ以前の,もっと配慮するっていう文化が必要だと思います。

＊声をあげてつながる

藤岡：自分はひとりじゃないってちゃんとわかる体験はすごい大事だから。今は自分の思っていることを言って声をあげて,あ,ひとりじゃなかったんだとつな

がりができることが,とりあえず大事なんじゃないかな。

毛利：声をあげて権利を獲得していくことも大事だと思いますが,こんなひどいやつがいると,新たな敵を見つけてぶっ潰す場合もある。これだと,結局大勢になると,今度は力関係が逆転してだれかを糾弾するだけで,パワーストラグルから抜け出せない気がします。どこから始めたらいいかわからないけど,声が出た時にちゃんと聞かれて,だれかを責めるんじゃなくて,どうしたらいいかを考えられるみたいな。

野坂：解決としての対話がなくて,闘うやり方しか知らないと,やられたらやりかえすだけで闘いが続いてしまう。被害者支援の領域でも,被害者の声を利用して社会を変えるという代理戦争みたいなことが起こりうる。支援が被害者への新たな搾取になることもある。闘うエネルギーは大事ですが,危ういこともけっこうあるし,ほかの解決方法を知っているほうがいい。

毛利：集団心理として,そうやって何かと闘うのって健全じゃないので,もっと建設的な作業集団ができるようになれば。

藤岡：でも社会では,当然パワーを持ってる方は手放したがらないわけですよ。だから当初はだれかが声をあげてみんなで固まって闘う形になってしまう。黒人運動も若者もそうだったし。その中から一部極端な,例えばブラックパンサーみたいなのが出てきて,それに対してキング牧師みたいな穏健派がより多くの支持

を集めて，そういう形で進展していくほかないんだと思うんですよね。

毛利：声をあげることは全然否定してないんです。でもその後の展開で次につながらないのかなあと。

＊怒りの力を使いこなせるか

藤岡：もしかすると暴力にも意味があるのかもしれないしね。何かをこう，壊していく，ちょっと極端な話ですけど。

野坂：怒りは変化につながりますね。何かを壊して，新たなものを作る力にもなる。

藤岡：影響を及ぼすのが力。でも影響を及ぼせない人が，暴力でもいいから影響を及ぼそうとする。弱い人にとっては，弱いと感じてる人にとっては，すごい魅力的だと思う。

野坂：力をうまく使うことと暴力を手放すのは矛盾してないってことですね。要は，力の使い方でしょうか。

藤岡：野坂さんが怒りのポジティブな力についてフェイスブックに書いていたんだけれど，私はその怒りに別に良いも悪いもなくて，自分の中の怒りをきちんと認識し表現して，それをどう使うかだと思うんです。表現の仕方とか，どこまでそれを使いこなせるかっていうところの方が大事なんだと思う。怒りそのものがどうとかっていう話じゃなくて，それをどう使うかなんだと。

毛利：でもそれは藤岡先生が怒りというものに開かれているからですよ。いつも怒りを適当に出していられる。そういう人にとっては別に相手の怒りも自由だ

し，そういう構えでいられるわけです。たぶん野坂先生が想定している人は，それすらも感じられないわけです。何か打開する時に怒りというのがまずあって，それこそ運動が始まる時にそれをガッと出せるなら，動きが始まるっていう意味では大事で，怒りによいというラベルをあえてつけるっていうことの意味もあると考えているのかなと思うんです。

よい悪いはないのかもしれないけど，でもよいとラベルを貼って励ますみたいなことも時に必要かもしれない。

藤岡：だから怒りや力というのがあることをちゃんと認識して自覚して，それをどうやって使うのかってところまでいく必要があると思う。

毛利：弱い者も強い者も，ですね。

藤岡：そう，両方，みんながです。だって人間にとっては自然な感情状態ですもの。

＊持てる者が自覚する

藤岡：TC なんかだとサークルとそれを支えるトライアングルっていう言い方をしますよね***。家族だとか学校はやっぱりサークルで，その人が生きていて，感じること，考えること，それそのものが大切で，そういう関わり方をされていくけど，社会に出れば当然，指揮命令系統がある。でもこの指揮命令系統がない

***治療共同体において，対等性と自由が尊重される「サークル」と，役割と責任の遵守が求められる「トライアングル」によって，個人の回復を支えていくという考え方。

226

と，平等なサークルは維持できない。だからそのトライアングルの力の使い方だとか，自分は力をたくさん持っているんだっていうことだとか自覚する必要がありますよね。

　でもどんな偉い人だって全部がその人の力ではない。自分だけがすごいパワーを持ってて一番素晴らしい，優遇されるに足りる人だって思っていたら，その人の人間理解が浅いだけなんだと思います。

野坂：万能感みたいなね。

藤岡：そうそう，勘違い，非現実。ある組織の中で，無能で何もしていないっていう評価を受けていた人をクビにしたら，組織のパフォーマンスがすごい落ちたそうです。実際は何もしていないかのようにみえたその人が，いろんな人をつなぐようなハブの役割をしていて，その人がいなくてなって組織として動けなくなったという研究も出ています。役に立ってないなんてだれが勝手に決めるんだろうって，すごく思うんです。

毛利：さっきの子どもの教育を充実させたいという話と矛盾するかもしれないですが，今の話を聞きつつ，パワーを持っている人がおごらないこと，乱用しないことも大切だなと思いました。何から始められるかを考えた時に，パワーを持っている人がちゃんとできるようになることって，まあ一番手っ取り早いのでは。浸透はしづらいかもしれないけど。

藤岡：でもパワーをお金の力，体の力，車の力なんて思ってるのは間違いだと思うんですよね。

毛利：でも実際思っていますから。

藤岡：思ってるところもありますね。ただそうじゃないと思ってるところもある。例えば神奈川で障害者施設殺傷事件を起こしたような人，それが今のパワー信奉の権化，病の象徴のような気がします。私は，小さい頃，勉強しろ勉強しろと言われて育ってきた世代なんです。それで中学受験をさせられて一生懸命馬車馬のように勉強をまじめにしてきたんだけど。でも勉強や運動ができること，有名進学校入ってそこで勉強できることが偉いのか。知的障がいのある人だとかはどうなるのか。そういうことをけっこう悩んでた時期がありました。

　『大地』の著者パール・バックには知的障がいの娘がいたそうです。彼女の本を旅をしながら電車の中で読んでて，別に知的障がいとかそんなことがあっても，生産性をあげられなくても，そういう話じゃ全然ないんだなって思ったことがあるんですよ。突然，私が大事なように，あなたも大事で，大嫌いなアイツもやっぱり大事で，この教室にいる人みんな，その人が感じることや考えることは，もうその人にしかないことで，お金稼ぐとか勉強できるとかって話とはまったく別の次元なんだってことを体感した経験があるんです。それは高校生か大学生の頃なんですけれど，多分それがTCや対話に惹かれる大元にあると思うんです。私の中ではすごい核になっている感じがあります。

野坂：そもそもパワーとは何かってことですね。また，そのパワーをどう使う

か。パワーの使い方なんてだれも習っていないから，実はすごく難しい。みんなパワーの使い方を学べた方がいいんじゃないか。自分のパワーに気づくためにも。パワーを乱用すると加害になることやパワーを乱用されたら人はどうなるのかも。それが健全なパワーの使い方につながるはず。

＊単純化せずに社会をとらえる

野坂：性被害の深刻さが知られるようになり，被害者の置かれた状況が理解されつつあるのはよいことだと思います。どれだけ被害者が傷つけられるのか，今まできちんと認識されていませんでしたから。でも，さらに言えば「つらい思いをする」というのも被害に対する一面的な理解です。きょうだい間の性暴力やDVの場合，つらいというよりも別の思いが強いことも多い。つらいを感じられなくても被害であるという認識も必要。心理的なつらさ以上に，人生への悪影響が大きいことを知ってほしい。

藤岡：加害者は，自分のせいで被害者の人生がものすごい悪影響を受けていることへの責任をちゃんと感じるべき。

　一昨日少年たちのグループでその話をしたなと思い出しました。君たちは自分の持っている力をちゃんと人と自分を幸せにすることに使わなくちゃいけないんだぞって。人を傷つけて自分にプライドを持てるだろうか，なんてことを話したんですよ。

毛利：つらいかつらくないかじゃないってことですね。

野坂：単純化しすぎないってこと。巧妙な加害があって，被害者の感じ方もさまざま。つらい思いをしたから被害だという単純な話じゃない。

毛利：こんなしんどい思いをさせてしまったという倫理観とは違うっていうことですか？

野坂：そう。加害者が自分の被害者性に向き合う時にも「つらくなかったから，あれは被害じゃない」みたいな認識があるでしょう。そこで支援者が「本当はつらかったはずだ」と決めつけるのは論外だけど，けっこうある。支援者も被害をつらい体験と単純化して捉えているからじゃないか。人が搾取されたり利用されたりすることには，もっといろんな悪影響がある。時には，被害を受けた時に「得した」とか「よかった」とか「わくわくした」といったこともある。でも，だからこそ人生が大きく歪められてしまう。被害者のつらささえ認識されていなかった20年前とは大きな変化ですが，まだ一面的な理解だと感じています。

藤岡：それは犯罪の被害・加害という話だけじゃなくて，実は私たちの生活そのものなんだよね。人間がいてやったりやられたりして，どうやって力を合わせて社会をつくっていくかっていう話なんだと思うんですよ。子どもをどうやって育てていくかっていうことなんですよ。風呂敷すごい広げちゃいましたけれど（笑）。

(2023年1月9日：於「もふもふネット」新大阪オフィス)

【編著者紹介】

藤岡淳子（ふじおか じゅんこ）
一般社団法人「もふもふネット」代表理事。
上智大学大学院博士前期課程修了，法務省矯正局において，受刑者と非行少年のアセスメントと教育に20年間携わる。その後，20年間大阪大学大学院人間科学研究科教授などを経て，現職。大阪大学名誉教授，臨床心理士，公認心理師，博士（人間科学）。
主な著書に，『性暴力の理解と治療教育』（誠信書房，2006年），『アディクションと加害者臨床―封印された感情と閉ざされた関係』（編著，金剛出版，2016年），『非行・犯罪の心理臨床』（日本評論社，2017年），『治療共同体実践ガイド―トラウマティックな共同体から回復の共同体へ』（編著，金剛出版，2019年），『司法・犯罪心理学』（有斐閣，2020年）他多数。

野坂祐子（のさか さちこ）
大阪大学大学院人間科学研究科教授。
お茶の水女子大学大学院博士課程単位取得退学，大阪教育大学学校危機メンタルサポートセンター准教授などを経て，現職。臨床心理士，公認心理師，博士（人間科学）。
主な著書に，『マイ ステップ―性被害を受けた子どもと支援者のための心理教育』（共著，誠信書房，2016年），『トラウマインフォームドケア―"問題行動"を捉えなおす援助の視点』（日本評論社，2019年）他多数。

毛利真弓（もうり まゆみ）
同志社大学心理学部准教授。
大阪大学大学院人間科学研究科単位取得退学，名古屋少年鑑別所法務技官兼法務教官，大林組PFI事業部／島根あさひ社会復帰促進センター，広島国際大学心理臨床センター特任助教などを経て，現職。臨床心理士，公認心理師，博士（人間科学）。

【執筆者紹介】

池上　駿（いけがみ しゅん）
　熊本県中央児童相談所

臼井直希（うすい なおき）
　広島県立広島学園

岡本光司（おかもと こうじ）
　大阪市南部こども相談センター

楠富美子（くすのき ふみこ）
　元・広島県立広島学園

駒村樹里（こまむら じゅり）
　東京都多摩児童相談所

佐藤慎也（さとう しんや）
　大分県中央児童相談所

塩見亮輔（しおみ りょうすけ）
　　大阪府東大阪子ども家庭センター

島　ゆみ（しま ゆみ）
　　大阪府東大阪子ども家庭センター

高下洋之（たかした ひろゆき）
　　大阪市立阿武山学園

田中　孝（たなか たかし）
　　大阪市南部こども相談センター

中島　淳（なかしま あつし）
　　大阪府岸和田子ども家庭センター

橋本めぐみ（はしもと めぐみ）
　　大阪市立阿武山学園

濱村浩一（はまむら こういち）
　　大阪市中央こども相談センター

林田一馬（はやしだ かずま）
　　長崎県長崎こども・女性・障害者支援センター

船木雄太郎（ふなき ゆうたろう）
　　大阪府立刀根山支援学校

丸橋正子（まるはし まさこ）
　　大阪府中央子ども家庭センター

丸山奈緒（まるやま なお）
　　大阪府中央子ども家庭センター

湊本詩織（みなもと しおり）
　　熊本県立こころの医療センター

山本知子（やまもと ともこ）
　　広島県西部こども家庭センター

＊すべて初版刊行時の所属

性問題行動のある子どもへの対応
——治療 教育の現場から——

2023 年 8 月 5 日　第 1 刷発行
2024 年 9 月 10 日　第 3 刷発行

編 著 者　　藤　岡　淳　子

　　　　　　野　坂　祐　子

　　　　　　毛　利　真　弓

発 行 者　　柴　田　敏　樹

印 刷 者　　田　中　雅　博

発行所　株式会社　誠 信 書 房
☎ 112-0012 東京都文京区大塚 3-20-6
電話 03 （3946）5666
https://www.seishinshobo.co.jp/

印刷／製本　創栄図書印刷㈱　　落丁・乱丁本はお取り替えいたします
©Junko Fujioka, Sachiko Nosaka, & Mayumi Mouri, 2023
Printed in Japan　　　　　　　　　ISBN978-4-414-41697-8 C3011

JCOPY ＜出版者著作権管理機構 委託出版物＞
本書の無断複製は著作権法上での例外を除き禁じられています。複製される場合は，
そのつど事前に，出版社著作権管理機構（電話 03-5244-5088，FAX 03-5244-5089，
e-mail: info@jcopy.or.jp）の許諾を得てください。

性問題行動・性犯罪の治療教育 ［全3巻］

ティモシー・J・カーン著　藤岡淳子監訳

1　回復への道のり　親ガイド

性問題行動のある子どもをもつ親のために

わが子の性非行に悩む親に、早く治療を開始して親が協力すればほぼ再犯しないことを実例を挙げて紹介。認知行動療法に基づくプログラムを実践する。
A5判並製　定価(本体2600円+税)

主要目次
● 最初の反応──そしてどこに援助を求めるか
● アセスメント（評価）の過程を理解する
● 被害者支援と健全な環境作り
● これからどうなるの？　この問題はいつ終わるの？

2　回復への道のり　パスウェイズ

性問題行動のある思春期少年少女のために

性問題行動のある11歳から21歳の青少年を対象にしたワークブック。性非行を起こしてしまった子どもが、責任のある大人になれるように、性犯罪者にならないように願って作成されている。
B5判並製　定価(本体4600円+税)

主要目次
● 治療教育プロセスを始める
● 開示──自分がやったことをどう説明するか
● 性的な感情の適切なコントロールと表現
● 再発防止計画を作り、守る
● 性虐待と人生経験を理解すること
● 説明──ことを明らかにすること
● 性暴力加害者のための12ステップ

3　回復への道のり　ロードマップ

性問題行動のある児童および性問題行動のある知的障害をもつ少年少女のために

本書は6歳から12歳の性非行のある子どもが対象である。セラピストの支援を受けながら、子どもがこの本のガイド（道路地図）に沿って読み進み、質問に答えていくワークブック形式。自分の行動パターンを変えて、健康な生活を送ることができるように工夫されている。
B5判並製　定価(本体4000円+税)

主要目次
● タッチの問題って何？
● あのときみたいな性的な気持になったらどうしよう？
● 特別な安全ルールと良い境界線であなたとほかの人を安全に
● どんなに人を傷つけたかを理解して悪いタッチを謝る
● 安全計画ブックを作って活用しよう